云南师范大学教育学一级学科博士学位授权点建设基金
民族教育信息化教育部重点实验室（云南师范大学）建设基金

CONTEMPORARY
RECONSTRUCTION OF PROFESSIONAL
ROLES OF UNIVERSITY TEACHERS
The Integration of "Teaching"and "Academic"

高校教师职业角色的当代重构

"教学"与"学术"的整合

杨　超　著

科 学 出 版 社
北　京

内 容 简 介

高校教师职业角色是社会分工不断细化和大学发展的产物，是在高等教育系统中，教师在教育教学、科学研究和服务社会等工作中，发挥主观能动性所表现出符合高等教育发展要求和期望的行为模式。本书以高校教师“教学”与“学术”的职业活动为主线，以高校教师职业角色的内涵及其特征为逻辑起点，系统探讨了高校教师职业角色的历史变迁及制度化、角色转换的逻辑与表现形态、当代高校教师职业角色的时代要求及高校教师面临的角色冲突，最后以“教学”与“学术”的整合为落脚点，提出了构建当代高校教师职业角色的理论逻辑和现实路径。

本书既可供高等教育管理者和大学教师参考阅读，也可供高等教育研究者和学习者参考使用。

图书在版编目（CIP）数据

高校教师职业角色的当代重构：“教学”与“学术”的整合/杨超著. --北京：科学出版社，2023.6

ISBN 978-7-03-074212-4

Ⅰ. ①高… Ⅱ. ①杨… Ⅲ. ①高等学校-师资培养-研究 Ⅳ. ①G645.12

中国版本图书馆 CIP 数据核字（2022）第 235662 号

责任编辑：朱丽娜/责任校对：张小霞

责任印制：吴兆东 / 封面设计：润一文化

科 学 出 版 社 出版

北京东黄城根北街 16 号

邮政编码：100717

http://www.sciencep.com

北京建宏印刷有限公司印刷

科学出版社发行　各地新华书店经销

*

2023 年 6 月第　一　版　开本：720×1000　1/16

2024 年 3 月第二次印刷　印张：15 1/4

字数：251 000

定价：99.00 元

（如有印装质量问题，我社负责调换）

目　　录

第一章

高校教师职业角色的内涵与特征

第一节　高校教师职业角色研究动态

一、国外研究动态：多视角的教师职业角色研究

近现代意义上的大学[①]诞生于中世纪的西方。伴随着大学的诞生，中世纪行会的知识分子便从其他职业分离出来，专门从事大学人才培养工作。[②]随着大学的发展，大学中的知识分子被称为"教师"。随着教师职业的不断发展，高校教师的职业角色得到了西方众多学者的关注和研究。综合现有相关文献，国外学者主要从政治学、社会学、文化学、经济学和伦理学等不同视角对教师职业角色开展研究，产生了丰富的学术成果。

1."政治人"视角的高校教师职业角色分析

自阶级社会产生以来，教育活动因服务于统治阶级而具有了典型的政治功能。作为教育活动承担者的教师，在教育活动中扮演的"政治人"角色也是学者重点关注的方面。对教师"政治人"角色的最早研究可追溯到古希腊时代。柏拉图（Plato）在《理想国》中明确教师的职责在于培养维护国家统治的"哲学王""护卫者""生产者"。[③]无论培养的是哪种人，其主要目的都在于维护国家的政治统治。亚里士多德（Aristotle）认为，"人的本性就是政治的动物"。他在《政治学》中阐述了其政治理想是建立一个任何公民都可以参与到政治事务中去的理想城邦。[④]要培养

---

① "大学"一词产生于西方的中世纪，现今一般指综合性普通高等院校（高校）。在我国，高校泛指对公民进行高等教育的学校，是大学、学院、独立学院、高等职业技术大学、高等职业技术学院、高等专科学校的统称，与大学的含义相近。

② 杨超. 大学教师的学术职业分化[M]. 北京：科学出版社，2016：31

③ ［古希腊］柏拉图. 柏拉图全集[M]. 王晓朝，译. 北京：人民出版社，2017：525

④ ［古希腊］亚里士多德. 政治学[M]. 吴寿彭，译. 北京：商务印书馆，1965：76

这样的公民，需要通过“公民德性教育”来实现。可见，柏拉图和亚里士多德的教育目的观都彰显了教师参与政治的“政治人”角色。之后，随着中世纪大学的兴起，虽然培养人才成为高校教师最基本的任务，但其职业活动始终与政治脱离不了关系。意大利学者安东尼奥·葛兰西（Antonio Gramsci）研究了知识分子与政治的关系，指出：“知识分子便是统治集团的代理人，所行使的是社会霸权和政治统治的下级职能。”①西摩·马丁·李普塞特（Seymour Martin Lipsett）认为，在现代社会中，公民参与政治是其成为“政治人”的必要途径。②美国社会学家刘易斯·科塞（Lewis Cossey）分析了知识分子与政治的密切关系。他提出，虽然大多数知识分子对政治不感兴趣，但又不会远离权力中心，而是通过对掌权者施加影响以践行自己的理念。他根据知识分子与政治的关系，把知识分子划分为掌权的知识分子、为当局提供建议的知识分子、帮助权力合法化的知识分子、作为权力批判者的知识分子等类型。③知识分子与政治是否紧密相连呢？美国学者理查德·波斯纳（Richard Posner）研究了作为学术公共知识分子的大学教师与政治的关系。他认为，公共知识分子是依托自身拥有的知识资源而在社会公众中发表社会政治、意识形态及文化问题见解的人。但学术公共知识分子是一些从未离开过校园的人，因很少与他人相处，使得他们很难把握政治道德的基本要素，不具备政治家所需要的典型的、策略性的、互动的和社交的特质。④

2.“社会人”视角的高校教师职业角色分析

高校教师是整个社会职业系统中的一分子。基于教师的社会属性，国外大多数学者从社会学角度出发，对高校教师这一特殊群体的职业角色进行了系统、深入的研究，大都将高校教师放在整个社会宏观系统中来分析教师职业存在的意义及教师应扮演的角色。1932 年，美国学者沃勒（Waller）在《教育社会学》一书中探讨

---

① [意]安东尼奥·葛兰西. 狱中札记[M]. 曹雷雨，姜丽，张跣，译. 北京：中国社会科学出版社，2000：7

② [美]西摩·马丁·李普塞特. 政治人：政治的社会基础[M]. 张绍宗，译. 上海：上海人民出版社，1997：9-10

③ [美]刘易斯·科塞. 理念人：一项社会学的考察[M]. 郭方，等，译. 北京：中央编译出版社，2001：116

④ [美]理查德·A. 波斯纳. 公共知识分子——衰落之研究[M]. 徐昕，译. 北京：中国政法大学出版社，2002：88

了教师职业的产生、意义及其与社会的关系。该书分析了 20 世纪 30 年代资本主义国家"由盛转衰"（卷入经济危机浪潮）过程中教育与社会之间的联系，以及教育是否也要为这次"事故"买单。[①]1975 年，洛尔蒂（Lortie）在其出版的《学校教师：社会学研究》（*School-Teacher：A Sociological Study*）一书中专门分析了教师招聘制度、福利待遇、社会权威和地位等问题。[②]学者比德尔（Bedell）从社会学角度将教师角色界定为教师的行为模式、教师的社会地位和社会对教师的期望。[③]此外，许多学者从社会学角度分析了教师角色的类型。约翰·麦金泰尔（John MacIntyre）认为，大学教师应扮演组织者、社会变革者和社会管理者等角色。[④]雷德（Rader）和华登堡（Waldenburg）则认为，教师扮演着社会代言人、咨询者、朋友、情感专家和领导者等十种角色。[⑤]美国学者林格伦（Lindgren）将教师的角色划分为"教学与行政""心理定向""自我实现"三类。[⑥]以上学者对高校教师职业角色的研究，虽然在表述上不尽相同，但都殊途同归，他们更多是关注教师的社会地位和社会身份，将高校教师视为"社会人"的重要组成部分。

3."知识人"视角的高校教师职业角色分析

"知识"是大学及教师进行职业活动的载体。英国教育家约翰·亨利·纽曼（John Henry Newman）在其著作《大学的理想》中提到，大学是传授普遍知识的地方。[⑦]作为教育机构的大学，其职责在于知识的创造、传播及应用。"知识人"是一个社会群体的统称。较早致力于阐释"知识人"的是学者弗洛里安·兹纳涅茨基（Florian Znanetsky）。他认为"知识人"是一个概念，并将其作为知识社会学的

① 转引自：魏建培. 教师学基础[M]. 北京：清华大学出版社，2011：18

② 转引自：胡金平. 学术与政治之间的角色困顿——大学教师的社会学研究[M]. 南京：南京师范大学出版社，2005：1-2

③ 转引自：杨洲. 教师角色的厘定、期待与重构[J]. 继续教育研究，2011（10）：84-85

④ 转引自：吴兴亚. 当代大学教师角色困境及其解决策略研究[D]. 东北师范大学硕士学位论文，2009：2

⑤ 转引自：余文森，连榕，等. 教师专业发展[M]. 福州：福建教育出版社，2007：112-113

⑥ 转引自：吕守华. 高校教师职业角色的实证研究——对武汉地区普通高校教师的调查分析[D]. 华中农业大学硕士学位论文，2006：1

⑦ [英]约翰·亨利·纽曼. 大学的理想（节本）[M]. 徐辉，顾建新，何曙荣，译. 杭州：浙江教育出版社，2001：3

研究对象。[①]“知识人”的内涵较为丰富，界定较为模糊，范畴也较为宽泛，以至于知识分子是否属于“知识人”，以及高校教师的知识分子属性是什么，一度成为国外学者争论和研究的热点。德国思想家马克斯·舍勒（Max Scheler）是知识社会学概念的提出者，他从知识社会学角度出发探究了知识分子、大学教师的知识分子属性等问题。他认为知识具有社会学的本质属性，知识与社会存在着某种必然的联系，知识分为团体知识和个体知识，团体知识是个体知识产生的前提。[②]法国史学家雅克·勒戈夫（Jacques Legoff）从历史的角度分析了知识分子的诞生。他认为，知识分子最早诞生于中世纪的欧洲，其诞生的主要背景是12世纪城市的复兴及商业和工业共同走向繁荣，知识分子包括那些以写作和教学为职业的人，以及以教授或学者身份进行专业活动的人。[③]弗洛里安·兹纳涅茨基在《知识人的社会角色》一书中专门从知识社会学视角研究了教师的角色，从社会圈子、自我、地位和功能四个维度研究了教师的角色，认为“知识人”是专业化的“社会人”，并将教师归为学者中的知识传播者。[④]意大利思想家安东尼奥·葛兰西认为，知识分子分为两类：一类是像教师、教士、政治官员那样的“传统知识分子”；另一类是与企业等“联姻”谋取更多利益和权力的“有机知识分子”。[⑤]英国社会学家齐格蒙·鲍曼（Siegmon Bowman）将知识分子隐喻为“立法者”和“阐释者”，随着社会与政府关系、文化的变迁，知识分子角色由前者向后者转变。[⑥]美国学者西摩·马丁·李普塞特指出，知识分子是创造、传播和应用文化的人，与欧洲相比，美国的知识分子主要有两种类型：一类是文化的核心力量或创造者，包括学者、艺术家、哲学家、作家、某些编辑和新闻工作者；另一类是文化的传播者，包括各种技术人员、大多数教师、大多数记者。[⑦]总之，从国外学者的研究来看，虽然对“知识分子”的研究并非专门针对大学教师的，但大学教师作为知识分子的一部分，也是知识的传播

---

① [波兰]弗洛里安·兹纳涅茨基. 知识人的社会角色[M]. 郏斌祥，译. 南京：译林出版社，2000：8

② [德]马克斯·舍勒. 知识社会学问题[M]. 艾彦，译. 北京：华夏出版社，2000：66

③ [法]雅克·勒戈夫. 中世纪的知识分子[M]. 张弘，译. 北京：商务印书馆，1996：4

④ [波兰]弗洛里安·兹纳涅茨基. 知识人的社会角色[M]. 郏斌祥，译. 南京：译林出版社，2000：25

⑤ 转引自：刘冬岩. 论作为知识分子的教师[J]. 天津市教科院学报，2005（6）：22-24

⑥ [英]齐格蒙·鲍曼. 立法者与阐释者——论现代性、后现代性与知识分子[M]. 洪涛，译. 上海：上海人民出版社，2000：7

⑦ [美]西摩·马丁·李普塞特. 政治人——政治的社会基础[M]. 张绍宗，译. 上海：上海人民出版社，1997：251

者、创造者，他们既是“知识人”，也是“社会人”。

4.“学术人”视角的高校教师职业角色分析

从“学术职业”这一视角出发的研究者将大学教师视为“学术人”，是专门从事学术活动的职业。英国学者洛根·威尔森（Logan Wilson）在其著作《学术人》一书中指出，高校教师学术工作者的职责在于传递、创造知识，他们以探索学术知识为目标，具备广博的学术知识、扎实的学术功底、严谨的学术态度和严格的学术规范是大学教师从事学术工作的基础和前提。同时，高校教师也要通过学术活动服务社会，这是他们作为学术人应有的学术品质。[①]法国思想家皮埃尔·布厄迪尔（Pierre Bourdier）在其著作《人：学术者》中提出，学术知识不同于一般性的知识，大学教师应以专业的学术知识背景、学术研究能力和良好的学术精神去探索学术真理。[②]美国学者刘易斯·科塞将“学术人”称为“理念人”。他在《理念人：一项社会学的考察》中指出，学术人不应被物欲诱惑，应以超越物质利益的精神而进行学术知识研究。[③]美国教育家欧内斯特·博耶（Ernest Boyer）对“学术人”的内涵和类型进行了拓展性的研究，他在《学术水平反思——教授工作的重点领域》一书中将学术分为探索的学术（发现新知识）、整合的学术（整合不同的学科）、应用知识的学术（将知识应用于实践活动）和教学的学术（传播知识）四种类型，而且这四种类型彼此相关，但不完全相同。[④]在博耶看来，大学教师作为学术人的职责不仅仅是追求真理、传播知识这么简单，还应包括探究、整合、应用和教学等四种学术类型。美国学者德里克·博克（Derek Burke）在《走出象牙塔——现代大学的社会责任》一书中提出，学术人具有学术自由、学术自治和学术中立“三大法宝”，这是大学教师顺利开展学术工作的基本条件。[⑤]总之，国外学者普遍认同大学教师从事的是学术职业，他们扮演着学术人的角色，学术工作的开展既要求大学教师要有深厚的学术积淀、高尚的学术品质，也要求有良好的外部学术环境的支撑。

---

① Wilson L. The Academic Man[M]. London：Oxford University Press，1942：3

② [法]P. 波丢. 人：学术者[M]. 王作虹，译. 贵阳：贵州人民出版社，2006：14

③ [美]刘易斯·科塞. 理念人：一项社会学的考察[M]. 郭方，等，译. 北京：中央编译出版社，2001：2

④ 转引自：张焱. 现代大学教师学术人角色的异化与重构[J]. 江苏高教，2012（3）：88-90

⑤ [美]德里克·博克. 走出象牙塔——现代大学的社会责任[M]. 徐小洲，陈军，译. 杭州：浙江教育出版社，2001：16-68

综合外国学者的研究，我们可以发现，他们关注的虽然各有侧重，但又有交叉重叠。他们大都关注大学教师在教育境域、社会系统担任的职业角色，更加关注大学教师职业角色的外部关系，而对大学教师作为“人”的内在价值和自觉能动性等的关注不足。

二、国内研究动态

（一）基于文献分析的研究动态梳理

1. 研究文献数量与年份分布

对“高校教师角色”研究的文献搜索主要以中国知网（CNKI）数据库为基础，检索条件为“高级检索”，实行跨库检索，资料涉及“期刊”“硕博论文”“会议”“报纸”“学术辑刊”5 类，文献分类目录选择“哲学社会科学”“社会科学 1 辑”“社会科学 2 辑”“经济与管理科学”4 类，分别以“篇名”“主题”进行检索，“发表时间”设置为 2000 年 1 月 1 日—2020 年 10 月 1 日。

以“篇名”为搜索条件，检索结果显示：以“高校教师角色”为“篇名”，“精确”检索结果为 140 篇，其中期刊论文为 128 篇（全国中文核心期刊 23 篇）、硕博论文 8 篇、会议和报纸文章 4 篇；以“大学教师角色”为“篇名”，“精确”检索结果为 75 篇，其中期刊论文 69 篇（全国中文核心期刊 18 篇）、硕博论文 5 篇、报纸文章 1 篇；以“高校教师的角色”为“篇名”，“精确”检索结果为 65 篇，其中期刊论文 64 篇（全国中文核心期刊 14 篇）、硕博论文 1 篇；以“大学教师的角色”为“篇名”，“精确”检索结果为 29 篇，其中期刊论文 28 篇（全国中文核心期刊 4 篇）、报纸 1 篇。四种检索合计 309 篇，其中期刊论文 289 篇，占比约 93.5%；硕博论文 14 篇，占比约 4.5%，会议和报纸文章 6 篇，占比约 1.9%。

首先，从研究数量来看，国内有关高校教师角色的研究文献数量整体呈上升趋势。2000—2004 年，研究文献较少，这从某种程度上反映了学界对该问题关注较少，而2004年以后，有关"高校教师角色"的研究成果数量呈明显增长的趋势，在2008年达到了顶峰，说明在这一段时间内高校教师角色问题成了学界普遍关注的话题。究其原因主要有两个方面：一是国家对高校师资队伍建设的重视，下发了一系列有关教师队伍建设的法规政策，从政策层面引导了学术研究；二是高校教师队伍建设中突出的现实问题需要从理论和学术研究层面上进行解决。2008年以后，研究成果在数量上仍然保持一个较高的水平，反映出了学术界对该问题的持续关注。

其次，从研究水平来看，虽然国内对高校教师角色研究的数量不少，但从成果质量来看，发表于全国中文核心期刊上的成果较少。这在一定程度上反映了对该问题的研究还有较大的拓展空间。

2. 研究文献中的"关键词"分析

"关键词"能够反映研究文献的主题与主要内容。对关键词进行统计分析，可以使我们对该领域的研究热点有初步的认知。根据关键词出现的频次可以找到关键节点，即研究热点，关键词出现的频次越高，说明研究热度越高。[①]检索结果显示，国内有关高校教师角色研究关键词出现的频次由高到低依次为角色定位、角色转换、角色转变、角色冲突、角色转型、角色重构、角色扮演、角色适应等，其中关于角色定位、角色转换、角色转变和角色冲突研究的占比分别为38.2%、23.2%、13.6%和10.5%（表1-1）。

表1-1 文献研究中高频次关键词分布情况

关键词	角色定位	角色转换	角色转变	角色冲突	角色转型	角色重构	角色扮演	角色适应
频次	84	51	30	23	14	8	7	3

3. 研究文献中的作者单位分析

研究文献的作者单位是研究者进行学术研究的主要学术阵地。分析发现，国内有关高校教师角色研究成果的作者单位分布较为广泛，在309篇论文中，作者单位涉及150多个。其中，在全国中文核心期刊发表的59篇文章中，发文量超过2篇的单位有12个（表1-2）。这在一定程度上反映出了研究单位的集中性不强、分

① 赵俊芳，安泽会. 我国大学学术权力研究热点及知识可视化图谱分析[J]. 复旦教育论坛，2014（5）：77-83

布广，难以形成凝练程度高、团队优势明显的研究成果。

表 1-2　在全国中文核心期刊发表成果的作者单位分布情况

机构	发文量（篇）	机构	发文量（篇）
北京师范大学	3	江苏师范大学	2
厦门大学	3	云南师范大学	2
华中师范大学	3	湖北文理学院	2
南京师范大学	3	绵阳师范学院	2
重庆工商大学	2	兰州大学	2
长江大学	2	贵州师范学院	2

4. 研究文献的核心期刊分布分析

学术期刊是学术研究成果交流、分享的平台，也是学术成果得到社会认可的重要载体。2000 年以来，国内关于高校教师角色的研究成果数量虽然较多，来源于 230 多种期刊，但发表于全国中文核心期刊的成果不多，仅为 59 篇，分布于 29 种全国中文核心期刊，占发表期刊种数的 12.6%左右。发表于全国中文核心期刊的成果主要集中于高等教育类或教育综合类期刊，其中刊发成果较多的期刊为《黑龙江高教研究》《中国成人教育》，分别刊发 9 篇和 7 篇，其余期刊均为 3 篇及以下（表 1-3）。从这些数据可以看出，国内有关高校教师角色的研究成果，刊发于全国中文核心期刊的数量不多，且刊发于国内有较大影响力的教育类期刊，诸如《教育研究》《高等教育研究》《中国高教研究》等的文章几乎阙如。

表 1-3　研究成果发表于全国中文核心期刊的分布情况

期刊名称	发文量（篇）	期刊名称	发文量（篇）
黑龙江高教研究	9	中国大学教学	1
中国成人教育	7	教育研究与实验	1
江苏高教	3	开放教育研究	1
湖北社会科学	3	学术探索	1
教育与职业	3	教师教育研究	1
现代教育管理	3	学校党建与思想教育	1
教育学术月刊	3	大学教育科学	1
高教探索	3	民族教育研究	1
当代教育科学	2	山西财经大学学报	1

续表

期刊名称	发文量（篇）	期刊名称	发文量（篇）
教育评论	2	现代大学教育	1
思想政治教育	2	社会科学战线	1
高等工程教育研究	2	云南师范大学学报（哲学社会科学版）	1
高校教育管理	2	福建论坛	1
继续教育研究	2	中国人才	1
教育科学	1		

（二）基于内容分析的研究动态梳理

1. 有关高校职能与教师职业角色定位关系的研究

从功能论来看，高校教师职业活动是高校履行职能的具体表现。高校教师的职业角色定位与高校职能的变化密不可分。从词源来看，"职能"可以被看成"职"和"能"，即职责、功能之意。高校的职能是指其在历史发展中，社会系统及高等教育系统赋予高校的某些特定的社会任务和职责，高校的性质与社会分工直接影响着高校所承担的职能类型与内容。潘懋元认为，高校具有人才培养、科学研究和社会服务三种职能。由此，他提出了与之相对应的大学教师职业角色定位，即人才培养、科学研究和社会服务。①笔者通过整理、搜集文献资料发现，大多数研究者对高校教师的职业角色定位主要以大学的职能为依据，认为高校教师职业角色会因高校职能的不同而呈现出多样性。

各级各类学校的根本使命和最终旨趣是培养人才。然而，与中小学相比，高校又有其特殊性。高等教育的对象是年满 18 周岁，且完成了基础教育并准予毕业的青年，高校培养的是社会各行各业发展需要的专门人才，其直接面向的就是劳动力市场。②贺国庆认为，现代大学的雏形是中世纪大学，其一般开设文、法、神、医四科，但无论是以神学见长的巴黎大学，还是以医学见长的萨勒诺大学，或者以

① 潘懋元. 新编高等教育学[M]. 北京：北京师范大学出版社，2009：133

② 潘懋元. 新编高等教育学[M]. 北京：北京师范大学出版社，2009：5

法学见长的博洛尼亚大学，它们的根本任务都是培养牧师、医生、律师等高级人才。①因此，高校教师的首要任务就是培养人才。张应强认为，教师是教育事业的主体，高校教师的责任和使命都是培养人才。因此，他认为高校教师最基本的职业角色就是教育者，即便是中世纪的“教师大学”和“学生大学”的教师，其最重要的职业角色也是教育者。②徐红认为，教育者是高校教师最起码的身份。高校教师应该是所有教育者群体中的“楷模”，因此高校教师是“教书育人之范”。“教书育人之范”更能突出高校教师的职业角色，也更能凸显社会对大学教师的期望和要求。③

正如蔡元培先生所言：“所谓大学者，非仅为多数学生按时授课，造成一毕业生之资格而已也，实以是为共同研究学术之机关。”④高校作为研究高深学问之地，决定了高校教师职业角色的特殊性，即学术研究者。高校具有学术人才多、科研设备先进、机构组织灵活和学科门类齐全等优势，高校教师是科研事业发展的骨干力量。⑤与一般职业有别，高校教师是一种学术性职业，高校教师必须从事学术研究。科技是第一生产力，国家对学术工作者寄予厚望和委以重任，希望他们在科技发展中创造更大的价值，发挥更重要的作用。知识更新速度加快，教学内容也迫切需要更多新知识的渗透。社会发展对人才的要求不断提高，需要各方面能力强的“新鲜血液”注入。这些变化和发展要求高校教师的职业角色应该是一名学术研究者。徐红将学术研究者分为功利性的和超功利性的，认为高校教师应该做一名超功利性的科学研究者，将自己的研究兴趣和国家的需要相结合。此外，他们还要成为高尚学术道德、严谨学术规范的带头人。⑥张应强从真理角度出发，认为高校教师应该发现和探索真理，还要不断验证真理。⑦周宗诚认为，作为真理探索者的高校教师应该不断参加各种实践活动，把追求真理、开展学术研究作为崇高的教育使命

---

① 贺国庆. 中世纪大学和现代大学[J]. 河北师范大学学报（教育科学版），2004（2）：22-28

② 张应强. 大学教师的社会角色及责任与使命[J]. 清华大学教育研究，2009（1）：8-16

③ 徐红. 回溯与前瞻：大学教师角色的再思考[J]. 高校教育管理，2011（2）：67-71

④ 蔡元培先生《北京大学月刊》发刊词（1918 年）[J]. 北京大学学报（哲学社会科学版），2005（1）：160

⑤ 潘懋元. 新编高等教育学[M]. 北京：北京师范大学出版社，2009：400-406

⑥ 徐红. 回溯与前瞻：大学教师角色的再思考[J]. 高校教育管理，2011（2）：67-71

⑦ 张应强. 大学教师的社会角色及责任与使命[J]. 清华大学教育研究，2009（1）：8-16

和责任。[①]以上研究者的叙述虽然不同，但殊途同归，即都认为高校教师的职业角色是学术研究者和真理探索者。

高校是社会系统的重要组成部分，任何时候，高校都不能脱离社会环境而单独存在。美国的威斯康星大学开创了高等教育服务社会的先河，随后高等教育对经济社会发展的贡献日益明显。国内学者也把高校教师职业角色研究的关注点逐渐转向服务社会的层面。潘懋元认为，高校教师是社会的服务者，高校的发展依赖于国家、社会资金的投入及社会环境的支持，高校的科研成果应为社会所用，只有如此高校才能充分发挥自身的价值。同时，高校教师的服务社会、培育人才与科学研究职能是相互联系、相互促进的。高校服务社会能促进科研的发展和了解社会所需要的人才。[②]廖惠芝认为，作为社会“服务员”的高校教师应走出“象牙塔”，广泛参与社会公共事务，主动将科研成果转化为社会生产力。[③]学者对高校教师作为社会服务者的角色的分析，在一定程度上反映了人们对高校与社会相互促进关系的认知，也是对高校教师职业角色拓展的结果。

2. 有关高校教师职业角色期望的研究

高校是集众多利益相关主体于一体的复杂组织，其利益相关主体涉及政府、社会、家长、学生、教师和学校管理者等。教师是高等教育活动的直接实施主体，其他不同的利益主体对高校教师所扮演的职业角色的期待也不同。[④]政府希望高校教师是国家意志的宣传者，培育国家所需的各类高级专门人才；家长希望高校教师把最实用的知识、技能传授给孩子，以便他们能够在社会上立足；学生则希望高校教师能够用最简单的方式传授给他们感兴趣的知识、技能[⑤]；学校管理者则期望高校教师能高效地执行教育教学、人才培养、学术研究的规章制度，促进学校培养目标的实现。由此可见，高校教师的职业角色被不同的利益群体赋予了不同的期待。国内研究者还从不同的利益主体期待角度探讨了高校教师的职

---

① 周宗诚. 大学教师社会角色论[J]. 高等教育研究，2001（5）：53-56，61

② 潘懋元. 新编高等教育学[M]. 北京：北京师范大学出版社，2009：424-435

③ 廖惠芝. 新时期我国大学教师角色转换的研究[D]. 湖南大学硕士学位论文，2005：8-10

④ 李福华. 利益相关者视野中大学的责任[J]. 高等教育研究，2007（1）：50-53

⑤ 熊德明. 冲突与调适：社会转型中大学教师的角色研究[M]. 武汉：华中师范大学出版社，2013：94

业角色。

胡金平认为，高校教师应该是“社会的代言人”，教师的职业活动与政治密不可分。高校教师既是“立法者”又是“阐释者”，他们有的可能直接参与政治活动，扮演着“立法者”的角色，有的虽不能成为政治的中心人物，但也是沟通政府与基层社会的桥梁，扮演着“阐释者”的角色。①张蕾认为，高校教师是“社会的道德者”，是社会道德的楷模。他们站在社会高尚道德的最前端，是社会形象的代表，其言行举止、精神风貌会潜移默化地影响到周边人，也会成为学生模仿的对象。高校教师还是“社会的批判者”。教师在长期的人才培养和学术研究过程中塑造了良好的思辨能力和批判精神，能够看清社会问题的本质；在学术上的发言权方面，他们的“批判”有助于缓和政治与社会矛盾。②

此外，还有学者从学生主体角度对教师角色进行了探讨。高等教育活动因学生的存在才具有了价值。学生是高校组织中最直接的、重要的利益主体，也是教师工作的主要对象。因此，从大学生主体角度来定位教师职业角色，也是众多研究者重点关注的视角。史玉凤认为，高校教师应是学生学习的促进者，他们能够帮助大学生明晰学习目标，掌握达成目标的有效方法。教师还是学生学习动机的激发者，他们能够依据学生身心发展的特点激发大学生对学习和研究的激情。教师还是大学生学习过程的研究者，教师通过研究能够发现大学生在学习过程中存在的问题并及时采取补救措施。③陆俞静认为，高校教师是学生学习的引导者，教师应引导学生做好规划，引导他们发现和探索问题。④还有研究者从师生关系角度探讨了教师的角色。张应强认为，导师与研究生之间不是“利用被利用，教育被教育”的关系，更不是“老板”型的“雇佣与被雇佣”的关系，而是朋友及合作的关系。导师是研究生科研蓝图的“设计者”，是研究生的学习、研究的“军师”“顾问”。⑤

① 胡金平. 学术与政治之间的角色困顿——大学教师的社会学研究[M]. 南京：南京师范大学出版社，2005：94

② 张蕾. 高等学校教师角色的演变与类型[J]. 清华大学教育研究，2006（S1）：36-40

③ 史玉凤. 高校教师的角色再定位[J]. 江苏高教，2006（6）：152-153

④ 陆俞静. 国内研究型大学教师角色分析[D]. 大连理工大学硕士学位论文，2009：24-25

⑤ 张应强. 大学教师的社会角色及责任与使命[J]. 清华大学教育研究，2009（1）：8-16

总之，现有成果中对高校教师职业角色期望的研究较为丰富，论述也较为详细。但是，有的研究的深度有待加强，比如，就学生主体来讲，大部分研究者都是从学生学习的角度来探讨的，对学生价值观念的指引、学生的成长等的关注还不够。此外，从学校管理及发展规划角度对高校教师职业角色期望的研究还付诸阙如。

3. 有关社会时代变革与高校教师职业角色变迁的研究

高校教师职业角色有深深的时代烙印，不同的时代，人们对教师的称谓不尽相同。教师的职业角色也在变迁，不同的时代对高校教师职业角色的规定与定位也不同。我国古代社会实行“政教合一，官师不分”，教师即官员，官员即教师。近代洋务运动时期，政府开办了诸如福州船政学堂、京师同文馆等高等学校，这些学校的教师被称为“教员”“教习”，除了从西方国家聘请过来的之外，其余大多是政府官员。这个时期，教师职业角色更多是人才的培育者，其主要任务是为国家培养各方面的专业人才。中华人民共和国成立后，特别是改革开放以来，我国高等教育获得了快速发展，高校教师按照职称的不同被称为助教、讲师、副教授和教授，扮演着为国家培养各级专门人才等职业角色。[②]

21 世纪以来，随着我国社会转型的速度日益加快及科技迅猛发展，“信息时代”“创新创业”“人工智能”等名词如雨后春笋般出现，现代科学技术极大地改变了高等教育的观念、内容、手段和方法等。高校教师职业角色除了传统的传道、授业、解惑外，也随着社会时代的变迁而发生变化。21 世纪，随着互联网的普及，在课堂上用传统教材传授知识已不再是学生学习知识的唯一途径，学生通过互联网获取自己想要的各种信息已成为一种趋势。李克强提出的“大众创业，万众创新”意味着中国进入了“双创”时代。“双创”的发展离不开各行各业的人才，高级人才的培养更是离不开高校教师。高校教师在“双创”中扮演着重要的角色。马永斌等认为，在产学研合作发展模式下，我国的高校应向美国、英国等发达国家学习。美国、英国等国将高校教师职业角色定位为创业型学者，为教师进入企业界创造了各种便利条件。因此，我国高校教师也应扮演企业家和创业者的角色。[①]孙冬梅等从

① 马永斌，刘帆，王孙禺. 大学、政府和企业合作视野下高校教师的角色转变——基于美英日中四国的比较[J]. 高等工程教育研究，2010（3）：93-96，117

“学术资本主义”的视角阐释了高校教师职业角色的市场化。她们认为，由于社会时代变革，教师角色正在从学者向市场活动的咨询者、企业的合作者甚至创业者转变。[①]张嘉倪等认为，在“众创时代”背景下，高校教师的主体责任就是要培养大学生的创新创业能力。因此，高校教师不仅是普遍知识的传授者，还是大学生智力的开发者、大学生创新创业理念的引导者及道路的设计者，更是创新创业信息的传递者、大学生创新创业环境的建设者。[②]徐天伟等认为，在现代社会变革的背景下，高校教师的角色从“立法者”向“阐释者”转变，虽然这两种角色的转变不是绝对的，但是高校教师的“立法者”角色开始弱化，“阐释者”角色不断地从边缘走向中心。[③]此外，随着信息化和智能时代的到来，许多学者探讨了人工智能时代教师角色的转变与构建。张优良等认为，人工智能虽不能代替教师，但其发展赋予了教师全新的角色和定位。教师角色将发生由全才向专才、由教学者向辅助者、由教练向导师的转变。[④]陈鹏认为，在人工智能时代，高校教师与人工智能“人机共存”，教师角色由主导走向服务，教师将扮演人工智能的应用者、课程教学的设计者、深度学习的合作者、信息资源的整合者及创新创业的践行者等多样化的角色。[⑤]

4. 有关文化知识发展与高校教师职业角色重塑的研究

高等教育具有文化传承与创新的功能，文化知识的传承与传播和教师的职业活动密不可分。潘懋元在《新编高等教育学》一书中提出，高校教师应该是文化知识的传播者。[⑥]郭贵春认为，高校教师应以文化知识为志业，文化知识是教师的重

① 孙冬梅，梅红娟. 从“学者”到“创业者”——论学术资本主义背景下高校教师角色的转变[J]. 江苏高教，2010（2）：77-79

② 张嘉倪，杨栋. “众创时代”对高校教师职业角色的新要求[J]. 科教文汇（中旬刊），2016（26）：21-22

③ 徐天伟，杨超. 从“立法者”到“阐释者”：大学教师职业角色的生成逻辑及现代转变[J]. 云南师范大学学报（哲学社会科学版），2017（2）：65-71

④ 张优良，尚俊杰. 人工智能时代的教师角色再造[J]. 清华大学教育研究，2019（4）：39-45

⑤ 陈鹏. 共教、共学、共创：人工智能时代高校教师角色的嬗变与坚守[J]. 高教探索，2020（6）：112-119

⑥ 潘懋元. 新编高等教育学[M]. 北京：北京师范大学出版社，2009：132

要资本，高校教师应该是文化知识的传承者和守护人。[①]石中英认为，随着知识发展速度的加快，知识从单一化、分化不断走向融合交叉，任何单一学科都不能解决社会出现的综合性、复杂性问题。因此，高校教师应从单一的学科“精英”向具有跨学科素养的综合教师、从知识传递者向知识创造者转变。[②]21世纪，知识成倍数增长，在“终身学习”理念和“学习型社会”的指引下，文化价值观也从单一不断向多元发展。刘莉霞认为，高校教师应是终身学习的实践者。[③]余文森等认为，教师不是一般的学习者，而是有独特之处的成人学习者，教师作为知识传递者的角色，决定了其必须是终身学习者。[④]总之，研究者从文化知识发展的角度来定位高校教师职业角色，认为高校教师是文化知识的传递者和创造者，是大学文化的坚定维护者、营造者。

综上所述，虽然研究者从不同的维度对高校教师职业角色进行了界定，而且他们的论述不尽相同，但是这几个维度中的教师职业角色界定也存在重叠的地方，并且很多角色的定位也适用于非高校教师。高校教师这一特殊群体本就属于整个教师集合中的一个元素，可以看出研究者对高校教师应该扮演哪些职业角色已基本达成一致。这也反映了不同的维度和背景之间存在共同的属性，无论如何变化，高校教师的职业角色都离不开培育人才、科学研究和服务社会这三个方面。但是，现有研究还有尚待深化的地方：一是研究者对高校教师职业角色的定位都更强调高校教师的社会价值，而对其个体的生命、情感价值考虑不足，在某种程度上忽视了对教师角色与个体职业发展关系的探讨；二是对当今时代经济社会变迁中教师角色出现的一些新特点缺乏具体和系统的研究；三是“教学”与“学术”是高校教师的基本职业活动，现有研究对高校教师“教学”与“学术”的角色更多是孤立地进行分析，对两种角色如何深入整合，如何重构高校教师最本质的角色，缺乏系统、深入的研究。

---

① 郭贵春. 大学教师：大学文化的守护者[J]. 高等教育研究，2008（9）：16-22

② 石中英. 当代知识的状况与教师角色的转换[J]. 高等师范教育研究，1998（6）：53-58

③ 刘莉霞. 成人教师职业角色的定位[J]. 福建论坛（人文社会科学版），2010（S1）：90-91

④ 余文森，连榕，等. 教师专业发展[M]. 福州：福建教育出版社，2007：43

第二节　高校教师职业角色的概念及内涵

一、"角色"和"身份"概念辨析

要理解教师角色的概念与内涵，首先要理解"角色"一词。何为角色？它原指戏剧中演员扮演的剧中人物。20 世纪，有学者将角色概念引用到政治学和社会学研究领域中，后来美国心理学家将其运用到心理学研究中。从政治学和社会学领域来看，角色是指个体在社会群体中被赋予的身份及其应发挥的功能。①美国学者欧文·戈夫曼（Owen Goffman）指出，角色可以被视为对具有特定身份的人的权利与职责的规定。②美国学者拉尔夫·林顿（Ralph Linton）认为，角色就是指社会赋予任何一个占有这一身份的人所拥有的态度、价值和行为。③陆俞静认为，角色代表着某个个体在社会关系中的特定地位，且这种地位是由其所处的社会关系决定的，另外该个体的行为方式符合社会对其的要求。④叶澜等认为，角色是个体在一定系统内的身份、地位、职务及相应的行为模式。⑤朴雪涛则认为，角色是一种制度化的身份，不同的角色有不同的权利与义务，并按规定开展活动。⑥熊德明对社会角色理论进行分析后认为，角色是处于特定社会系统、社会关系中

---

① 转引自：林崇德，杨治良，黄希庭. 心理学大辞典（上）[Z]. 上海：上海教育出版社，2003：78

② [美]欧文·戈夫曼. 日常生活中的自我呈现[M]. 冯钢，译. 北京：北京大学出版社，2008：12

③ [美]拉尔夫·林顿. 人格的文化背景：文化、社会与个体关系之研究[M]. 于闽梅，陈学晶，译. 桂林：广西师范大学出版社，2007：63

④ 陆俞静. 国内研究型大学教师角色分析[D]. 大连理工大学硕士学位论文，2009：2

⑤ 叶澜，白益民，王枬，等. 教师角色与教师发展新探[M]. 北京：教育科学出版社，2001：32-33

⑥ 朴雪涛. 大学教师角色的制度性特征分析[J]. 沈阳师范大学学报（社会科学版），2005（1）：116-120

的个体通过自身主观能动性去适应社会环境，并表现出与其特定地位和身份相符的行为。①

由此可见，对于"角色"一词的解释，研究者能够达成某种共识，即某一个体或团体在其所处系统或者社会关系中的一种特殊地位和身份，并表现出社会或者系统要求、期待的行为方式。可见，"身份"是"角色"的核心组成部分。那么，角色是否等同于身份？两者的关系如何？这是厘清角色概念及内涵必须回答的问题。首先，从历史发展及其特征来看，身份具有社会属性，是血缘关系、地缘关系和财产关系等社会规定性进化过程中的产物，是人成为"人"的独特标识。马克斯·韦伯（Max Weber）认为，身份是指人在社会声望方面可以有效地得到的肯定或否定的特权，以及表现出来的生活方式、正式的教育过程和因出身或职业而获得的声望。②人的身份在社会进化中逐渐产生等级性和阶级性，身份具有标识地位高低、财富多少的功能。此外，身份还具有继承性，人出生于不同等级的家庭，也就具有了不同等级的身份，这就决定了人的价值取向和行为导向有所不同。例如，我国古代以"公、侯、伯、子、男"等爵位来划分和标识人的身份等级，人的角色是自然属性和社会属性的结合。在原始社会，人的角色产生及划分，不是源于地位高低、财富多少，而是源于人的自觉生存需要产生的不同分工。因此，角色不具有等级性，而是呈现出平等性，所有角色都是开放的，不同的角色不代表地位高低和财富多少。但是，到了农业社会，随着阶级社会及官僚组织的出现，角色具有了身份的属性。当官僚组织成功地在社会生活中占据绝对优势时，其层级结构限制了角色扮演的流动性，使得人从身份等级制的枷锁中解放出来，又陷入了角色扮演的层级结构桎梏。③到了工业社会，契约伦理代替传统伦理成为主导，"人生而平等"成为契约的基本精神，传统的等级身份失去了合理性，具有平等性的角色代替身份成为人在社会生活中的基本标识。这时，人扮演不同角色，不仅是基于生存的自觉需

① 熊德明．冲突与调适：社会转型中大学教师的角色研究[M]．武汉：华中师范大学出版社，2013：38

② [德]马克斯·韦伯．经济与社会（上卷）[M]．林荣远，译．北京：商务印书馆，2004：37

③ 龙啸天．社会治理中人际标识的伦理解读：身份、角色与行动[J]．伦理学研究，2018（6）：102-107

要，还是基于社会发展承担相应的社会责任的需要，并且这种责任由社会契约规定。角色的定位、变迁及扮演的程度与履行契约的程度密切相关，角色的发挥需要通过责任考核来衡量。其次，从研究关注的问题来看，身份研究注重从宏观层面上对人进行整体把握，关注“人”是什么的问题，血缘、地域、种族、性别、阶层、阶级等是基本要素。“角色”研究则注重从微观层面对人进行具体描述，关注“人”做什么的问题[①]，尤其关注角色定位、扮演、变迁、转换和冲突等议题。

第一，关于角色定位。定位的原意是指确定方位，确定场所或界限。角色定位是指角色主体在角色扮演过程中的任务与目标的确定性和适切性。

第二，关于角色扮演。角色扮演也称为“扮装游戏”，是一种人与人之间的社交活动。这种社交活动可以通过游戏娱乐、表演、实景练习、心理引导和自我思考等形式进行。活动的参与者通过扮演不同角色，可以获得愉悦的体验。

第三，关于角色变迁。角色变迁是一个历史或时间概念，是指角色从一个历史时间阶段的角色扮演到另一个历史时间阶段角色扮演的变化。角色变迁强调由于外在历史和社会环境的变化导致角色的变化。

第四，关于角色转换。角色转换是指同一个时间段内，一种角色转换为另外一种角色或对原有角色的发展。角色转换是角色主体（个体或群体）根据不同的或新的情景或任务需要，对原有角色进行的改变和完善，以提升角色扮演能力和完成任务要求。角色转换反映的是角色主体对角色改变的反应力和感知力，突出了情景或任务需求变化对角色改变的影响。

第五，关于角色冲突。角色冲突是指个人时常被要求扮演与其价值系统不一致的角色，或者是同时扮演两种及以上相互矛盾的角色时产生的内心冲突。[②]角色冲突包括角色内冲突、角色间冲突和角色外冲突三种。

---

① 鹿斌，金太军. 身份与角色：对社会治理的政治学阐释[J]. 江海学刊，2018（3）：120-126

② 郑杭生. 社会学概论新修[M]. 北京：中国人民大学出版社，1994：148

二、教师角色的内涵阐释

理解教师角色并厘清其概念，是客观地认识教师的使命的重要前提。叶澜认为，从学校教育看，教师主要是指具有一定资格的专职教师和相对固定的兼职教师。其任务是研究教育的目的、内容、方法、过程和组织形式，他们处于领导、控制和执教地位。[①]教师是教育境域中的重要资源，学生个体、家庭、社会对教师有很高的期望，如学生不仅要从教师那里获得宝贵的知识和生存生活的技能，而且要从教师那里学习为人处世的道理；家长则希望教师是全能型的，既能传授给孩子知识，也能保护孩子的安全；社会则希望教师能够履行立德树人的职责，培养良好的社会公民。因此，教师既是知识和真理的传授者，也是高尚道德的示范者，教师的重要职责在于帮助学生树立正确的世界观、人生观和价值观。通过自身的学科知识、人格魅力、价值观去促进学生的个性化和社会化，既是教师的职责，也是教师的职业角色定位。陆俞静认为，教师作为一种受过专门训练的专业人员，能够将学生培养成为满足和适应社会需要的人，教师角色是由其社会关系决定的特殊地位，这种地位也是其特殊的身份，是教师权利、义务、责任、使命、担当、情感态度与价值观的综合。[②]吕红日从课程与教学角度出发，提出教师角色是在课程教学中表现出来的，由其社会特征位置决定的、符合社会期望的行为模式，具有能动性特征。[③]徐杰也持有相同的观点，认为教师角色是指教师符合社会、教育要求，与社会、教育期待相符合的行为模式。[④]胡金平认为，教师角色具有复杂性和模糊性。他从多个维度分析了教师角色的内涵：一是教师角色是在某种场合中的"教师行为"；二是教师角色是社会赋予教师的特定定位和身份；三是教师角色是社会对教师的期望。[⑤]吴兴亚则认为，教师角色是教师在学校教育教学活动中为实现教育目

① 叶澜. 教育概论[M]. 北京：人民教育出版社，1999：11

② 陆俞静. 国内研究型大学教师角色分析[D]. 大连理工大学硕士学位论文，2009：2

③ 吕红日. 教师知识分子角色研究[M]. 北京：北京师范大学出版社，2014：3

④ 徐杰. 21 世纪初高校教师职业角色新论[J]. 教育与职业，2010（33）：56-57

⑤ 胡金平. 学术与政治之间的角色困顿——大学教师的社会学研究[M]. 南京：南京师范大学出版社，2005：5

的，做出的符合社会、学校期望的行动集合。[①]徐志文将角色理解为职责，即教师在其岗位上履行符合教师工作要求的职责。[②]李中国认为，教师角色是指教师在教育教学过程中展现出来的与职业要求和期望相符的行为，具有理念性、创造性、主体性和系统性等特征。[③]

综上所述，教师角色是教师的一种特殊身份和地位，是教师的职责与权利，是教师在其所处的环境中表现出来的特定的行为模式。上述对教师角色的理解，主要强调的是教师的社会责任。除此之外，教师角色的内涵还涉及"人"这一主体。教师也是人，有自身的人格结构和心理特征，而且教师的人格结构和心理特征存在多样性与差异性，即便在同样的环境中，教师表现出来的行为模式也不尽相同。因此，对教师角色的理解还应该考虑教师个体的心理状态、人格结构等主观因素。[④]因此，我们认为教师角色既包含教师所处的客观环境（学校）对其应该表现出来的行为模式的规范和要求，也包含教师受个人主观因素影响而形成的行为方式，是客观要求与主观因素的结合。

三、高校教师职业角色的内涵

在我国古代，教师职业发展经历了从"长者为师"到"以吏为师"，再到"学者为师"的过程。"长者为师"是指德高望重的长者或者年长者如父母兄弟等担任"教师"。"以吏为师"是指由政治场上的官吏担任教师。"学者为师"是指由学识渊博的人担任教师。在西方，教师职业发展经历了从"能者为师"到"以僧为师""智者为师"，再到"技学为师"的过程。"能者为师"是指在原始社会由那些谋生能力强的人担任教师。"以僧为师"是指由一些僧人担任教师，宣传伦理道德。"智者为师"是指古希腊时期出现的"智者学派"，这时的教师可以算是真正的教师。"技学

① 吴兴亚. 当代大学教师角色困境及其解决策略研究[D]. 东北师范大学硕士学位论文，2009：13
② 徐志文. 教师职业角色沿革及其展望[D]. 沈阳师范大学硕士学位论文，2014：7
③ 李中国. 教师角色转换中内涵性特征的缺失与补救[J]. 教育研究，2008（6）：91-94
④ 巩建华. 国外教师角色研究述评[J]. 上海教育科研，2011（10）：35-39

为师”是指由那些有专门技术、学问精深的人担任教师。[①]一般认为，最初的大学教师是指从中世纪知识分子中分离出来的，在中世纪大学中从事高深知识和研究工作，且形成了一定职业特点的高校教师群体。[②]

要厘清高校教师职业角色的内涵，首先要弄清什么是“职业”。“职业”是指职场上专门的行业，是人们参与社会分工，利用专门的知识和技能为社会创造物质财富、精神财富，以获取合理的劳动报酬作为物质生活来源并满足精神需求的社会性工作。按照不同的维度，职业可以分为很多类型，如按照工作的性质和社会分工、社会职能的不同，可以分为教师职业、医生职业和律师职业等。其中，教师一般是指在各级各类学校中专门从事教育教学、科学研究、行政管理等工作的人员，为了完成工作，他们需具备良好的师德素养、科学的教育观念、渊博的知识储备，以及扎实的学术能力。[③]

关于高校教师职业角色的内涵，国内学者从不同角度进行了探讨。高慧洁从高校职能角度出发，认为高校职能的发挥及实现需要高校教师的努力配合，因此，高校教师职业角色表现为人才培养、科学研究和社会服务等职业活动。[④]廖惠芝从教师权利保障的角度出发，认为现代社会的高校教师职业角色是指高校教师承担其职业要求的，诸如教学、研究和服务社会的义务，同时也享有该职业赋予的相应权利，社会与学校应该维护教师的权利。[⑤]

研究者对职业、职业角色等关键概念的理解，虽然在表达上有所不同，但其内涵和特征却有共性之处。基于研究者对这些关键性术语的界定，我们认为高校教师职业角色的内涵随着大学职能多元化和社会时代变迁等在不断地丰富和完善。高校教师职业角色是指在高等教育系统中，教师以专门从事教育教学、科学研究和服务社会等工作为职业，既履行大学赋予其职业身份的义务，也享有相应的权利，通过发挥主观能动性来表现出符合高等教育要求和期望的行为模式。从角色的类型来看，高校教师的角色具有多样性，他们既具有作为社会成员的角色，又具有作为

---

① 徐志文. 教师职业角色沿革及其展望[D]. 沈阳师范大学硕士学位论文，2014：8-15

② 杨超. 大学教师的学术职业分化[M]. 北京：科学出版社，2016：31

③ 许烨. 当代高校教师职业伦理及其建构研究[D]. 湖南大学博士学位论文，2014：14

④ 高慧洁. 现代大学教师角色发展研究[D]. 哈尔滨工业大学硕士学位论文，2006：21

⑤ 廖惠芝. 新时期我国大学教师角色转换的研究[D]. 湖南大学硕士学位论文，2004：5

家庭生活成员的角色，还具有作为教育领域成员的角色。从构成要素来看，角色由“圈子”“自我”“地位”“功能”四个基本成分构成。“圈子”是指参与教育活动的教师群体，该群体拥有由被大家认同的价值构成的凝聚力，教师群体受该凝聚力的制约。“自我”是指每个教师能意识到自己的存在，如若他想做“圈子”需要的人，就需要按照“圈子”的要求做事，并具备相应的知识、能力等。“地位”是指教师被“圈子”赋予了一定的权利，拥有了确定的社会地位，包括有权获得与其地位相对应的物质报酬，以及被社会认可所产生的精神报酬等。“功能”是指教师获得权利和地位后，需要履行相应的义务，以满足“圈子”的需要。从内涵与外延来看，高校教师职业角色主要是指其在教育领域扮演的角色，而非其在家庭和社会生活中扮演的角色，阐述的是高校教师做什么的问题，涉及高校教师职业角色的扮演、定位、转换、变迁和冲突等内容。

第三节　高校教师职业角色的内在品性

高校教师职业角色是社会分工不断细化和大学发展的产物。为了更好地理解高校教师职业角色的内在品性，有必要厘清高校教师这一群体的特殊性。一般认为，在高校工作的人员就是高校教师，其实不然，因为这在无形中拓宽了高校教师群体的范畴。显然，在高校里工作的人员并非全部都能称为高校教师，因为与其他社会组织一样，高校因工作的性质、任务与对象等不同而存在不同的部门和科室。高校中的人员涉及行政人员、教学研究人员和后勤人员等很多利益相关者，这些利益相关者并非都能被称为高校教师。《中华人民共和国高等教育法》明确规定：“高等学校实行教师职务制度。高等学校教师职务根据学校所承担的教学、科学研究等任务的需要设置。教师职务设助教、讲师、副教授、教授。""高等学校的管理人员，实行教育职员制度。高等学校的教学辅助人员及其他专业技术人员，实行专业技术职务聘任制度。"可见，在高校中，教师、管理人员和教辅人员的岗位职责具有差异性。高校教师主要是指在大学专门从事教育教学、科学研究、社会服务等的专业人员，而不能等同于高校工作人员，也不仅仅是指专门的教学人员。①因此，准确理解高校教师的内涵和范畴，需要准确把握高校教师职业角色的多样性、学术性、专业性、实践性、知识性和道德性等特征。

一、多样性

多样性是高校教师职业角色较为典型的特征，主要体现在职业活动多样、职业职责多样和职业对象多样等方面。②高校是一个涉及多个利益相关者的复杂组织，包括政府、家长、学生、教师和用人单位等。作为高校的重要组成部分，教师在不同的利益主体的期待下扮演的职业角色不同。在这种情况下，高校教师的职业角色呈现出多样性。从政府的角度来讲，与美国高校"市场竞争制"的办学模式不同，我国高校的办学模式为"政府主导下的大学自治"，高校与政府的关系较为密切。中华人民共和国成立以来，我国高等教育管理体制经历了不断改革，虽然高校的办学自主权不断扩大，但与中央政府、地方政府的政策导向仍密切相关，高校的经费来源、校长任命、教师招聘及其福利待遇、生源分配等都受国家和政府的调控。因此，国家和政府对高校教师职业角色的期望较高。在政府视角下，高校教师是国家意志的"宣传者"。③大学生是国家未来各项事业建设的知识青年，国家对大学生寄予厚望。其中，高校教师起到了桥梁和纽带作用。地方政府希望高校教师是人才的"开发者""咨询者""技术顾问"，希望高校教师能够培育出更多的能为地方经济社会发展做贡献的高级专门人才，也希望高校教师积极参与政府的各项研究，扮演顾

---

① 杨超. 大学教师的学术职业分化[M]. 北京：科学出版社，2016：32

② 张奎明. 教师职业特性研究[J]. 教师教育研究，2008（5）：69-73

③ 刘雯佳. 多维视角下教师职业角色的社会学分析[D]. 福建师范大学硕士学位论文，2012：14-33

问等角色。社会则希望高校教师能够扮演“社会的代言人”“社会的良心”“批判者”“服务者”等角色；高校希望教师成为“教育者”“研究者”“学校的管理者”；学生希望教师是其成才成长的“引路人”“朋友”；家长希望大学教师是实用知识、技能传授的“权威者”。①

由于不同利益相关者的需求不同，高校教师扮演的职业角色也不同，并使其职业职责具有多样性，具体表现在以下几个方面。

第一，教育教学是高校教师的基本职责。在教学活动中，高校教师要传授给学生专业知识和技能。大学生的文化背景、成长经历、接受能力和兴趣爱好等不同，高校教师面临的困境就是如何做到有针对性地进行个性化教学，使其作为教育者的职业角色得到真正体现。在教育活动中，高校教师还要帮助大学生树立正确的世界观、人生观和价值观，教给他们为人处世的道理，也要引导他们树立正确的择业观、就业观，做学生成长的引路人。

第二，科学研究是高校教师的重要职责。在科研成果方面，包括中国在内的很多国家的科研成果大多依托高校或专门由高校独立完成。例如，我国北京的中关村科技园依托的是北京大学、清华大学等著名高校的资源，美国的“硅谷”依托的是斯坦福大学等高校的资源。它们都创造了一项项科研奇迹，这都离不开高校教师的努力。②此外，高校教师的科学研究就是要将教学和社会紧密联系起来，科学研究职责要求他们探求真理、创造知识，从教学和社会现象中发现问题、形成研究课题，然后将研究成果应用于教学和服务社会。

第三，社会服务也是高校教师的重要职责。社会服务的形式除了为社会培养人才、促进科研成果转化等，还包括教师直接参与社会实践，如教师到地方挂职支教、扶贫等。

此外，高校教师职业的对象也具有多样性，当扮演教育者角色承担教育教学活动时，其职业对象是大学生；当扮演研究者角色进行科学研究时，其职业对象可能

---

① 熊德明. 冲突与调适：社会转型中大学教师的角色研究[M]. 武汉：华中师范大学出版社，2013：33

② 马永斌，刘帆，王孙禺. 大学、政府和企业合作视野下高校教师的角色转变——基于美英日中四国的比较[J]. 高等工程教育研究，2010（3）：93-96，117

是政府、企业或者其他社会组织，也可能是科研团队的教师和学生等；当扮演社会服务者角色时，其职业对象可能是社会公民。总之，高校教师扮演不同职业角色和承担不同职业职责时，其职业对象可能相同，也可能不同，并非一一对应。

二、学术性

高校发展的历史清晰地表明，学术性是高校的本质属性，是高校教师的基本特质，也是社会对高校教师职业的本质要求，因为学术生活是高校教师完整生活的重要组成部分。如果一位高校教师不能开展学术研究，不能以追求学术的精神去从事自己的工作，那么他与高校是格格不入的。[①]因此，可以说学术性是高校教师职业角色的内在品性。

何为学术？可从广义和狭义两方面来理解。广义的学术通常是指美国高等教育家博耶关于学术的观点，狭义的学术是指在不同场合对知识进行创造的活动，其评判标准是交流、研究等方面的能力。从"学术"的词性来理解，可以认为学术是附着在各种知识上的学问和通过各种学术实践活动来发现、创造新的知识，并且在发现、探索和创新知识过程中，时人的权利及学术行为得到相应的保障。[②]无论是广义的学术还是狭义的学术，它们都有一个共同点，即都需要有一个主体——人来承担，而在高校，这一群体就是高校教师。在高等教育境域下，这群专门从事高深知识的传播、创造和应用，发现、探索真理的"人"，即被称为学术人。诚然，学术人不是专指某一个人，而是指一个群体，它是一个抽象的隐喻概念，我们日常所说的研究者、学者、科学家、知识分子等都属于学术人的范畴。[③]高校教师拥有研究者、知识传播者、创新者等多重身份，是无须争辩的知识分子，也是名副其实的学术人。学术是证明学术人的身份标签，学术人是从事研究、创新和传递高深知识，探索和发现真理，并将学术知识造福于人类社会的"学术职业"。何为"学术

① 张应强. 大学教师的社会角色及责任与使命[J]. 清华大学教育研究，2009（1）：8-16

② 杨超. 大学教师的学术职业分化[M]. 北京：科学出版社，2016：37

③ 董立平，周水庭. 学术人：高等教育管理的人性基础[J]. 江苏高教，2011（2）：15-18

职业”？德国学者马克斯·韦伯对“学术职业”内涵的阐述最具典型性和代表性。他认为学术职业应当具备物质性和精神性两种基本的属性。[①]所谓物质性，是指学术人以学术职业获得经济利益（如金钱等物质回报），学术职业在于满足生活需要，甚至把学术职业作为追逐经济利益的手段，这是一种工具理性行为。精神性是指学术人从事学术活动的目的在于探求真理、研究深奥的知识，将学术职业与自己的兴趣爱好、人生目标和社会需要结合在一起，是一种价值理性行为。学术人也是有生存、精神等需求的社会人，其不能独善其身并与这些需求断离。[②]因此，学术人是物质性和精神性两种基本属性的结合，在学术职业活动中，他们在这两种属性之间追求平衡。

高校教师职业角色的学术性具体表现在以下几个方面。

一是创新性。学术是指比较专门和系统的学问，是以追求真理为目的，以高深知识为载体，围绕知识发现、创新、传播应用而开展的科学活动。其中，知识创新是学术的核心要素。知识创新不仅是知识内容和观点的创新，更是知识生产方式和知识获取途径的创新。从本质上来讲，高校教师职业角色的定位及功能的发挥，就是要实现对高深知识的创新与发展——使高校教师成为以传播、应用和创新知识为己任，以发展学术、追求真理为目的的群体。[③]

二是自由性。追求学术自由和自主，既是高校教师获得职业权力的历史根源，也是彰显高校教师职业角色的现实表征。当今社会，尽管学术的内涵不断深化，知识生产方式也由“学院科学模式”向“后学院科学模式”转变，即学术活动由单纯性的真理与知识生产向服务社会的应用性知识生产转变，高校教师的学术权威及地位也因此受到巨大挑战，高校教师由知识的“立法者”变为“阐释者”，但是高校教师的核心职责仍是传播、发现和应用高深知识，他们的职业活动仍需忠于学科、知识和真理。学科的构建及真理的获取，须以自由的学术信念及高度的学术自主为前提条件。因为学术在本质上必然是独立的、自由的，失去了独立、自由，学

① 转引自：庞岚，沈红．“学术人”视角下的大学教师管理制度建设[J]．高等理科教育，2012（4）：59-63

② 于胜刚．论大学学术人的利益取向[J]．教育评论，2011（1）：7-9

③ 董立平，周水庭．学术人：高等教育管理的人性基础[J]．江苏高教，2011（2）：15-18

术就丧失了它的本性，也无法体现其神圣使命。①

三是社会性。学术职业是社会职业的构成部分，学术人从事的各种学术实践活动也属于社会活动。他们从社会中观察现象、发现问题、凝练方向，形成研究课题，然后将研究结论放回社会中进行检验以便服务社会，最后将其上升为学术理论。可见，学术理论是学术人社会实践活动的结果，它取之于社会，又用之于社会，任何不用于为人类社会服务的学术成果都是无意义的。

四是合作性。既然学术职业也是社会职业的一类，学术人从事的学术实践活动是社会活动，那就免不了与社会的其他成员打交道。特别是在当前社会变化较快、知识爆炸的时代，学术研究提倡跨学科交叉融合，学术人与非学术人之间需要加强合作。②

总而言之，学术职业的主体——大学教师具有高深的知识背景和学术研究的能力，他们是学术人的典型代表，其所从事的职业具有学术职业的所有特征，教师所在的组织——高校也是探索真理、研究学问和创造知识的场域。所以，学术性既是学术职业的根本属性，也是高校教师职业角色的内在属性。

三、专业性

何为"专业"？在英文语境中有多种表达：一是"specialty"，表示专业、专长和特长，指某个体擅长的方面；二是"profession"，表示专业、职业和行业，是指需要以一定的知识、技能为基础的职业，这种职业是因社会分工的不同而产生的③；三是"major"，表示主修的课程，是指在大学中主修的某门或几门学科科目。《现代汉语词典》把"专业"解释为高等学校的一个系里或中等专业学校里，根据学科分工或生产部门的分工把学业分成的门类。④由此可见，"专业"应区别于"一

① 贺麟. 文化与人生[M]. 北京：商务印书馆，1996：246-247

② 董立平，周水庭. 学术人：高等教育管理的人性基础[J]. 江苏高教，2011（2）：15-18

③ 杨超. 大学教师的学术职业分化[M]. 北京：科学出版社，2016：37

④ 中国社会科学院语言研究所词典编辑室. 现代汉语词典[Z]. 7 版. 北京：商务印书馆，2019：1719

般”“普通”，需要具备一些条件。例如，它需要经过专业人员长期专门的教导、训练，具有一定的规范性、标准性；它需要以特定的知识和技能为基础。①在理解了“专业”的基础上，我们认为专业性是与非专业性、普通性相对应的概念。教师这一职业符合“专业”的所有要素与特征，专业性是教师职业的主要特征。《中华人民共和国教师法》明确规定：“教师是履行教育教学职责的专业人员。”教师职业需要由接受过专门学习、训练且有相关知识背景和教育技能的人员来从事，因此有学者认为教师职业不单单是职业，还是一门专业，它是一项与翻译员、医生等一样的专门职业。②

高校教师职业角色具有专业性特征，这是由高校教师的职业劳动特点、职业生存环境的组织特性等决定的。虽然高校教师也经历了学生时代，但是他们曾系统学习过相关课程，具有所学学科专业领域的相关知识背景，他们也受专业人员的教导和训练，具备其所在学科专业领域的教学、研究等能力。《中华人民共和国高等教育法》明确规定，高等学校的教师取得相应职务应当具备下列基本条件：取得高等学校教师资格；系统地掌握本学科的基础理论；具备相应职务的教育教学能力和科学研究能力；承担相应职务的课程和规定课时的教学任务。因此，不管是在学历、知识储备还是教育教学、科学研究能力上，高校教师都符合该职业的要求和标准。如前所述，高校教师扮演的职业角色和承担的职业职责多种多样，但归结起来就是教育教学、科学研究和服务社会。

第一，从教育教学来看，教学也是一种专业，教学应由专业人员来承担。③高校的教学具体表现为各个专业的学科知识的传授与创新。高校教师长期致力于各专业领域理论和实践的研究，他们既有专业学科知识背景，也有研究教学问题的能力。高校教师还拥有其所学专业领域的教学技巧和能力，能够驾驭教学。高校教师往往还能够培养学生对所学专业的态度，能够通过专业课程教学影响学生的情感、态度和价值观。④

---

① 林杰. 大学教师专业发展的内涵与策略[J]. 大学教育科学，2006（1）：56-58，74

② 谈松华. 教师工作不仅是职业更是专业[J]. 中国远程教育，2003（14）：68

③ 付八军. 大学教师的培养与成长[M]. 北京：中国社会科学出版社，2010：45

④ 张应强. 大学教师的专业化与教学能力建设[J]. 现代大学教育，2010（4）：35-39

第二，从科学研究来看，从事任何领域的研究，都需要有一定的知识背景、研究方法和研究能力。高校教师有自己的专长研究领域，忠诚于自己所在的学科专业领域。

第三，从服务社会来看，高校教师需要具有服务社会的专业知识、专业能力、专业品质和专业态度。高校教师利用所掌握的专业知识直接或间接地服务社会，对社会经济文化发展产生影响，从而彰显其服务社会的不可替代性。

从性质来看，高校是培养各种高级专门人才的场所。高校按照学科和社会行业的不同设置各种专业，不同专业的培养目标、课程设置、培养年限、培养方式等各有差异。高校还是专业性很强的学术机构，以研究高深学问、探索深奥真理为目标，若离开了学术研究，那么高校存在的价值也将大打折扣。此外，高校还承担着各种社会服务职能，如职业培训、学术交流和技能竞赛等。总而言之，高校的性质对教师的专业性提出了较高的要求，特别是在科学技术发展迅速、文化知识爆炸式增长和社会转型加快的时代，专业性在高校教师职业角色中越来越突出。

四、实践性

何为"实践"？对其内涵解释的争议在学术理论研究中似乎从未停息，不同的学科领域有不同的理解，学者也是从自身学科领域的研究出发对其进行了不同的界定。但无论如何，对"实践"的解释最终还要归结到本源。亚里士多德、康德和马克思对"实践"内涵的解释具有一定的代表性。亚里士多德认为，实践是道德的、政治的，它区别于制作，它是可因人的努力而改变的、基于某种善的目的而进行的活动。[①]可见，在亚里士多德的思想中，实践是一种改变事物的活动，实践的主体是人，实践的客体是事物，实践的目的是达到善，"实践"具有道德、政治及善的性质。康德对"实践"内涵的研究更为透彻深入，他对"实践"概念研究的贡献在

① 转引自：杨晶. 教师的实践逻辑研究[D]. 东北师范大学博士学位论文，2015：42

于建立了道德形而上学，将道德与实践问题联系起来。[①]黑格尔强调实践是个体满足自身需要的劳动。马克思深受康德等哲学的启发，认为实践是人类发挥主观能动性改造世界的客观物质性活动。[②]由此可知，实践的主体是人，客体是活动的对象，中介是活动的步骤、方式等，目的是改造世界，而且实践具有直接性和客观性，并非仅仅停留在观念上。不同历史时期，人们实践的形式不同，起初是人们为了满足生活需要进行物质生产实践，然后是进行社会实践、科学文化实践等。

教育实践作为科学文化实践的范畴，不仅仅是指传播知识、创造精神文化产品等。广义上包括与教育有关的所有实践活动[③]，狭义上则认为是在特定的情境中为了实现教育目的而实施的实践活动。这也反映出教育实践具有情境性、目的性和自觉能动性。[④]基于对实践和教育实践内涵的分析可知，高校教师是教育的实践者，实践性是教师职业角色的基本特征。从教育实践的主体来看，课堂教学实践活动、课后的实践活动、科学研究和社会服务实践活动等都属于教育实践的范畴，而高校教师是这些实践活动的主体。从教育实践的客体来看，教育实践客体即教师工作（教育实践活动）的对象，这些客体（对象）会因教师教育实践活动的不同而不同。例如，当高校教师从事教育教学工作时，他们的活动对象是大学生；当高校教师进行科学研究活动时，他们的活动对象是研究的课题或者项目。高校教师的教育实践活动具有目的性。例如，当教师进行教育教学实践时，他们的目的就是将知识、技能传授给学生，把他们培养成能为国家各项事业发展服务的专门人才；当他们进行科学研究实践活动时，他们的目的就是研究出更多的成果来解决社会问题、为社会服务。从教育实践的中介来看，教师为了实现这些教育实践活动目标采用的手段、程序和方法等，不管是教育教学、科学研究还是社会服务，都需要具备学科专业知识和研究的能力。就教师的知识而言，学科专业知识是高校教师从事学术职业活动的重要资本，教师需要在各种教育实践活动中不断学习和积累这些知识，因为这些实践性知识是高校教师顺利实现各项教育实践活动目标的保障。[⑤]另外，教育实践

① 王生荣. 康德实践观评介[J]. 社会科学，1982（2）：38-41
② 转引自：孙婧，王鹤岩，王勇. 马克思实践观及其当代性探析[J]. 学术交流，2013（3）：27-30
③ 余清臣. 何谓教育实践[J]. 教育研究，2014（3）：11-18
④ 叶澜，白益民，王枬，等. 教师角色与教师发展新探[M]. 北京：教育科学出版社，2001：59
⑤ 汪贤泽. 论教师的实践性知识[J]. 全球教育展望，2009（3）：75-80

活动需要高校教师发挥主观能动性并且采取切合实际的行动，并非凭空想象就可以做好的。概而言之，从教育实践构成的要素（主体、客体、中介、特征）和教育实践的范畴来看，高校教师是名副其实的教育实践者。同时，高校教师还要对自己进行的教育实践活动进行反思和总结，从这一层面来说，高校教师还是反思性的实践者。①

五、知识性

要理解高校教师职业角色的知识性特征，首先，应从厘清高校教师是否是"知识分子"入手。何为"知识分子"？中西方学者的看法不一。西方学者对知识分子的认知有几种观点。一是以卡尔·曼海姆（Karl Mannheim）为代表的学者认为知识分子是维护社会正义并具有批判意识的社会精英阶层，他们不超越利益集团，以维护正义为己任。②二是以安东尼奥·葛兰西为代表的学者认为知识分子是真理的代言人，包括教师、官吏等传统知识分子和社会某阶层的代言人的"有机知识分子"。三是以福柯（Foucault）为代表的学者将知识分子分为"普遍知识分子""特殊知识分子"。前者是普遍真理的化身，扮演着预言家等角色；后者则是以自己掌握的权威知识来应对公理提出的挑战，打破人们固化的习惯。四是以齐格蒙·鲍曼为代表的学者将知识分子隐喻为"立法者""阐释者"。③"立法者"知识分子是社会的代言人，他们拥有较高的权威性，在政府与社会关系之间代表着社会的声音，不过他们多受政府的约束。"阐释者"是指知识分子失去原有权威的光芒，起着沟通政府与社会的桥梁作用，他们没有"话语权"，只是政府控制社会的"翻译员"。④从我国来看，学者对知识分子的研究可追溯到古代。春秋战国时期，"士"

---

① 吕红日．教师知识分子角色研究[M]．北京：北京师范大学出版社，2014：54

② 转引自：胡金平．学术与政治之间的角色困顿——大学教师的社会学研究[M]．南京：南京师范大学出版社，2005：31-32

③ 转引自：吕红日．教师知识分子角色研究[M]．北京：北京师范大学出版社，2014：21

④ 徐天伟，杨超．从"立法者"到"阐释者"：大学教师职业角色的生成逻辑及现代转变[J]．云南师范大学学报（哲学社会科学版），2017（2）：65-71

的出现蕴藏着知识分子的特征。“士”主要是以传授知识、传播治国主张等为志业，他们专门从事与知识有关的活动。到了近现代，我国知识分子与各种知识传播、服务社会等紧密联系，彰显了创造性和批判性等特征。

高校教师是否属于知识分子范畴？虽然国外学者的认知角度不同，观点却较为相近。国外学者弗洛里安•兹纳涅茨基的观点最具代表性。他认为，知识分子作为社会人，是一群专业化了的人，依据社会圈子、地位、自我和功能，知识分子可以划分为真理的探索者、知识的创造者、知识的传播者等，而教师则属于“知识的传播者”。[①]国内学者也对高校教师的知识分子属性进行了讨论。有的学者认为高校教师就是知识分子，是知识的传播者和创造者。[②]当然，知识分子并非仅仅指某一个人或某一类群体，他们分布在各行各业，如医生、律师和科学家等，他们代表着各自领域的利益，又服务于自身所在的专业领域。也有的学者认为高校教师是真正的知识分子，他们不仅具有文化知识，还具有很强的社会责任感，能够凭借自己的学科专业知识和理性思维来维护社会的正义，成为社会的良心。[③]此外，还有学者从知识维度分析了知识分子的专业性和公共性。作为知识分子的高校教师，既掌握了一般人没有的专业知识，有利于维护其权威和地位，又通过专业知识服务于社会，彰显了知识的公共价值。[④]

总之，高校教师在扮演角色时，知识是教师的重要资本，人才培养、科学发展以及社会服务都要以知识为前提，教师的职责就在于通过教学、研究推广知识，通过发表相关成果传播知识。[⑤]就教师的知识而言，我国很多学者对其做过研究。例如，叶澜教授认为教师应该具备有关当代科学和人文知识、学科专门知识和技能及教育学科类知识。[⑥]陈向明则将教师的知识归为理论性知识和实践性知识，认为教

① [波兰]弗洛里安•兹纳涅茨基. 知识人的社会角色[M]. 郏斌祥，译. 南京：译林出版社，2000：86-91

② 吴兰平. 知识社会学：大学教师角色研究的新视角[J]. 煤炭高等教育，2005（5）：30-32

③ 徐红. 回溯与前瞻：大学教师角色的再思考[J]. 高校教育管理，2011（2）：67-71

④ 吕红日. 教师知识分子角色研究[M]. 北京：北京师范大学出版社，2014：41-53

⑤ [美]雅罗斯拉夫•帕利坎. 大学理念重审：与纽曼对话[M]. 杨德友，译. 北京：北京大学出版社，2014：80

⑥ 叶澜，白益民，王枬，等. 教师角色与教师发展新探[M]. 北京：教育科学出版社，2001：23-24

师的实践性知识尤为重要。[①]余文森等将知识分为普通文化知识、专业学科知识、教育学科知识和实践性知识。[②]高校教师不同于中小学教师，他们需要掌握更广博的知识，以保障教育教学质量提升的需求。高校教师不仅是普通文化知识、专业学科知识和教育学科知识的掌握者，还是这些知识的创新者。因此，高校教师作为培养专门人才的专业人员，知识性是其职业角色的基本特征。

六、道德性

何为道德？较早的论述可追溯到《老子》："是以万物莫不尊道而贵德。道之尊，德之贵，夫莫之命而常自然。"[③]其中，"道"为自然运行且人们共同追求的真理，"德"为人的品德、品行。老子遵循"道法自然"，"德"为"道"的可能发展方式。在我国古代，"道"与"德"为不同的概念，并无"道德"一词，但两者均被世人推崇，认为学至明礼则达到道德的极致，这既是学习的终极目的，也是为人处世理应遵循的行为准则。在西方道德哲学中，"正当的""善的"等词语往往被赋予与"道德的"相同的意义。[④]例如，亚里士多德认为，"善"是规范人们的行为准则，具有双重含义：一是事物自身为善；二是事物作为达到自身善的手段而为善。[⑤]苏格拉底则认为"美德即善，美德即知识"，柏拉图所追求的终极目标为道德，"善为神的基本属性"。[⑥]

道德具有社会属性与个人属性。道德起源于保障社会的有序运行的现实诉求。换言之，道德起源于道德以外的事物，并保护着道德以外的事物，其目的与起源显

① 陈向明. 实践性知识：教师专业发展的知识基础[J]. 北京大学教育评论，2003（1）：104-112

② 余文森，连榕，等. 教师专业发展[M]. 福州：福建教育出版社，2007：60-64

③ 饶尚宽译注. 老子[M]. 北京：中华书局，2006：123

④ [美]威廉·K. 弗兰克纳. 善的求索——道德哲学导论[M]. 黄伟合，包连宗，马莉，译. 沈阳：辽宁人民出版社，1987：206

⑤ [古希腊]亚里士多德. 尼各马可伦理学[M]. 廖申白，译. 北京：商务印书馆，2003：87

⑥ 转引自：索亚军. 柏拉图哲学中真善美的统一[J]. 北京大学学报（哲学社会科学版），1991（1）：48-55

然是他律的。[①]社会是由人组成的集合体，道德保障着社会的有序运行，其间接目的则是促进人们遵循道德要求来规范自身的行为。从这一意义上来说，道德根植于每个人完善自我品行的内在需求。道德既是个体自身的要求，又是个体完善自我品行的手段。归纳而言，道德是社会制定与普遍认可的关于人们具有社会效用的行为应当如何的准则规范。[②]

教师的职业角色为何要彰显道德性？人的存在与道德密不可分，缺乏道德，人便不存在。这里的“不存在”，并非物质层面的，更多的是一种精神层面的。当我们指出“某人非人哉”时，实则是说他缺乏道德。人的道德属性使其区别于其他动物，而教师职业角色的道德性则使其区别于其他职业，并使得这一社会角色定位变得不可替代。教师为何坚持道德，究其原因如下：一是教育与道德的关系使然；二是教师职业角色的责任要求与专业发展需要。首先，教育与道德的关系，从语言上看，教育可被视为一种规范；从逻辑上看，教育可被视为一种道德概念；从事实上看，教育可被视为一种道德实践。[③]教育的道德性是人的道德性在教育活动中的集中反映，而道德主体既包括教师与学生，也包括与教育活动相关的管理者主体、家长主体等。此外，教育目的作为教育活动的起始与归宿，决定着教育活动的实践方向。《大学・中庸》中提到，“大学之道，在明明德，在亲民，在止于至善”[④]，教育的意义在于使人达到真善美，从而完善自我道德。德国教育家赫尔巴特（Herbart）对此也有类似的看法，他指出：“教育的唯一工作与全部工作可以总结在这一概念之中——道德。道德普遍地被认为是人类的最高目的，因此也是教育的最高目的。”[⑤]教育的内在属性为“善”或者使人趋向“善”，因而教育具有道德性的本质特征。其次，教师职业角色的“社会他律”和“主体自律”等责任要求教师的行为应符合社会道德标准。例如，《中华人民共和国教师法》对教师职业道德及其行为做出了明确的要求，以法律形式强化了教师职业道德的外在规范。道德意识的内在

① 杨四耕. 教育与道德[J]. 教育理论与实践，2004（3）：43-47

② 王海明. 新伦理学[M]. 北京：商务印书馆，2001：104

③ 黄向阳. 德育原理[M]. 上海：华东师范大学出版社，2000：20-38

④ 王国轩译注. 大学・中庸[M]. 北京：中华书局，2006：3

⑤ [德]赫尔巴特. 论世界的美的启示为教育的主要工作//张焕庭. 西方资产阶级教育论著选[C]. 北京：人民教育出版社，1979：259-260

驱动力使得教师自觉地完善自我道德要求。教师道德意识是由道德认知、道德情感、道德理想及道德行为构成的完整体系结构，是一种植根于教师职业活动中的内在习惯。[①]流传至今的"教学相长""尊师重道""有教无类"等社会道德要求早已内化到教师的自我道德约束中，并在其道德行为中呈现。正确的道德认知往往以道德知识为基础，而道德知识是引导教师合乎社会道德要求进而促进自身专业发展的潜在动力。因此，高校教师在扮演职业角色时应遵循道德要求。

教师职业角色的道德性体现在何处？教师职业角色的道德性与人才培养、科学研究和社会服务密不可分，应体现在知识的传播、创获与应用中。

其一，在知识传授中，道德目的是教师教学的价值旨趣。杜威曾言："这种要求和这种机会使道德目的在一切教学中——不论是什么问题的教学普遍存在并居于主导地位。"[②]教师将教学实践建立在其特定的道德价值之上，不同的教学行为都在潜移默化地影响着学生的道德发展，或者在不同程度上形塑着学生的道德价值观及其思维方式。"有道德地教"应是发展师生关系的基本准则。[③]

其二，在知识创获中，职业角色的道德性要求教师保持独立与诚信的学术研究，唯有教师能够独立自由地思考和讲话时，他们才能开展真正的学术研究，才能保持知识分子应有的社会评判精神。[④]职业角色的道德性为教师的科学研究划定了伦理边界，教师在遵循道德要求的前提下才能保持学术诚信，并时刻以内心的法则来规范科学研究活动。

其三，在知识应用中，职业角色的道德性要求教师的学术逻辑与社会大众逻辑之间保持一定的距离。在知识经济时代，高校教师早已走出学术象牙塔而步入社会，但部分教师容易产生过度参与社会兼职而忽视本职工作，社会服务以市场逻辑为导向而淡化学术逻辑等不符合道德要求的现实问题。社会大众对教师职业角色的信任立足于教师公正、专业的学术逻辑，教师多次的"不道德行为"容易降低社

① 李潇君，李艳. 论教师行为的道德含义[J]. 东北师大学报（哲学社会科学版），2020（4）：162-169

② ［美］约翰·杜威. 学校与社会·明日之学校[M]. 赵祥麟，任钟印，吴志宏，译. 北京：人民教育出版社，1994：142

③ 高义吉，王夫艳. 大学教学的道德性：消解与回归[J]. 思想理论教育，2021（2）：68-73

④ 胡金平. 学术与政治之间的角色困顿——大学教师的社会学研究[M]. 南京：南京师范大学出版社，2005：226

会大众对其角色的认可度。教育是一种道德实践，教师社会服务同样也是一种道德实践，这要求教师行为要符合职业道德要求。

此外，职业角色的道德性还要求教师正确处理好教师与教师、教师与学生、教师与学校、教师与家长之间的关系。值得注意的是，教师在规范彼此的道德关系过程中，应当注意道德边界的远近程度，教师伦理角色的回归应以学生利益为主，正确处理好师生之间的关系，其主要受惠者为学生，其次是教师、行政人员或者家长。①

教师应如何彰显其职业角色的道德性？在人才培养过程中，教师应遵循“学思行并重”的知识传授过程，引导学生在丰富已有道德认知的基础上进行有序的道德实践。教育过程中的道德性在强调师生个体道德的同时，还要重视教育教学过程中的伦理价值，师生信任是增强教育教学道德性的关键环节。教师应明确其教学目标、与学生平等交流、关爱学生群体等，在相互信任的关系下建构教育教学道德性。②在科学研究过程中，职业角色的道德性应该贯穿于教师行为的全过程，从而使得其行为符合道德他律与自律的统一。在保持现有科研诚信的基础上，教师还应该结合社会环境的变化调整自身的道德自觉性。例如，教师除了要避免做出剽窃、编造、篡改等学术不端行为之外，还要对科研诚信的内涵有一定的拓展，包括从典型的不端行为延伸到不当行为、从科研的关键环节延伸到科研全过程等。③在社会服务过程中，教师应立足于学术逻辑而参与社会道德实践。教师参与咨询决策、科研成果转化、校外兼课等社会兼职行为，除了自觉遵循公平公正的原则外，还应该与社会之间保持一定的距离，以期保持其职业角色存在的合法性不受侵蚀。此外，教师应将其教学知识置于社会市场进行检验，从而促使教师更新其教学手段与教学内容，并将优化后的知识传授给学生。职业角色的道德性理应与教师行为相得益彰，道德认知指引着道德实践的前进方向，从而使得教师最终实现教育过程的道德性与向善性。

---

① 吴秋芬. 教师专业性向与教师专业发展[J]. 教育研究，2008（5）：68-72，78

② 付春新，赵敏. 师生信任：教学道德性建构的逻辑起点[J]. 课程·教材·教法，2019（12）：70-74

③ 刘宁，周丹. 科研诚信：制度完善与道德自觉相辅相成[J]. 中国高校科技，2019（11）：20-23

第二章
高校教师职业角色的历史观照与制度化

第一节　西方大学教师职业角色的历史观照

大学教师作为社会知识分子的重要组成部分，在不同历史时期呈现不同的角色特征。角色既彰显了人的自然属性，也体现了人的社会属性，反映了教师的职业地位、名分、威望、权力，以及获得相应的资格等特征。教师的职业角色及特征并非一成不变，而是随着时代的变迁而不断演变。从古希腊时期到现代，社会或国家赋予高校教师的学术职业角色经历了一个演变过程，从而影响着大学教师学术职业活动的历史使命和社会地位。厘清不同历史时期西方大学教师职业角色的特征及其表现形式，对于客观认识大学教师群体的特性，以及重构现代社会合理的教师学术职业角色，具有重要的借鉴价值。

一、高校教师学术职业角色演变的历史逻辑

（一）城邦哲学家：古希腊时期大学教师作为知识人的角色

从高等教育发展史来看，具有近现代意义的大学产生于西方中世纪。古希腊是大学教师及其角色萌芽的重要时期。公元前 5 世纪出现的“智者派”中的“智者”（Sophistes）被认为是西方最早的“大学教师”。“智者”原意为“哲人”“贤人”“有智慧的人”。最初，“智者”主要是指古希腊社会中在哲学、医学、文学和艺术等各行各业拥有专门知识和技艺的人。公元前 5 世纪后期，“智者”的范畴发生了明显变化，专指以传授修辞、语法、诗学、体操、数学和音乐为职业的教师。[①]这时，

---

① ［美］马文·佩里．西方文明史（上卷）［M］．胡万里，王世民，姜开君，等，译．北京：商务印书馆，1993：97

“智者”所扮演的是“教育者”的角色，其目的在于通过训练人的思维、表达能力和政治才能以培养国家需要的专门人才。正如黑格尔所言，智者派是以智慧和科学、音乐、数学等知识教人的教师，在知识上获得教养的希腊人，“应当感谢智者们”①。“智者”将哲人与教师融为一体，以承担公共责任为己任、以增进公共福祉为荣耀，在与他人倾听、对话与辩论中生成知识并启迪他人，从而构建了西方最初的教师角色。②智者分为早期智者和后期智者。早期智者的代表人物有普罗泰戈拉（Protagoras）、高尔吉亚（Gorgias）、希庇亚（Hippias）等，后期智者的代表人物主要有克勒（Callicles）、波卢斯（Polus）和普罗塔库斯（Protarchus）等。

“智者”作为“教育者”角色的出现，有其复杂多样的原因。一是人类对自身的认识不断深化。公元前 5 世纪中期，希腊人对人和神的关系的认识发生了明显变化。他们认识到，人在社会生活中具有主导作用，是生活的主人，决定人类生活的并非神，而是人类自身。因此，规范人类行为的法律和规范并非神的产物，而是人类通过自己的思考、讨论和选择产生的。二是新的政治知识和道德知识传播的需要。“智者”兴起之前，古希腊的知识传授主要依靠听游吟诗人朗诵作品、观看戏剧演出和参加公民大会等活动进行。随着古希腊奴隶制度的发展、各城邦政治结构和社会组织的日益复杂，人们对新的政治知识和道德知识的需求更加迫切。这就需要有专门的人与途径来有效传播政治知识和道德知识。三是古希腊城邦政治生活的需要。为了培养子弟和公民具有管理和参与国家政治生活所需的丰富知识与辩论能力，统治者对学习新的研究课题的要求越来越迫切，公共生活为擅长说教宣传的人提供了良好的场所，在修辞、演说和辩论方面的素养乃成为实际需要。③因而，需要一批专门从事以教授辩论术为职业的教师。

扮演“教育者”角色的“智者”被城邦统治阶层和平民视为“智慧权威”。“智者”不受雅典宗教信仰的束缚，倾向于无神，通过文法、修辞学（雄辩术）、哲学（辩证法与逻辑学）和自然科学等科目传授系统化的知识，以帮助人们获得政治技

---

① [德]黑格尔. 哲学史讲演录（第 2 卷）[M]. 贺麟，王太庆，译. 北京：生活·读书·新知三联书店，1957：58

② 陈亚凌. 古典教师角色的现代性异化及复归——基于汉娜·阿伦特的哲学视角[J]. 教师教育研究，2019（3）：6-12

③ [美]梯利. 西方哲学史（上册）[M]. 葛力，译. 北京：商务印书馆，2001：42

艺、政治才能和美德。因为"智者"认为政治技艺每个人都有，但要通过后天的学习才能得以掌握。

在"智者"学派之后，公元前4世纪，古希腊哲学家柏拉图创建的阿卡德米学园被称为西方历史上第一所大学[①]，亚里士多德创办的吕克昂学园被认为是永久性的高等教育机构。[②]柏拉图和亚里士多德等强调理性与人文精神，以哲学为基础，通过哲学与教育的融合，形成各自的教育理念并指导教育行为，使其"城邦哲学家"的社会职业角色得到了强化，并拥有了相应的政治地位和社会特权。具体表现为以下几点。第一，哲学家以追求高深的理性知识为学术职业目标和使命。这些知识主要包括如下几个方面：一是专业性知识，即"七艺"（文法、修辞、逻辑、数学、几何、天文和音乐）；二是道德知识，强调知识即美德，要成为一个有美德的人，就要有美德的知识；三是特殊知识，如植物学、动物学、心理学、气象学、化学、物理学和农学；等等。古希腊"大学教师"的活动，不仅扩大了知识分子传授高深知识的范畴，而且彰显了高深知识的系统性和专门性等特征。这一时期，大学教师通过哲学思辨方式对知识进行传播与生产，通过与国家统治者的"联姻"，使其知识体系在社会生活中占据重要位置——"立法者"地位，对当时社会经济、文化的发展产生了决定性的影响。在古希腊，人们相信美德是自己追求的崇高理想，但美德并非与生俱来的，人只有通过教育开发才能发现美德的潜力。教育即灵魂的转向，通过教育可使人追寻到自身的真和善，并在真、善、美的引导下幸福生活。然而，此崇高目的的实现，必须依靠城邦哲学家。这是因为只有哲学家才既具有高深的理性知识，尤其是美德知识，又能以"七艺"为载体把高深的知识传授给广大民众。第二，城邦哲学家以哲学理念和教育行为为社会提供服务，彰显了其责任担当。一方面服务人的本性。古希腊时期，人们崇尚沉思的生活，而非物欲生活。哲学家是智慧之人并尊重人性，他们可以通过理性引导民众如何在闲暇时探索人和事物的本源。另一方面服务城邦（国家）。古希腊人认为，美德是城邦美好生活与未来的根本，公民的美德与城邦的命运息息相关。但美德并非天生的或自然而然拥

---

① Stumpf S E，Fieser J. Socrates to Sartre and Beyond：A History of Philosophy[M]. New York：McGraw-Hill College，2003：48

② [英]博伊德，[英]金. 西方教育史[M]. 任宝祥，吴元训，主译. 北京：人民教育出版社，1985：47

有的，而是通过学习和接受教育获得的。①哲学家以教化人们为荣，他们的重要任务在于通过塑造人们的美德以服务城邦。他们具有作为成年人的社会公共责任与担当。他们作为教师，本身就是合格公民的典型代表，其进入公共领域，参与公共事务，履行公民义务、行使公民权利，维护社会秩序和推动文明进步。如若社会遭受非正义和不道德的干扰，他们则会在社会公共领域挺身而出，通过言说以主持社会正义。此外，他们还承担着把学生培养成合格的社会公民的责任，培养学生的公共意识和公共能力。由此可见，古希腊知识分子通过履行学术职业使命，使其“哲学家”的身份获得了国家、社会和民众的认同，并拥有了崇高的社会地位。例如，柏拉图被称为“最好的教师”，亚里士多德被誉为“古希腊哲学家中最博学的人”“一千年来最重要的教师”，等等。

（二）行会学者或教会教士：中世纪大学教师的教育者角色

1. 中世纪大学教师的职业角色

（1）行会学者：中世纪大学教师作为职业人的角色

近现代意义的大学教师产生于中世纪。12 世纪以来，随着欧洲在农业、商业和手工业等方面的发展，以及大量城市的兴起，为了满足社会发展需求的新的知识分子应运而生。中世纪的“知识分子”群体包括学者、讲师、教士、思想家等社会各阶层人士。此后，一些知识分子逐步从其他社会职业中分化出来，专门从事高深知识的教学与研究工作，并以此获得物质意义上的报酬。这时，具有职业性的大学教师产生。中世纪早期，大学教师的社会身份最先是通过行会组织来表征的，也因此具有了“行会学者”的角色。

西欧的“行会”产生于 12 世纪，源于欧洲封建社会时期城市中的商人或手工业者为维护本行业利益而建立的团体，主要包括手工业行会和商业行会。中世纪，城市手工业者为了抵制封建领主的压榨与控制，也为了排除相互竞争和农村手工业者的冲击，建立起各自行业的组织。城市的商人也因社会秩序混乱，为了防范盗匪抢劫和封建领主的截留，建立起了相互支援、武装护商的行会组织。正如美国历

① ［古希腊］柏拉图. 柏拉图全集（第一卷）［M］. 王晓朝，译. 北京：人民出版社，2003：444

史学家詹姆斯 • W. 汤普逊（James W. Thompson）所言，"行会是中世纪倾向于社团联合的一种自然表现……无论中世纪行会的根源——或者诸根源是什么，有两个事实是很清楚的：即它们与市民阶级的产生和城市的形成同时发生；而且，在它们萌芽时，就是组织起来的自由商人或手工艺团体，以保护他们摆脱不自由的竞争和同等团体的竞争"①。行会组织具有行业垄断性、自治性和同质性的特征。根据记载，西欧行会组织发展较为迅速，13 世纪，巴黎大约有 100 个行会，到 14 世纪中叶，行会数增至 350 个左右。②

在手工业和商业行会的影响下，12 世纪，社会"知识分子"群体——学者模仿行会组建了自己的组织，即"学者的团体"。大学实质上也是一个由学者和知识联结的行会组织，其目的在于把对知识获取有欲望及对高深知识向往的教师和学生汇聚在一起，通过建立相应的制度，以保护学者及成员的共同利益。正如有学者所言，13 世纪是大学的世纪，因为这是一个社团组织的世纪。在每一个城市里，只要某一职业有大量的人，这些人就会组织起来，以便保护他们的利益，以及引入有利于自己的垄断机制。③

首先，教师的行会学者身份表现为具有行会"作坊主"的权威。中世纪早期，教师的身份是行会中的"作坊主"，学习者是"学徒"。作为作坊财产拥有者的作坊主扮演着师傅的角色，而学徒（后来的学生）扮演着帮工的角色。这一时期，行会中形成的"师傅-学徒"构成了作坊内部不同人群的职业身份等级关系，并影响到了中世纪大学师生身份及其关系的确定，从而形成了大学教师学术职业的基本规则。教师的知识越多、能力越强，他就越可能获得更多的社会学术资源和学术权力。其次，教师的行会学者身份还表现为获得独立的执教权。学者行会作为一个学术性组织，需建立较为独立的制度和组织形态来维持自身的运行，并保障教师的利益。中世纪，基督教教会通过政治权力和提供土地等方式把大学执教权掌握在手中，行会及其成员对执教权无发言权。为了保障行会及其职业活动的权威性，行会

---

① [美]詹姆斯 • W. 汤普逊. 中世纪晚期欧洲经济社会史[M]. 徐家玲，等，译. 北京：商务印书馆，1992：539

② [德]马克斯 • 维贝尔. 世界经济通史[M]. 姚曾廙，译. 上海：上海译文出版社，1981：86

③ [法]雅克 • 勒戈夫. 中世纪的知识分子[M]. 张弘，译. 北京：商务印书馆，1996：59

通过有组织和有规模的罢教与迁徙等方式来获得并巩固执教权。最终，在教皇的支持下，执教权从教会转移到行会，行会成为实际上的大学学术职业审批组织。这时，大学教师的行会身份得到认同和巩固。最后，教师的行会学者身份还表现为独立获得报酬。大学行会组织是一个世俗化的组织，其以培养社会职业所需的专业性人才为根本职责，这就离不开物质及经费的保障。14—15 世纪，大学实行薪俸制，教师的学术职业得到了政府的认同，并从市政当局获取薪酬，从而使教师的学术职业及生活摆脱了对学生学费的依赖。薪俸制度的出现，意味着大学教师职业的确立①，也使得大学教师的行会学者的身份得到了进一步的彰显及强化。

（2）教会教士：中世纪大学教师作为宗教人的角色

中世纪，教会成为主宰社会的力量。中世纪大学首先是一个宗教组织，大学教师除了扮演具有世俗性的行会学者角色之外，还拥有神性的宗教人角色。纵观中世纪历史，大学教师的宗教角色具有双重性。一方面，大学教师成为宗教的代言人，既是上帝的信徒，也是教士，接受教会和罗马教廷的管辖，非信徒不能进入大学。②大学教师作为虔诚的宗教信仰者，在履行寻找真正信仰并传播信仰知识这一根本职责的同时，还应完成敬神动作和良好行为，参加宗教仪式并经常做某种祷告。在教会的庇护下，许多教师，尤其是神学家和教会法教师还获得了像主教和红衣大主教那样的地位，其宗教人的身份得到彰显。③另一方面，大学教师在宗教的庇护下利用宗教与王权的矛盾获得学术特权。中世纪初期，由于缺乏相应的保护，大多数大学教师选择依附教会，借助教士的宗教身份进行自我庇护。正如法国学者雅克·韦尔热（Jacques Verge）所言："教师与学生明白留在教会符合自身利益，以躲避国王的警察和司法，因此他们并不反对教会权威把学生定为教士。"④因此，可以说宗教人角色赋予了中世纪大学教师一定的身份和较高的地位，保障了大学教师培养专门人才和传授高深学问的权利。

宗教人角色还保障了大学教师学术职业的准入资格和执教权等特权。中世纪，

---

① 张小杰. 中世纪大学的教师薪俸制[J]. 清华大学教育研究，2007（8）：22-29
② [德]海德格尔. 面向思的事情[M]. 陈小文，孙周兴，译. 北京：商务印书馆，1999：87
③ [美]查尔斯·霍默·哈斯金斯. 大学的兴起[M]. 王建妮，译. 上海：上海人民出版社，2007：32
④ [法]雅克·韦尔热. 中世纪大学[M]. 王晓辉，译. 上海：上海人民出版社，2007：23

大学教师须接受较为严格的专业训练，且通过考试和答辩并获得学位才能获得准入资格。通过考试和答辩的学术职业候选人称为硕士或博士。硕士学位（Licentiate）或博士学位（Doctorate）代表的是一种教师资格，获得硕士或博士学位代表获得了"教授"职衔，也就是获得了执教权。此外，大学教师在依附教会的同时，通过不断与教会、世俗王权的斗争获得了更多权力，特别是自治权，从而追求真正的学术职业独立精神和信仰。大学及其教师获得学术特权的方式多样化，如罢课、迁校、游行和示威等。例如，1213 年，巴黎大学教师通过罢课获得了授课准许证的特权，使得为教会主教服务的大学总监丧失了原有的权力。1229 年，巴黎大学大部分人员参加罢课、游行和示威，并与警察发生流血冲突，随后巴黎大学迁至奥尔良。为了与国王对抗，巴黎大学在长达两年的时间里几乎没有开设任何课程，直到 1231 年，国王把更多的权力赋予了大学，罢课、游行和示威才宣告结束。[①]

随着 15 世纪以来世俗国家的力量日渐强大，并越来越重视对大学的控制，大学与王权、教会之间的关系天平发生了缓慢的倾斜，原来那些保障大学教师职业安全的种种学术特权，要么被王权或教会以各种借口加以废止，要么在实践中难以彻底落实。这时大学教师的宗教身份及其特权逐步式微。例如，16 世纪 30 年代开始，英国社会进入了激烈的变革期，宗教势力与世俗国家势力反复交替，大学及其教师在激烈的政局动荡中逐步丧失了独立性和自主性；法国巴黎大学及其教师也在国王的限制下最终丧失了罢课权。大学教师职业身份的式微，除了外部社会环境的原因外，也有大学教师自身的原因，例如，中世纪晚期，大学教师过于迷信经典和权力，甚至完全丢弃了理性，成为权贵的附庸。[②]

2. 教育者：中世纪大学教师职业角色的集中体现

中世纪，大学的唯一职能就是培养人才，因此教师扮演着教育者的角色。教师的任务就是传授高深知识，其职业目标和任务在于通过教学培养职业化的人。教师的职责是培养教师、律师、医生、牧师，以及有一定专门知识、素质的公职人

---

① 转引自：杨超. 大学教师的学术职业分化[M]. 北京：科学出版社，2016：63

② ［比］希尔德·德·里德-西蒙斯. 欧洲大学史（第二卷）：近代早期的欧洲大学（1500—1800）[M]. 贺国庆，王保星，屈书杰，等，译. 保定：河北大学出版社，2008：25

员。[①]正如美国学者佛罗斯特（Frost）所言："中世纪大学的基本目的是职业训练。时代需要一批经过很好训练的人，大学热心接受这个挑战。法律、医药、神学和文艺等都是需要有能力的和受过学校教育的人。而大学正是提供这种经过很多训练的人的地方。"[②]

中世纪大学教师职业角色及其特点的彰显，除了表现在人才培养目标和教育目的之外，还表现在教学方式、教学内容及职业报酬等方面。大学教师最基本的教学方法为"讲读"（Lectio）、"辩论"（Disputatio）和"方法讨论"（Actus Sillogicus）。"讲读"是让学生阅读并评论正式教学大纲中包含的文本，目的在于向学生阐释权威，使学生知道哪些是应该学习的重要内容。例如，法学教师教学时对市民法和教会法书籍进行注释，教养诸学科和医学领域的教师则对亚里士多德等的著作进行注释。"辩论"则是教师与学生直接接触的对话形式，是针对某些问题进行深入自由探讨的一种手段。辩论表现为三种形式：教师自我辩论，为组织学生辩论做准备；课堂辩论，教师组织学生辩论并进行点评；非正式辩论，学生可提出学术性和非学术性问题。[③]辩论的题目事先由提出辩论的教师确定。对于这些题目，在规定日期内通知学院的其他部门。辩论在教师的指导下进行，首先由在场的教师提出异议，接着由学士和学生提出异议。辩论过程分为预备讨论和主导论证。[④]"方法讨论"则是一种围绕问题进行辩论的教学方式，包括"设问""论驳"两个步骤。[⑤]教学内容主要是"七艺"：文法、修辞、逻辑、几何、音乐、数学和天文。"七艺"是基础性的学科，是通往更高智慧（神学）学科的预备科目。不同学科的教师必须掌握不同的专业知识，以提高教师教学的能力和效果。例如，文学院的教师须掌握亚里士多德的自然哲学、道德伦理和形而上学；医学院的教师需要掌握医学知识，其目的在于了解上帝的智慧；法学院的教师必须掌握中世纪意义上的法律和法规知识；神学院教师除必须掌握《圣经》以外，还要掌握康默斯托（Commerstowe）

---

① 杨超. 大学教师的学术职业分化[M]. 北京：科学出版社，2016：64-65

② [美]S. E. 佛罗斯特. 西方教育的历史和哲学基础[M]. 吴元训，张俊洪，宋富钢，等，译. 北京：华夏出版社，1987：159

③ 熊华军，俞芙蓉. 中世纪大学教师的社会角色[J]. 教师教育研究，2013（4）：74-78，96

④ [法]雅克·勒戈夫. 中世纪的知识分子[M]. 张弘，译. 北京：商务印书馆，1996：83

⑤ 张磊. 欧洲中世纪大学[M]. 北京：商务印书馆，2010：205，244-245

的《经院哲学史》、朗巴德（Lombard）的《教父名言录》、格拉提安（Gratian）的《圣令集》以及历任教皇的教令集。①此外，从教师的职业报酬来看，报酬是大学教师教育者角色扮演效果的集中反映。中世纪大学教师的报酬来源具有多样性。一是来自学生缴纳的学费。在私立大学，如12世纪的巴黎大学和博洛尼亚大学，教师主要靠学生的学费或感谢费维持生活。二是教会大学教师的报酬主要由教会支付。教会认为知识是由上帝赐予的礼物，不能被出售。②因此，教师的教学应是无偿的，教师的报酬应该由教会统一支付。三是由国王或市政当局支付。13世纪以后，随着大学的重要性被国王或市政当局所发现，为了召集和留住一些著名的教授，市政当局开始向教师支付薪金。例如，在意大利博洛尼亚，1280年，市政当局为一名西班牙学者来博洛尼亚教学一年支付了150里拉薪水。1289年，市政当局为博洛尼亚大学的两个终身教职分别支付了年薪150里拉和100里拉。1381年，市政当局为23位法学博士支付了工资，酬金为100～620里拉。③

（三）国家公务员：近代社会大学教师作为学术人的角色

19世纪，随着文艺复兴对人性的解放和人主体性的提升，以及欧洲民族国家世俗化和官僚化的兴起，基于民族发展的近代大学世俗化和官僚化成为大学教师新角色出现的内在逻辑。19世纪，西欧国家大学逐步隶属政府当局，政府也将大学的管理视为国家教育政策的一部分，政府直接干预大学事务成为高等教育管理的常态模式。例如，1806年，拿破仑建立了"帝国大学"，它是一个专门负责帝国内部公共教育和教学事务的机构。④这种管理模式也直接影响了大学教师的职业行为和角色。大学教师（尤其是教授）逐步依附于王权或政府，最终获得政府确认和

---

① [美]伯顿·克拉克. 高等教育新论——多学科的研究[M]. 王承绪，徐辉，郑继伟，等，译. 杭州：浙江教育出版社，2001：31

② [比]希尔德·德·里德-西蒙斯. 欧洲大学史（第一卷）：中世纪大学[M]. 张斌贤，程玉红，和震，等，译. 保定：河北大学出版社，2008：165

③ 宋文红. 欧洲中世纪大学的演进[M]. 北京：商务印书馆，2010：229

④ [瑞士]瓦尔特·吕埃格. 欧洲大学史（第三卷）：19世纪和20世纪早期的大学（1800—1945）[M]. 张斌贤，杨克瑞，林薇，等，译. 保定：河北大学出版社，2014：7

认可的合法性公职身份——公务员，从而教授从学术王国的成员变成了国家的学者，独立的教师变成公职人员，收取学费的教师变成了领取薪水的教师等。[①]

近代大学教师公务员角色的出现，一方面，与国家和政府在创造理性指导下的对大学发现知识、创新知识使命的较高期待密切相关。例如，在近代德国，新人文主义者更加强调国家教育体系的改革，提倡大学变革与发展应确立“文化国家观”的思想基础和价值准则。他们强调，国家创办大学的主要目的不仅仅是培养政府所需要的各种专门人才，还包括通过创造理性活动为国家发展提供优良的文化氛围和牢固的理智基础。为此，大学教师的学术职业活动以国家利益为最高目标，大多数教授和副教授由政府聘任并拥有很高的政治、经济与社会地位，并发挥着重要的作用。为了满足为政府培养所需人才的要求，大学教师的数量也不断增加。德国大学教席数从 1840 年的 886 个增加到 1870 年的 1140 个、1892 年的 1650 个和 1938 年的 1850 个。拥有和没有教授头衔的编外讲师数量也从 1840 年的 324 名增加到 1892 年的 643 名和 1938 年的 2117 名。[②]另一方面，教授的这种角色还与社会官僚化和新兴的社会政治化有着密切联系。官僚化意味着引入或加强“功能性”的资格、能力层级、专业训练、专业纪律和法律认同，这与公共服务中的封建和世袭组织形成了反差。[③]例如，德国 1794 年颁布的《国家教育法》规定，大学教师必须通过大学及国家的选聘，然后由国家教育部直接任命，教师是国家雇员[④]；意大利的讲座教授在内阁和立法机构中任职，在内阁和立法机构的教育委员会中具有举足轻重的地位；英国的大学教师仍忠于传统，却利用其崇高的学术权力轻而易举地成为政府部长的座上客[⑤]；法国大学教授的职位具有终身性，他们作为社会统治

① [比]希尔德·德·里德-西蒙斯. 欧洲大学史（第二卷）：近代早期的欧洲大学（1500—1800）[M]. 贺国庆，王保星，屈书杰，等，译. 保定：河北大学出版社，2008：267

② [瑞士]瓦尔特·吕埃格. 欧洲大学史（第三卷）：19 世纪和 20 世纪早期的大学（1800—1945）[M]. 张斌贤，杨克瑞，林薇，等，译. 保定：河北大学出版社，2014：132

③ [瑞士]瓦尔特·吕埃格. 欧洲大学史（第三卷）：19 世纪和 20 世纪早期的大学（1800—1945）[M]. 张斌贤，杨克瑞，林薇，等，译. 保定：河北大学出版社，2014：131

④ [美]S.E. 佛罗斯特. 西方教育的历史和哲学基础[M]. 吴元训，张俊洪，宋富钢，译. 北京：华夏出版社，1987：367

⑤ [美]亚伯拉罕·弗莱克斯纳. 现代大学论——美英德大学研究[M]. 徐辉，陈晓菲，译. 杭州：浙江教育出版社，2001：252-253

阶级的高级代言人，在学校教育系统中占据特权地位，"有权分配社会的未来权力资源。而社会上的统治阶级也极端重视这些教师的地位的稳固性，千方百计从制度上和资源上保证他们的特权的延续性"[①]。他们是一个教学队伍的成员，是公务员的一个永久的组成部分[②]，可通过高等教育理事会和大学咨询委员会等学术组织在政策、教学人员任用与晋升等方面向政府提出建议和意见。此外，大学教授在国家政治事务中扮演着重要角色。例如，1848 年，德意志国民大会在法兰克福起草了一部新宪法，在 830 名成员中，虽然只有 49 名教授，仅约占总人数的 6%，他们却主导了这次会议，被后人称为"教授议会"。[③]20 世纪初，一些大学教授甚至还成为国家和政府的领导人。例如，美国普林斯顿大学的教授威尔逊（Wilson）成为美国第 28 任总统；芬兰共和国的第 1 任总统由法学教授卡罗·斯塔尔伯格（Carlo Stolberg）担任；历史学教授尼尔斯·埃登（Niels Eldon）在 1917—1920 年担任瑞典首相；数学教授保罗·潘勒韦（Paul Penleway）分别在 1917 年和 1925 年担任法国总理；等等。[④]

近代大学教师"公务员"角色的确立，主要表现在以下几个方面。①大学教师"公务员"角色特征通过学术职业准入资格和评价制度得以彰显。一是为了保证科学研究成为专业的学术职业。1816 年，德国柏林大学首次引入"教授资格制度"，以保证教师的职业胜任能力和献身科学精神。教授资格制度规定，申请教授资格的前提条件须有博士学位。此外，教授资格申请人还必须提交一篇教授资格论文和进行一次公开的学术演讲；法国的高等师范学校作为高等学校教师的培训机构，招收"17 岁以上的学生"，并通过考试和竞争从学生中选拔，其毕业生必须同意为公共教育服务至少 10 年。[⑤]二是许多高校聘任高水平的学者担任大学教授职务。这样

---

① 高宣扬. 布迪厄的社会理论[M]. 上海：同济大学出版社，2004：74

② [美]伯顿•克拉克. 探究的场所：现代大学的科研和研究生教育[M]. 王承绪，译. 杭州：浙江教育出版社，2001：108-109

③ [瑞士]瓦尔特·吕埃格. 欧洲大学史（第三卷）：19 世纪和 20 世纪早期的大学（1800—1945）[M]. 张斌贤，杨克瑞，林薇，等，译. 保定：河北大学出版社，2014：159

④ [瑞士]瓦尔特·吕埃格. 欧洲大学史（第三卷）：19 世纪和 20 世纪早期的大学（1800—1945）[M]. 张斌贤，杨克瑞，林薇，等，译. 保定：河北大学出版社，2014：162

⑤ [瑞士]瓦尔特·吕埃格. 欧洲大学史（第三卷）：19 世纪和 20 世纪早期的大学（1800—1945）[M]. 张斌贤，杨克瑞，林薇，等，译. 保定：河北大学出版社，2014：7-8

可以使想从事研究的人有机会受到教师的相关训练。这种局面使一名教师可能会运用他的学术自由，把自己的大部分时间和精力努力集中在培养少数几个未来研究者身上。三是以科学研究水平和能力作为教师学术职业的评价标准。教师聘任和学术地位获得的首要评价标准就是教师要具有独特的科研能力和创新性的成果。②大学教师公务员身份还通过教师的社会作用得以彰显。近代社会，大学教师的社会作用表现为两方面。一是纯科学探究。纯科学不能等同于自然科学和实用技术，纯科学从多种角度对世界进行整体性的反思和探索，从而使人把握世界的统一原则及其意义，让人成为世界的主体。因此，大学教师可以按照科学活动的规律和要求，坚持为科学而科学的学术活动原则，无须通过承担更多而又具体的社会职责来证明自己存在的合法性。二是培养具有主体性的人。大学教师凭借其高深学识和原创才智成为世界的创造者，将真理植入学生心田，引导学生具备崇尚独立、谦虚端庄却不自负的生活态度。③大学教师公务员角色还可以通过教授“教职”的任命程序来反映。这个时期，大学教授任命的权力掌握在君主和政府手中，大学只能对教授晋职的学术资格提出意见，而无权推荐教授候选人，候选人通常由部长推荐。

（四）市场雇员：现代社会大学教师作为“经济人”角色

20 世纪初，世界高等教育中心实现了由西欧国家向美国的转移。虽然西欧国家高等教育传统及发展模式对美国等新兴发达资本主义国家产生了深刻影响，但由于资本主义经济模式、主导价值理念和哲学观等的差异，也使得美国的高等教育发展模式有别于西欧国家。尤其是在威斯康星大学提出高等教育服务社会的“威斯康星思想”之后，美国大学的人才培养、科学研究的理念和行为方式等也发生了明显变化，使美国大学教师职业角色和行为方式具有了社会性与市场性。此外，西欧国家高等教育发展的历史传统造就了大学教师特有的身份及权威，大学教师的“学术人”角色也得到了政府和社会的高度认同，教授拥有的学术特权保障了他们在“象牙塔”内发展和创新知识的合法性空间。在自由主义与实用主义哲学观和价值理念的影响下，美国“人生而平等”的观念深入人心，人人崇尚个人主义，致使大学教师原有的学术特权和身份受到了前所未有的挑战。正如马克斯·韦伯所说：

"美国的年轻人，除了他个人感兴趣的成就，对于无论什么人，无论什么传统和什么官职，概无敬重可言……美国人对站在自己面前的教师的观念是，他卖给我他的学问和方法，为的是赚我父亲的钱，就像菜市场的女商贩向我母亲兜售卷心菜一样。"[①]作为知识拥有者的大学教师也不例外，大学反对专制与集权，更加排斥学术特权，因而教师在社会中的社会地位和特权被削弱，更没有绝对的优势获得政府、学校及社会的学术资源支持，他们几乎普遍觉得自己是地位低下的群体，与商人和专业人员相比，他们的社会威望、收入和权力都很低。[②]基于上述原因，较之西欧国家大学教师基于职业发展的人才培养和基于纯知识发展的学术研究的历史传统，美国大学教师的人才培养和科学研究走向实用性和市场化。

第二次世界大战后，随着资本主义的不断发展和市场经济的扩张，契约规则逐渐成为美国等新兴资本主义国家市场运作的普遍法则，即政府与高校签订合同或协议、高校与个人签订合同或协议，以法律的形式明确双方的责任、义务和权利，以约束和激励人的行为，以使活动取得最佳效果。例如，21 世纪初，美国"未来规划"项目组围绕"州政府对该州高等教育系统有何要求？""高等教育系统又希望从州政府那里得到什么？"等关键性问题，建议制定一个全州范围内的协议，以保障在自主权与绩效责任之间取得平衡。项目组推荐的协议内容包括以下几点。①职责约定。高校领导人和州议员之间应开诚布公地进行协商，就高校独特的公共使命进行清晰的界定。②程序上的自主权。采用高校自治模式，将高校领导人从阻碍他们在竞争性环境里发挥高效运转的能力的规章制度中解脱出来。③聚焦于使命的责任感。每所高校都应制定出一份和州政府之间的多年度绩效合同，明确界定高校应负有责任的具体事项，以及这样的责任、义务应如何启动及如何定期进行评估。[③]

契约规则使得政府与大学、社会与大学及大学与教师之间成为"委托人"和"受委托人"的契约化关系。作为契约的一方——"受委托人"的大学教师，其虽然仍拥有相对宽松、自由的学术环境，但越来越不可避免地受制于市场契约规则，

① [德]马克斯·韦伯. 学术与政治[M]. 冯克利，译. 北京：生活·读书·新知三联书店，2005：41-42

② [美]西摩·马丁·李普塞特. 政治人——政治的社会基础[M]. 张绍宗，译. 上海：上海人民出版社，1997：305

③ [美]弗兰克·纽曼，[美]莱拉·科特瑞亚，[美]杰米·斯葛瑞. 高等教育的未来：浮言、现实与市场风险[M]. 李沁，译. 北京：北京大学出版社，2012：135-140

他们的学术职业活动不仅走向了满足社会的市场需求，也加入了履行相应义务的因素。这时，大学教师被赋予了“市场雇员”的角色，其学术职业旨趣也从价值理性向工具理性、信念伦理向责任伦理转变。①

现代西方社会，随着市场化体制及契约化规则的渗入，大学的顾客（政府或公司）对大学教师的学术生产提出了更高的标准及效率和效益方面的要求，致使大学教师的学术职业目标和使命也发生了重大变化，大学教师“市场雇员”的角色得到确立，大学教师传统身份也受到了巨大的冲击和挑战。具体表现为以下几个方面。一是彰显教师传统身份的终身教授制发生悄然变迁。终身教授制越来越受到质疑和批评，终身教授的数量逐步减少，取而代之的是大量的兼职教授。例如，美国有的大学甚至废止了终身教授制；在大学传统较为突出的英国，终身教授制也遭遇了“厄运”。正如英国学者彼德·嘉维斯（Peter Jarvis）所言：“大学已经公司化了。在公司化的大学里面，校长成了首席执行官，学院派专家的统治消失了，教授终身制的废除对英国大学来讲就是一个信号，它表明大学教授不再是财富的拥有者，而只是一个雇员和工人。”②二是教师学术职业的评价机制发生了巨大变化。“非升即走”成为重要的教师学术评价规则，“重科研、轻教学”也成为普遍现象。为了适应国家和市场的需求，教师纷纷把学术职业的重点转向实用且见效快的“应用研究”。三是“问责制”致使教师的学术职业更加注重效益和声望。20 世纪 70 年代中期到 80 年代早期，由于美国经济的不景气和高等教育规模的扩大，消耗的资源越来越多，政府日益减少对高等教育的投入，并要求大学承担起更多的社会责任。政府更多关注大学的“产出”而不是传统的“输入”，大学看重的不仅仅是“输入”和资源的使用，还包括“基于结果的绩效”。随之而来的是“问责制”的产生，并开始影响大学及教师的学术职业生活。问责制要求对大学教师各项工作的质量和效果进行量化评判。这时，科研项目和经费数量、学术论文、学术专著、专利与获奖证书等成为社会及大学对教师的学术职业水平和质量进行考核的硬性指标。四是教

---

① 陈伟．“从身份到契约”：学术职业的变化趋势及其反思[J]．高等教育研究，2012（4）：65-71

② Jarvis P. Universities and Corporate Universities：The Higher Learning Industry in Global Society[M]. New York：Stylus Publishing Inc.，2001：2

师的学术职业忠诚发生了明显改变。由于大学教师对外部经费的需求增加，以及外部市场认可越来越成为主导教师学术职业生活的基本法则，大学教师职业由学科专业忠诚向外部市场忠诚转变。在大学中，教授成了掌握着工作班子和经费的人，某些人的学术生涯越来越依赖工商界的成功人士或公司经理所具有的那些特征。① 教授普遍地对校园以外的世界和学科的发展更感兴趣，因而他们常常忽视自己的学校任务。②五是学术资本成为标识教师身份的重要指标。20 世纪 80 年代，学术成了一种市场上的资本，即学术资本。加之西方大多数国家对大学的财政支持日渐减少，大学教师不得不寻找新的经费获取方式。这种需求与社会、市场对知识的需求不谋而合。这时，学术作为知识发现和创新的方式，作为一种能够促进经济增长和科技进步的资本走向了市场，形成了"学术资本主义"。

二、西方大学教师职业角色历史观照的反思

从西方高等教育发展史来看，国家或社会赋予了大学教师多种职业身份，这些身份有效地保障了大学教师完成以高深知识传播、发现与创新为目的的学术职业角色。从古希腊时期到现代，大学教师学术职业角色的不断演变是教师学术职业发展客观存在且不可回避的趋势。大学教师在各个历史阶段的学术职业角色标识既具有差异性，又具有继承性，每种角色的出现都与当时的社会文化发展密切相关，反映了每个时期社会经济、文化发展对大学教师学术职业的不同要求。辩证地来看，不同时期的大学教师职业角色在特定历史时期完成了相应的历史使命，但其历史局限性也会对高等教育发展和大学教师的职业价值等产生一定的不利影响。

20 世纪以前，大学教师学术职业的传统角色包括城邦哲学家角色、行会学者

① ［美］C. 莱特・米尔斯. 白领：美国的中产阶级［M］. 周晓虹，译. 南京：南京大学出版社，2006：103-104

② ［美］克拉克・克尔. 高等教育不能回避历史——21 世纪的问题［M］. 王承绪，译. 杭州：浙江教育出版社，2001：81

角色、教会教士角色和国家公务员角色，虽然其出现的历史时期不同，但都具有积极的历史价值。一是反映了大学教师具有较高的学术权威。古希腊时期哲学家角色的权威来源于知识分子对高深知识的哲学思辨；中世纪行会学者和教会教士角色的权威来源于大学教师通过艰苦卓绝的斗争而获得多样化的学术特权；近代公务员角色的权威来源于国家对知识创新的需求。二是彰显了大学学术自由之精神。传统角色通过特有的知识权威和学术特权保障了学术职业活动的自由性，从而免受国家或宗教的干预，保持学术独立，彰显学术自由之精神。三是教师的学术职业角色都有其依托的学术组织或机构。无论是古希腊时期的学园，还是中世纪的行会或教授会，或是近现代社会的讲座制教授，它们本质上都是一种学术组织，其目的在于通过制定一定的学术制度保障教师在人才培养和学术研究中的相关利益，并维护和强化教师的学术职业角色。但是，从现代意义来讲，大学教师的传统角色也存在一些突出的局限性。一是大学教师传统角色的学术权威主要是通过高度的阶级特权获得的，一旦这种特权被特定的教师群体所掌握，具有等级性特征的角色特权便随之形成。这样拥有特权角色的教师就可以占有和掌握有限的优质高等教育资源，教育的阶级性和教育不公平问题也会随之凸显。二是传统角色无论得到国家还是宗教的庇护，大学教师一旦获得终身的职业角色（如德国的讲座教授和美国的终身教授），教师的职业挑战性和积极性就会受到较大影响，从而降低了教师工作的效率和责任。三是教师传统角色的学术权威强化了教师的地位，使教师在师生关系中具有绝对权威和处于中心地位，从某种程度上而言，学生成为学习的被动接受者和知识获取的“弱势者”。

20 世纪以后，大学教师市场雇员角色的出现具有划时代意义，实现了大学教师传统角色向现代角色的转变。市场雇员角色在彰显时代特征时，既有积极的价值，也存在亟待解决的问题。从积极意义来看，市场契约化的核心是契约双方是平等的主体。大学教师市场雇员角色的出现，使得教师传统角色的特权等级化色彩逐步被消解，平等性的特征得以彰显。现代社会教育的民主性、公平性使得大学教师成为契约化的一方，其与国家、社会、大学之间是平等关系，而非从属关系。市场契约化的目的是追求更高的效率。大学教师的市场雇员角色，使教师在合同或协议框架内具有了更多的责任，如按时按量完成教学、科研和社会服务工作，提高职业活动的效率，促进大学职能的履行及其使命的完成。但是，事物都具有两面性。现代社会，大学教师的市场雇员角色产生了明显的角色危机及地位式微。一是市场契约化追求高效率的学术职业工作，在很大程度上导致了教师学术职业的工具性价值取向凸显。教师的教学、科学研究和社会服务更加追求实用性和现实性，更多时候甚至变成社会市场化的跟随者，强调职业活动的功利性。教学成为职业人才的培养手段，学科研究和社会服务的市场化与功利化突出，学术不端、学术泡沫、学术腐败等学术道德失范问题突出，从而背离了教师应有的使命，给教师的角色带来了危机。正如美国历史学家罗杰·盖格（Roger Geiger）所言："总的来说，市场给大学带来了更多的资源、更好的学生、推进知识的更大能力和美国经济中更有生产力的角色，同时，它也缩小了大学活动的主权，削弱了它们服务于公众的使命，商业纠纷的增长至少削弱了它们作为知识的中立仲裁者这个特权角色的潜力。"①二是大学内部的教师管理重效率轻人性。市场契约化管理强调教师的合同聘任制，教师的学术工作重显性的量化结果考核轻隐性影响和过程评价。"契约化"对效率的追求还会导致大学教师之间的非良性竞争、工作重心的转移，"轻教学重科研"尤其是应用研究，使得大学教师"学术人""知识人"的角色不断弱化。三是教师的学术职业自由性受到限制和挑战。市场和政府的需求是教师契约化的外在动力，市场和政府的需求往往反映了现实需求，这种需求很可能并非与大学教师学术职业活动的本真一致，而且政府和市场的需求还可以通过制度的设计及对教师学术自由权利的控制而实现。四是市场化使得大学教师走下"神坛"，走向"世俗世界"，在很大程度上消解了大学教师的高雅气质和知识权威者形象，个别大学教师失去了指引和制约他人的勇气与魄力，从而导致社会对大学教师角色认同和尊重的程度降低，也给大学教师带来了前所未有的角色认同危机。

无论是 20 世纪以前大学教师的传统角色还是 20 世纪之后的现代角色，都具

① ［美］罗杰·盖格. 大学与市场的悖论［M］. 郭建如，马林霞，等，译. 北京：北京大学出版社，2013：273

有其自身时代的价值和意义，更是大学教师作为知识分子在社会政治、经济和文化发展中地位与作用的具体体现。但是，由于“社会不仅控制着我们的行为，而且塑造着我们的身份、思想和情感。社会的结构成为我们意识的结构。社会不会止步于我们的肌肤表面。社会既包裹着我们，也深入到我们的内心。我们受制于社会的枷锁，这个枷锁不是我们被征服后套在我们身上的，而是我们和社会合谋打造的”①。因此，现代社会，需要重构合理的大学教师学术职业角色。这种重构，一方面，既要反映社会时代特征，也要彰显社会传统角色的闪光点，即要实现“传统角色”与“现代角色”的有机整合。②这里的有机整合主要是整合古希腊时期哲学家追求真理、勇于思辨的品质；整合中世纪时期大学教师面对权贵敢于斗争、勇于追求学术自由的崇高品质；整合近代社会大学教师服务国家探求真理、国家尊重教师和崇尚知识的学术品德；整合现代大学教师崇尚效率和追求平等的社会品质。另一方面，既要强调传统角色的学术自由之精神、尊重知识和尊重教师之气质、实现高深知识传播及创新之使命，又要彰显现代“市场化”角色讲效率、重责任和求平等的应有精神实质，最终使大学教师的学术职业活动真正回归学术自由之大学要义，以及培养人才、探索真理之教育灵魂。

第二节　我国高校教师职业角色的历史观照

我国高校教师职业角色的历史变迁在人类教育发展史长河中留下了浓墨重彩

① ［美］彼得·L. 伯格. 与社会学同游：人文主义的视角[M]. 何道宽，译. 北京：北京大学出版社，2014：138

② 陈伟. “从身份到契约”：学术职业的变化趋势及其反思[J]. 高等教育研究，2012（4）：65-71

的一笔。从"万师之表"的孔子到"传道、授业、解惑"的韩愈，再到倡导"传授高深学问"的蔡元培，历史上无数的政治家、教育家和哲学家都在用行动诠释着教师职业的历史使命。教师职业角色具有历史性特征，在不同性质的社会、不同的经济基础和政治环境下，教师承担的使命和扮演的角色会有所差异。虽然我国现代意义上的大学到近代社会才产生，但具有高等教育性质的机构的产生还是较早的。厘清我国古代社会到近现代社会高校教师职业角色的发展脉络，弄清教师在不同历史时期的职业角色及其特征，对于重构我国当代高校教师职业角色具有重要的历史意义和现实价值。

一、"政教合一"的"政治人"角色

（一）古代教师"政治人"角色的表现形态

我国古代，虽没有形成现代意义上的大学，但具有高等教育性质的教育形态已产生。学校萌芽于原始社会末期，到了夏商周时期，已经形成较为完备的学校体系，"庠""成均""序""瞽宗"等是早期学校的名称。"成均"是目前我国史料记载的最早的学校，其实质是原始部落氏族成员进行聚会、娱乐、祭祀及氏族首领宣示教令的场所。"庠"作为一种学校形态，最早萌芽于原始社会末期，原指养老的场所。《孟子·滕文公上》说："庠者，养也。""庠"最初没有学校教育的功能。《礼记·王制》记载："有虞氏养国老于上庠，养庶老于下庠。"到了夏商时期，"庠"才具有教育的功能。关于"成均"的记载，最早见于《周礼》："大司乐掌成均之法，以治建国之学政，而合国之子弟焉。""序"作为学校形态最早始于夏。《礼记·王制》记载："夏侯氏养国老于东序，养庶老于西序。""序"作为一种学校形态，是练习射箭的场所，军事教育是其主要内容，后来拓展了礼、乐等多种内容的教育。由于社会生产力发展水平不高以及社会分工不明显，这时的学校还不是作为一种相对独立的教育形态而存在，教育活动与祭祀、礼仪、议政和养老等活动紧密联系在一起，体现了学校的“政教一体化”色彩。

西周时期，我国形成了比较完整的学校教育制度。这一时期，学校分为国学和乡学。国学设于王城及诸侯国都。按学生的年龄，国学又分为大学和小学。天子设的大学有“辟雍”“成均”“上庠”“东序”“瞽宗”，诸侯设的大学有“泮宫”。西周的学校以“六艺”（礼、乐、射、御、书、数）为基本教育内容。这一时期，学校教育形成了“学在官府”的教育制度及“官师合一”的典型特征。西周时期的“学在官府”，一是反映了教育与政治密不可分，教育的政治性功能凸显，强调了学校既是施教场所，也是政治活动场所；二是反映了教育者的角色与政治身份的关系，即“官师合一”，强调了由拥有官职的官员担任教师。

西汉时期，我国古代的学校教育制度更加完备。学校既有官学，也有私学。中央官学设立有太学、鸿都门学和宫邸学等，私学设有经师讲学和书馆。太学作为最高层次的“高等教育机构”的出现，延续并进一步强化了“大学教师”的“政治人”角色。有确切的文字记载，太学是我国由统一的中央政府设立的第一所官立大学。[1]太学何时开设？学术界虽尚有不同看法，但可考证的是董仲舒是最早倡导开办太学之人。《汉书》记载：“夫不素养士而欲求贤，譬犹不瑑玉而求文采也。故养士之大者，莫大乎太学，太学者，贤士之所关也，教化之本原也……臣愿陛下兴太学，置明师，以养天下之士，数考问以尽其材，则英俊宜可得矣。”[2]由此可见，太学作为当时的高等教育机构，其目的在于通过教化以培养为政治统治服务的人才。在太学里，教师被称为五经“博士”，为专掌儒家经学传授的在职官吏。[3]五经“博士”在教育过程中，以“五经”（《诗》《书》《礼》《易》《春秋》）为教学内容，旨在提升太学生的道德修养和使其获得治国的基本知识，他们在扮演“教育者”角色的同时，也进一步彰显了“政治人”角色。他们把培养人才和选拔任用人才相结合，教学过程遵循“通经致用”的原则，培养具有儒家思想修养的人才，以便达到为维护封建统治服务的目的。正如《汉书·夏侯胜传》所载，“（夏侯）胜每讲授，常谓诸生曰：士病不明经术；经术苟明，其取青紫如拾地芥耳。学经不明，不如归

---

① 张荣芳. 论两汉太学的历史作用[J]. 中山大学学报（哲学社会科学版），1990（2）：68-76

② 转引自：涂又光. 中国高等教育史论[M]. 武汉：华中科技大学出版社，2014：80

③ 安作璋，熊铁基. 秦汉官制史稿（上册）[M]. 济南：齐鲁书社，1984：409-491

耕"。太学中五经"博士"在教育教学过程中遵循"通经致用"原则，密切了教育与政治的关系，培养了一批具有儒家思想观念和道德修养的知识分子。但是，它将经义附会于政治，导致教师经学教育的庸俗化，这也是太学"通经致用"的严重缺陷。①此外，两汉时期，大学教师"政治人"角色还可从"太学议政"的传统上得到反映。学校议政自古有之，到了两汉时期，太学议政成为一种传统，即议论众人之事，议论管理众人之事的政府和官员。东汉后期，政治腐败，外戚和宦官争权夺利，民不聊生。为挽救日益加深的社会危机，一些正直的太学官员和太学生群体议政，所议的是宦官专政和当时朝廷内部的主要矛盾，以及提出改良主张。②但是，由于历史和阶级的局限性，议政没有涉及社会的主要矛盾，因此出现了"党锢"之祸。③

唐朝，学校教育形态更加完备和多样化。唐朝中央有"六学"，分别为国子学、太学、四门学、律学、书学、算学。设国子监，统管六学。不同学校的教育对象具有差异性。国子学、太学、四门学具有"大学"的性质，其教育对象为三品、五品、七品以上官僚子弟，主要学习儒家经典。律学、书学、算学相当于"专科学校"，其教育对象为八品以下子弟及庶人，主要学习专门技术。除"六学"外，中央还设有弘文馆（直属于门下省）、崇文馆（直属于东宫）等具有"大学"性质的贵胄学校，其地位高于"六学"。④唐朝官学的教师有博士、助教、直讲等几种，他们均为朝廷的官员。博士分级或分专业授课，直讲负责辅佐助教，助教辅佐直讲，依次督课授业。唐朝对博士的授课管理较为严格，规定博士开课，如果一门课程没讲完，不得调离或充任他职。⑤

（二）古代大学教师"政治人"角色的特征

我国古代"政教合一"的教育体制，促使"高校"教师始终与官场和官员有着

① 张荣芳. 论汉代太学的学风[J]. 中山大学学报（社会科学版），1998（1）：29-36
② 转引自：曲士培. 中国大学教育发展史[M]. 北京：北京大学出版社，2006：59-60
③ 涂又光. 中国高等教育史论[M]. 武汉：华中科技大学出版社，2014：103
④ 转引自：曲士培. 中国大学教育发展史[M]. 北京：北京大学出版社，2006：82
⑤ 转引自：曲士培. 中国大学教育发展史[M]. 北京：北京大学出版社，2006：82

不可分解的情缘。在国家主办的高等教育机构中，“官师合一”，教师既是官员又是教育者，教师的政治教化作用明显，扮演着“政治人”的角色，具有以下显著特征。

一是大学之道在于“明明德，亲民，止于至善”，教育的目的在于为国家培养忠于君主统治的政治人才，守护“道”。唐朝文学家、教育家韩愈认为，教育的目的在于使受教育者明先王之道。其在《原道》中说道：“夫所谓先王之教者，何也？博爱之为仁，行而宜之之谓义，由是而之焉之谓道。足乎己无待于外之谓德。”此外，韩愈还在《师说》中指出：“师者，所以传道授业解惑也。”“官师合一”的教师扮演的首要角色是“官”及“传道者”，其次才是知识的传授者和解惑者。他们首先要履行官员职责，享受朝廷的俸禄，并通过传道与行道以推广社会道德规范和正统政治文化。教师作为“传道者”角色的产生，与我国古代文化密不可分。古语云“道之所存，师之所存也”，即尊师是为“教”和“道”，“教”和“道”服务于国家的政治统治，强调“师”对“道”的依存关系。[①]在“传道者”的基础之上，教师才是“授业者”，即知识的传播者。正如有学者评价道：“在中国古代官学中，‘求真’从来就没有成为教师的天职；国家为学校规定职位的数量和品阶，相应的职位为学官提供政治资本和经济来源，同时也为其提供权力保证，甚至学术地位的认可也要通过政治权力而获取。”[②]

二是教师具有较高的权威和地位。在中国古代，“天地君亲师”，教师是上天和君主的代言人，是道德的化身，承担着阐释天道与王道，以教化子民的重任。因此，在中国传统社会，教师主要通过依附于政治权力，并由其赋予教师合法的话语诠释者的权威和地位。同时，教师权威的大小取决于官阶的高低。例如，中央官学的教师权威远远高于地方官学、私学的教师，而这与教师的教学能力和学术造诣无直接关联。

三是教师的选拔机制与官僚体制密不可分。选士制度即选官制度。无论是早期的察举制和九品中正制还是隋唐时期的科举制，统治者不仅通过选官的形式获得了大量的社会知识精英并为其所用，而且还在制度上强化了教师的“政治人”角色。教师的聘用、待遇、考评、升迁等都纳入官员选拔体制，依照官员选拔的方式

① 叶澜. 论教师职业的内在尊严与欢乐[R]. 上海名师讲坛，2011

② 胡金平. 从学校组织类型的变化看我国教师身份的变迁[J]. 高等教育研究，2007（11）：38-43

和标准进行。例如，汉代朝廷设博士属官阶系列。博士是具有正式官方显贵身份的"教师"，他们具有注解和诠释儒经的权威，也是话语权的垄断者，他们还会获得丰厚的待遇。[①]

总之，"政教合一"的官学体系是促进教师政治人角色形成和权力人格养成的制度性因素，政治角色是衡量教师在社会中身份和地位的唯一标识。[②]两汉时期形成的以"经学"为教育内容的教师"政治人"角色，在传统文化层面和教育体制层面对我国古代及近现代大学教师角色的定位产生了深刻而又深远的影响。

二、相对独立于政治的"学术人"角色

"学术人"是指以探求真理为终身事业，以知识的研究、创新和传播为已任的知识分子。纵观我国历史，知识分子的"学术人"角色虽然未得到制度化的确立，却在高等教育史中"闪光"。从古代具有高等教育性质的机构到近现代意义大学的产生，尽管高校教师的主导性角色为"政治人"，但"学术人"角色却在夹缝中得以生存。

（一）古代教师"学术人"角色的产生与发展

我国教师的"学术人"角色最早可追溯到春秋战国时期的"士"及其学术组织形态——"稷下学宫"。东周初年，由于周平王东迁，一些文化官吏由于失去世袭官阶，被迫流散到各地，以出卖知识文化谋生，这是历史上第一批"士"。[③]春秋战国时期，由于"礼崩乐坏"及社会动荡，原有的主导性政治文化体系受到质疑和打击，"百家争鸣、百花齐放"，官学衰微、私学兴起，各家学派进行学术争论，使得平民百姓（农业生产者和小手工业者）也有机会加入"士"的行列。例如，孔

① 顾颉刚. 秦汉的方士与儒生[M]. 上海：上海古籍出版社，2005：48

② 胡金平. 学术与政治之间的角色困顿——大学教师的社会学研究[M]. 南京：南京师范大学出版社，2005：69-78

③ 郭齐家. 中国古代学校[M]. 北京：商务印书馆，1998：43

子及其弟子大多出身于“贫且贱”的农业生产者，墨子及其弟子大都出身于小手工业者。他们以为统治者出谋划策或传授他人知识而谋生，从而在一定程度上扮演了教师的角色。[①]

我国的“养士”之风源于春秋，盛于战国。战国时期，“士”阶层已经成为国家发展的一股强有力的力量。各国国君或贵族为了加强及维护自身统治，“礼贤下士”，注重笼络人才，尤其是“士”阶层。国君魏文侯、齐威王、齐宣王、梁惠王、燕昭王等都广招贤能。[②]此外，贵族“养士用士”也不断兴起。随着“养士”之风的兴盛，如何培养德才兼备的“士”，成为各国君主为维护国家统治而日益重视的问题。其中，最为典型的就是“稷下学宫”的出现。

“稷下学宫”作为我国古代第一所具有高等教育性质的机构，具有“官私合营”的性质。稷下学宫所在位置依山傍水，环境幽静，是理想的学术研究或聚徒讲学场所。稷下学宫的教师（养士）被称为“稷下先生”，他们属于精英阶层，其身份和地位在很大程度上依仗帝王之“势”而得以彰显。但帝王却充分尊重了学者的学术自由，对“稷下先生”的教学和学术研究不予干涉，让其“不治而议论”。“稷下先生”虽不担任行政职务，但“喜议政事”，可自由言论、议政、抨击时弊和著书立说。[③]这种宽松的学术和育人环境，吸引了一大批著名的学者在“稷下学宫”担任教师。有学者的研究表明，战国时期，孟轲、荀况、邹衍、淳于髡、慎到、尹文等先后在稷下学宫著书立说或讲学。[④]“稷下先生”拥有教学和研究自由，定期开展研讨活动。其中，“期会”是一种研讨方式，也是一种定期集会。“期会”由德高望重的“稷下先生”主持，开展演讲和辩论，交流各派的观点，达到相互吸收、相互借鉴之目的。此外，国君也看到了“稷下先生”的重要作用，为其提供了丰厚的待遇，使其衣食无忧，为相关学术争论与知识传授提供了保障。

在中国高等教育史上，随着另一种私立性质的高等教育机构——书院的出现，大学教师“学术人”的角色得到了进一步的彰显和延续。关于书院产生的时间，学

① 郭齐家. 中国古代学校[M]. 北京：商务印书馆，1998：43
② 郭齐家. 中国古代学校[M]. 北京：商务印书馆，1998：44-45
③ 曲士培. 中国大学教育发展史[M]. 北京：北京大学出版社，2006：12
④ 黄中业. 战国盛世[M]. 郑州：河南人民出版社，1998：313

界有不同的看法。有人认为，书院之名最早出现于唐代，有人认为始于五代而盛于宋朝。书院起初仅是藏书的场所，并不是教育机构，也不具有教育功能。总之，无论书院产生于何时，有一点较为明确，即书院在宋代得到了兴盛，并在促进当时的高等教育发展方面发挥了重要作用，也对后世高等教育发展产生了深远影响。例如，由于重文崇儒，理学兴起，以及科举的影响，宋代出现了以岳麓书院、应天府书院等为代表的著名书院。书院产生以来，教师的角色扮演与书院的发展境遇密切相关。在书院发展的千年历史中，官学衰书院盛、官学盛书院衰相互交替出现的情形也印证了书院生存与发展的艰辛。书院的教师（也被称为"经师"）在从事教书育人过程中，也难免受到官府的影响和制约。出于政治需要，官方对书院的经师非常重视，时常对他们的人才培养和学术研究进行捐赠。此外，政府也会从官员中选派"山长"执掌书院。据统计，宋代 94 所书院的 153 名山长中，5 名曾执朝政，25 名曾任知州郡，且有为后世所熟知的理学家 12 名，有著作传世的 61 名。①书院的教师继承了早期私学的遗风，著书立说，教书育人，自由讲学，批判传统学术权威。例如，作为我国书院制度的建立者、书院传统的开创者、书院精神的奠基者，朱熹在培养学生时强调，"某此间讲说时少，践履时多，事事都用你自去理会，自去体察，自去涵养。书用你自去读，道理用你自去究索。某只是做得个引路底人，做得个证明底人，有疑难处同商量而已"②。此外，书院也注重学者之间的学术自由交流与研讨。例如，历史上著名的"鹅湖之会"就为学术史上的一段佳话。1175 年，吕祖谦邀请朱熹（理学派代表）和陆九渊（心学派代表）到鹅湖寺讲学。由于朱熹和陆九渊学术思想观点的差异，两人在交流时针锋相对，以至于不欢而散。但是，六年后（1181 年），朱熹却再次邀请陆九渊到白鹿洞书院讲学，前者对后者用孔子"君子喻于义，小人喻于利"论述书院教育与科举关系的观点给予认同，并将"君子喻于义，小人喻于利"刻于书院门前的石碑之上。③因此，可以说书院既是教师培养人才的场所，也是教师从事学术研究的重要基地。书院形成了教师自由讲学、学术争鸣的学术风气，造就了书院师生共同探讨学术、自由开放的学术氛围，既有利于

---

① 杨布生，彭定国. 中国书院与传统文化[M]. 长沙：湖南教育出版社，1992：6-7

② 黎靖德.《朱子语类》卷十三《学七》，明成化九年（1473 年）陈炜刻本

③ 章柳泉. 中国书院史话：宋元明清书院的演变及其内容[M]. 北京：教育科学出版社，1981：33

开阔学生的视野，也有利于消除各个学派之间的门户之见，对于提高教学质量和学术水平十分有益。[①]究其原因在于书院“既渊源于私学传统而又不限于一般的传道授业，其根本原因就在于它源于传统而不囿于传统”[②]。尽管书院最终的结局要么是被无情镇压，要么是被纳入国家官学体系尤其是科举制体系，但其遗留的学术自由之风、崇尚学术之精神为后世知识分子的“学术人”角色奠定了基础。正如有学者所言：“忠于学术、忠于高等教育的人们，面对科举的入侵，禄利的污染，怎么办？他们总算找到‘书院’这座城池、这片净土，替代名存实亡、散发腐尸恶臭的太学。”[③]

（二）近现代大学教师“学术人”角色的独特形态

民国时期，我国高校教师的“学术人”角色开始逐步“兴盛”。清末科举制的废除削弱了中国传统知识分子与政治相互依存的联系，中国传统的“学而优则仕”的价值观、人才观和教育观受到较大程度的冲击，使“传统知识分子”的观念和行为方式发生了改变。梁启超曾指出：“循斯义也，则凡真学者之态度，皆当为学问而治学问。夫用之云者，以所用为目的，学问则为达此目的之一手段也。为学问而治学问者，学问即目的，故更无有用无用之可言。”[④]20 世纪初，由于受西方文化及思想、新文化运动和西方高等教育尤其是德国大学学术本位、学术自由与学术自治理念等的多重影响，中国一代“新知识分子”，诸如鲁迅、胡适、陈独秀、李大钊、陈寅恪、周作人等的出现，对近现代大学教师“学术人”角色的确立产生了重要影响。因为新知识分子“不再走学而优则仕的传统士大夫老路，在新的社会结构中有了自己的独立职业，比如教授、报人、编辑、作家等等，而且在知识结构上，虽然幼年也通过四书五经……后来又大都放洋日本或欧美留学，对西方文化有比较完整的、直接的认知”[⑤]。五四运动之后，由于知识背景和信仰的不同，面对当时我国半封建、半殖民地的社会性质以及深刻的社会危机，针对国家发展道路的不

---

① 曲士培. 中国大学教育发展史[M]. 北京：北京大学出版社，2006：150

② 丁钢，刘琪. 书院与中国文化[M]. 上海：上海教育出版社，1992：46

③ 涂又光. 中国高等教育史论[M]. 武汉：华中科技大学出版社，2014：142

④ 梁启超. 清代学术概论[M]. 夏晓虹，点校. 北京：中国人民大学出版社，2004：76

⑤ 许纪霖. 中国知识分子十论[M]. 上海：复旦大学出版社，2003：83

同选择，"新知识分子"发生了分化，有的坚持纯粹的"为学术而学术"，有的寻求新的信仰，走上革命道路；有的参与议政，有的直接从政，等等。"新知识分子"的分化也对大学教师"学术人"角色的多样化产生了重大影响。

大学教师的"学术人"角色何以确立？曾任北京大学校长的蔡元培在《就任北京大学校长之演说》中说道："大学者，研究高深学问者也……所以诸君须抱定宗旨，为求学而来。"[①]他认为，大学教师选拔应坚持以学术能力为标准，以教学和学术研究为使命。此外，民国政府还颁布法令以制度形式确立了"大学为研究学术之蕴奥"。近代高等教育学术制度的确立及大学的实践，促使学术与政治、教师与官员分离，为大学教师"学术人"身份的确立奠定了制度及生态环境方面的基础。正如有学者所言，从新文化运动以来，在中国大学教育方面，总算稍稍培植了一点近代学术自由独立的基础一般学人，知道求学不是做官的手段，学术有学术自身的使命与尊严。因为学术有了独立自由的自觉，对于中国政治改进，也产生了良好影响。[②]近代大学教师学术人角色的彰显，还体现在学术团体和学术研究平台的建立。许多大学教师通过学人社团进行学术交流，实现其"谈笑有鸿儒，往来无白丁"的学术追求。例如，钱穆在其自传《八十忆双亲 师友杂忆》中讲道："同在北平，有所捧手，言欢相接，研讨商榷，过从较密者，如陈援庵、马叔平、吴承仕、萧公权、杨树达、闻一多、余嘉锡、容希白肇祖兄弟、向觉民、赵万里、贺昌群等，既属不胜缕述，亦复不可忆。要之，皆学有专长，意有专情。世局虽艰，而安和黾勉，各自埋首，著述有成，趣味无倦。"[③]他在谈及和志同道合之人（蒙文通和汤用彤）谈论学术时说道："三人畅谈，竟夕未寐。曙光既露，而谈兴犹未尽。三人遂又乘晓赴中央公园进晨餐，又别换一处饮茶叙谈。"[④]此后，钱穆和蒙文通、汤用彤、熊十力四人时常相聚。"时十力方为新唯识论，驳其师欧阳竟无之说。文通不谓然，每见必加驳难……惟余时为十力文通缓冲。又自佛学转入宋明理学，文通十力又必争。又惟余为之作缓冲。"[⑤]此外，学者还创办了一系列学术期刊。例

① 蔡元培. 蔡元培全集（第三卷）[M]. 杭州：浙江教育出版社，1997：8

② 杨东平. 大学精神[M]. 沈阳：辽海出版社，2001：142-148

③ 钱穆. 八十忆双亲 师友杂忆[M]. 北京：生活•读书•新知三联书店，2005：173-174

④ 钱穆. 八十忆双亲 师友杂忆[M]. 北京：生活•读书•新知三联书店，2005：170

⑤ 钱穆. 八十忆双亲 师友杂忆[M]. 北京：生活•读书•新知三联书店，2005：170-171

如，顾颉刚在燕京大学办的杂志《禹贡》、陶希圣在北京大学办的杂志《食货》，以及后来许多学者创立的《新教育》《诗刊》《国学季刊》等刊物，都成了学者切磋学问的重要平台，推动了近代学术的研究和发展。1934 年的学术团体如表 2-1 所示。

表 2-1　1934 年学术团体情况

种类	学术团体数（个）	职员人数（人）	会员数（人）	出版物（种）
普通	22	551	13 625	209
理科	8	2 479	1 287	22
农林	4	48	2 664	9
工程	10	372	7 385	15
医药	12	245	4 800	74
文艺	8	93	448	12
社科	22	594	5 804	128
教育	16	620	15 329	514
体育	7	110	684	1
总计	109	5 112	52 026	984

资料来源：根据相关资料整理

正如美国批判教育学学者吉鲁（Giroux）所说："知识分子不只是有学问的人，或者思想的创造者与传播者；知识分子也是思想和社会实践的仲裁者、授权者和创造者；他们发挥着一种在本质上具有显著政治性的功能。"[①]民国时期，虽然大学教师与政治的依存关系割裂，"官师合一"的教育体制逐步消亡，但作为社会知识分子重要组成部分的大学教师通过学术活动参与政治，并形成了较为独特的角色形态（学术-政治人），在我国近现代历史舞台上发挥了重要的作用。

这一时期，大学教师的"学术-政治人"角色何以彰显？首先，学者通过一些学术刊物作为传播媒介，讨论当下政治时事和传播新思想，成为当时社会转型期学者参与公共事务，批判社会时弊并推动社会进步的一股重要力量。具有代表性的刊物有《新青年》《现代评论》《新月》等。例如，陈独秀创办了《新青年》，胡适、刘半农、钱玄同、鲁迅、李大钊等在《新青年》上发表文章，宣传科学与民主，并为五四运动做了思想和文化上的准备。[②]尤其是作为大学教师的陈独秀和李大钊，在寻求拯救中国之道的过程中，信仰并传播马克思主义，将《新青年》转变成为一

① ［美］亨利·A. 吉鲁. 教师作为知识分子——迈向批判教育学[M]. 朱红文，译. 北京：教育科学出版社，2008：180

② 周策纵. 五四运动史[M]. 长沙：岳麓书社，1999：134

部马克思主义的刊物，探索用革命手段建立一种新制度[①]，成为大学教师参与政治的新形式。1922 年 5 月创办的《努力周报》，其核心成员 16 人中有 13 人在大学任教。其中，胡适、蒋梦麟、蔡元培、徐志摩、顾颉刚等都是北京大学教师。1928 年 3 月创办的《新月》杂志，主要成员有 31 人，其中 24 人为大学教师。徐志摩、罗隆基、潘光旦、梁实秋等当时为上海光华大学教师，其成员大多也在大夏大学、中国公学、东吴大学等任职。[②]1932 年 5 月出版的《独立评论》，在这上面发表文章的诸如王化成、朱自清、陶希圣、张奚若、张荫麟、陈岱孙等都在北京大学等高校任职。[③]

其次，通过参与政治彰显"学术-政治人"角色，但因参与政治程度的不同而表现出不同形态。一是弃教从政。20 世纪 30 年代，大学的一些著名学者或校长进入了政治系统，一些人成为教育部门的重要官员。虽然他们最后的境遇有所不同，却实现了从学术圈到政治圈的转变，彰显了中国近代知识分子的学术权力与政治权力融合的新角色。但由于从政，许多学者的学术生涯受到了较大影响，其本人也感叹不已。二是依靠学术参政。大学教师以学术独立的姿态参与政权，不担任政府官员，他们虽不能成为权力的核心和政策决策者，却能以学术权威的身份参政议政，以影响国家政治、经济和文化发展的方向。例如，中国近代著名历史学家傅斯年作为北京大学教授兼职参政是一个事例。傅斯年担任中山大学教授和兼任北京大学教授时，国民党政府多次想委任其官职，被其所绝。但他在坚持做学问的基础上兼问政治，参与政治。[④]柳存仁先生在一篇回忆北京大学的文章中提到，在对待政治和学术的态度上，北京大学教授可分为动态和静态两种。动态的北京大学教授以胡适先生为代表，静态的北京大学教授则以钱穆先生为代表。"动态的教授们常常（在从前）在北平正阳门车站发表一篇对新闻记者的谈话，然后赶着火车到南京去参加……评议会，静态的教授们则至多到北平故宫博物院的文献馆去搜集档案

① 田正平，商丽浩. 中国高等教育百年史论——制度变迁、财政运作与教师流动[M]. 北京：人民教育出版社，2006：402-403

② 章清. "胡适派学人群"与现代中国自由主义[M]. 上海：上海古籍出版社，2004：63

③ 转引自：苏云峰. 从清华学堂到清华大学 1928—1937[M]. 北京：生活·读书·新知三联书店，2001：132

④ 陈平原，谢泳，等. 民国大学：遥想大学当年[M]. 北京：东方出版社，2013：129-132

或到琉璃厂，海王村一带去搜罗旧书。”①三是弃政从教。民国时期，一些“政治人”因为对现实政治环境失望，甘愿放弃政治理想，走进“象牙塔”，潜心于学术研究，最具代表性的人物为哲学家熊十力。熊十力早年为辛亥革命的积极参加者，后因在革命实践中看到与自己的革命理想存在巨大差距，对当时的政治、政党极为失望。他说道：“深觉吾党人绝无在身心上作功夫者，如何拨乱反正？”“三十左右，因奔走西南，念党人竞权争利，革命终无善果，又目击万里朱殷，时域独自登高，苍茫望天，泪盈盈雨下……”②正因为如此，其毅然决然离开政治，专心从事学术研究。1919 年，熊十力在南开大学担任国文教授，热心于哲学研究。1922 年，经梁漱溟介绍，熊十力成为北京大学讲授唯识学的特约讲师。熊十力认为，学术研究应保持独立自由的精神，不仅要脱离世俗有用或无用的功利主义的价值观，还应避免政治的干扰。但是，熊十力独立的“学术人”理念和实践，并未限制其具有强烈的爱国情怀，也并非为一己之私，而是将自己的学术选择与挽救民族危机相结合。他在给学生的信中曾说道：“吾平生不愿为文人，不得已而有论述，有笔札……仁人之心，须与群生痛痒相关，否则麻木不仁，非人类矣。”③

从本质上来讲，无论是“弃教从政”“依学术参政”，还是“弃政从教”，“学术人”与“政治人”两种角色都不可能完全割裂，关键是如何看待两者的区别。正如陈寅恪所言：“古今中外，哪里有做学问能完全脱离政治之事？但两者之间，自然有区别，不能混为一谈。如果做学问是为了去迎合政治，那不是真正在做学问。因为做学问与政治不同，毕竟有它自己的独立性。”④但是，由于民国时期复杂的政治环境和社会背景以及个人学术选择，“学术”成为民国时期某些大学教师谋求资产阶级政治资本的“阶梯”，“为学术而学术”也成为一些大学教师维护资产阶级专政统治的武器。针对这样的人的存在，冯友兰先生曾批判道：“在五四以前，所谓‘为学术而学术’是说，不要以学术作为求功名利禄的手段。后来，所谓‘为学术而学术’是说不要革命，只要念书本……后来‘学术自由’成了反对马克思主义和共产

① 转引自：陈平原，夏晓虹. 北大旧事[M]. 北京：生活 • 读书 • 新知三联书店，1998：305
② 熊十力. 十力语要[M]. 上海：上海书店出版社，2007：293，378
③ 熊十力. 十力语要[M]. 上海：上海书店出版社，2007：264
④ 张杰，杨燕丽. 追忆陈寅恪[M]. 北京：社会科学文献出版社，1999：253

党的武器……这正是资产阶级专政的表现，在这时候，'学术自由'成了为保守反动思想保留地盘的工具了。"[①]正如熊庆来认为的，拯救中国需要昌明学术，"我辈做师生的人就应当每人守住他的讲求学术的岗位，孜孜矻矻以赴之，而不应当驰心于学术之外的事物，例如政治、商业之类"[②]。

三、基于不同驱动力的"社会实践者"角色

高校教师扮演的"社会实践者"角色，其实质是大学履行服务社会职能的体现。服务社会是大学的基本职能，也是大学教师的基本使命。何为大学"服务社会"？即大学在坚守自身本质的基础上，通过培养人才和科学研究直接或间接地推动社会政治、经济文化和科技发展的一种活动，是大学培养人才和科学研究职能的延伸与拓展。高校服务社会，既能促进人才培养的社会化，推动成果的社会转化，也能反哺高校的人才培养和科学研究，为其提供实践的"土壤"。

民国时期，大学服务社会的活动发端于五四运动前后，同时也与当时许多大学校长深受美国"威斯康星思想"与实用主义教育思想的影响密切相关。但由于受当时科学技术发展水平和传统文化的影响，大学教师的主要任务还是传授知识和进行学术研究。与教学和学术研究相比，大学对社会服务的关注较少，直接服务社会活动也尚未上升到大学职能的高度。在新文化运动的影响下，大学服务社会的窗口逐步被打开，并呈现出与时代发展相适应的特征。正如孟宪承所言，大学对于社会的贡献，就在于它的研究和教学。但也曾适应平民主义的要求，推广其知识于它的"宫墙"外，而有所谓"大学到民间去"的运动。[③]这种特征表现为：社会服务活动的兴起，源于知识分子拯救危难、复兴民族的重任，彰显了新知识分子群体"达则兼济天下"的传统情怀和"重实行"的时代风气。民国时期，大学教师的"社会实践者"角色主要体现在以下几个方面。

---

① 转引自：陈平原，谢泳，等. 民国大学：遥想大学当年[M]. 北京：东方出版社，2013：125

② 转引自：潘乃穆，潘乃和. 潘光旦文集（第五卷）[M]. 北京：北京大学出版社，2000：499

③ 孟宪承. 大学教育[M]. 上海：商务印书馆，1934：9

第一，为地方培养适应经济社会发展的各类人才。例如，1920 年，南京高等师范学校举办暑期植棉讲习会，学校农科教授开设课程，为学员讲授植棉学及植棉实习等知识。此外，还开设了土壤学、病虫害学和农具学等辅助课程。1924 年，东南大学应地方需求，开办了女子缫丝传习所，蚕桑系的教授开设了相关课程，并派苏州女子蚕业学校的 2 名毕业生作为助教，专门训练新式缫丝职工。①中央大学农学院开设了各种劳农班、专修班、练习班、讲习班和女子蚕桑讲习班，浙江大学农学院成立了推广部，由农业社会系教授及其助教担任讲师。1927 年，设立了农民子弟学校 3 所，农民夜校 8 所，同时还举办了农业讲习会、副业讲习会等②，为提升农民素养和培养农业专业人才服务。1938—1945 年，西南联大在昆明办学期间，为了解决云南中等教育师资严重缺乏的问题，除成立师范学院培养基础教育师资外，还通过暑讲会、晋修班等多种途径为云南培训中等教育师资。暑讲会由云南省教育厅组织，要求全省各中等学校须派人参加，还聘请了西南联大教授授课和参与。暑讲会的课程内容分为甲、乙、丙、丁、戊五项，分别是精神讲话、体育训练、学术演讲、教育问题讨论和各科教材教法讨论。精神讲话教师共 9 人，西南联大教师为 3 人；体育训练教师共 4 人，西南联大教师为 3 人；学术演讲教师共 15 人，西南联大教师为 9 人；教育问题讨论和各科教材教法讨论教师共 8 人，西南联大教师为 4 人。③此外，为了扩大中等师资的培养范围，西南联大还定期举办了“云南省中等学校在职教员晋修班”，培训国文、史地、算学、理化四科，由西南联大教授授课。④在西南联大服务云南经济社会发展的努力下，云南的地方教育在抗日战争时期有了突飞猛进的发展，其重要原因在于战时的云南集聚了大批教育专家。在这些教育专家中，西南联大教师占有相当大的比重。这从侧面说明了当时的西南联大在云南省地方教育中的地位。⑤

第二，面向社会开展多种形式的教育活动。一是开展社会道德教育。为了改造

① 东南大学农科开办女子缫丝传习所[J]. 中外经济周刊，1923（92）：39

② 唐志才. 农业推广[M]. 南京：正中书局，1944：11-12

③ 全省中学师范教员暑讲会行开会式[N]. 云南日报，1938-08-08（4）

④ 中等教师晋修班学科教授均已决定，共分文史数理四科，聘名教授担任主讲[J]. 云南教育通讯，1939（14）：5-6

⑤ 闻黎明. 西南联大与云南中等学校师资培养[J]. 中国国家博物馆馆刊，2012（10）：106-118

传统道德教育观，培养人格健全的国民，一些大学教师对道德教育培养的理念、思想和实践进行了探索。例如，为增强人民群众的道德意识和行为，燕京大学教师开办了培训班、乡村服务站和诊所等。此外，还通过建立农村实验区，让学生帮助村民进行生产劳动，既增强了学生服务社会、牺牲自己、帮助他人的道德意识，又激发了村民对农业工作的热情和兴趣，彰显了道德知识和科学技术在服务社会方面的作用。此外，为了救亡图存，挽救半封建、半殖民地的中国，一些大学知识分子面向社会开展了多种形式的爱国主义教育，唤醒沉睡的国民。例如，北京大学平民教育讲演团开展了许多以爱国为题目的讲演，如朱务善的"爱国与爱家"等，为当时抗击封建势力和外国侵略，以及增强国民的爱国热情和斗志等贡献了力量。二是开展科学知识与生活技能教育。在新文化运动的"民主、科学"思想的影响下，民众思想得到空前解放，民众对科学知识的需求日益凸显。1929 年 4 月，政府颁布了《中华民国教育宗旨及其实施方针》，要求大学及专门教育必须注重实用科学，充实学科内容，养成专门知识技能，并切实陶融为国家社会服务之健全品格。除大学增设的科学科之外，民间力量主要以设立科学馆为主，以大学社团的宣传为辅，其内容或多或少涉及对科学知识的介绍、科学技能的传授和破除迷信及封建思想，如北京大学平民教育讲演团丁肇青的"迷信"、王星汉的"缠足的危害"等。[①]此外，还开展了以提升民众生活质量为目的的生活教育。例如，北京大学平民教育讲演团举办了讲演，为民众传授基本知识和生活常识，如许德珩的"勤劳与知识"、张国焘的"知识与快乐"等。[②]西北联合大学教师将教育融入生活之中，自发组织印刷出版农民小报，报纸的内容是向人们介绍国内外新闻，目的是让人们了解自己生活中发生的事情，了解自己所处的国内外环境，提醒民众有忧患意识；报纸中还介绍了一些基本生活常识和妇女知识，对当地女性进行开明教育，让妇女有独立意识和卫生观念。此外，为了使老百姓学到一些知识和生活常识，大学教师还创作了一些简单易懂、朗朗上口的故事和民谣，让村民在干活时相互传唱，让教育融入各种生

① 朱有瓛，戚名琇，钱曼倩，等. 中国近代教育史资料汇编——教育行政机构及教育团体[M]. 上海：上海教育出版社，2007：522-524

② 朱有瓛，戚名琇，钱曼倩，等. 中国近代教育史资料汇编——教育行政机构及教育团体[M]. 上海：上海教育出版社，2007：522-524

产生活之中。

第三，利用专业知识直接服务于经济社会发展。一是大学教师直接参与农业推广。民国时期，由于受多种因素的影响，中国近代农业经济面临着危机。为了拯救危机，诸多大学成立了农学院或农学系，开设农科。许多农业教授在培养农科人才时，走上了农业推广之路。二是大学教师利用自身的专业知识优势服务经济发展的角色尤为凸显。这种角色的扮演，与民族危亡、国家前途息息相关，是大学教师知识分子群体爱国情怀以及承担历史使命的直接体现。例如，地处西南边陲的西南联大，曾涌现了大批爱国教授，用自己的专业优势为抗战做贡献，如化学系教授曾昭抡，在抗战时期撰写大量以增强抗战决心、凝聚抗战力量为目的的科普文章，文章主要涉及军事和战争，以及战局的预测。他经常通过演讲介绍“化学弹药与爆炸弹药的区别”“化学弹药的效力”“化学战剂的种类”，以及“怎样预防毒气”等方面的知识①，以引起人们对化学战争的杀伤力和危害性的认识与重视。当时，《燕京新闻》对其进行了评价：“虽为一个化学家，但对于政局、战局的分析和综合，都可以与任何专家媲美。”②心理学教授周先庚撰写文章强调了军事心理学的重要性，他认为要在军事课程中设置心理学课程，心理学理论工作者与军事实践工作者要相互协调，要去军中实地视察、调查、访问和研究，以解决实际问题。正如其所言：“军事教育与军队训练，都是实际教育与实际训练问题，军事心理与心理学者，不免是理论或研究者。这两方面如何可以相互协调、相互迁就，适得其中？实际家所需要者是实际问题之解决，至少也是新风气养成，学者研究者之兴趣，乃为理学及技术之应用。”③闻一多教授和孙毓棠教授通过参与艺术创作凝聚抗战力量。1939年，为了给前方将士募集捐款，西南联大师生出演由外语系教授陈铨改编的话剧《祖国》。在该话剧的筹备和演出过程中，闻一多教授承担了全部的舞台设计工作，亲自指导排练，孙毓棠教授带领学生分析剧本，研究角色，亲自指导排戏和示范，他们在其中发挥了关键性的作用。④

① 闻黎明. 抗日战争与中国知识分子：西南联合大学的抗战轨迹[M]. 北京：社会科学文献出版社，2009：260-261.

② 转引自：戴美政. 曾昭抡[M]. 北京：群言出版社，2013：261

③ 阎书昌，周广业. 周先庚文集（卷二）[C]. 北京：中国科学技术出版社，2013：134

④ 闻黎明. 抗日战争与中国知识分子：西南联合大学的抗战轨迹[M]. 北京：社会科学文献出版社，

第三节　当代我国高校教师职业角色的制度化与现实样态

一、高校教师职业角色的基本特点及制度化

中华人民共和国成立之后，我国的国家性质、政治体制和经济基础等发生了根本性的转变。作为知识分子重要组成部分的高校教师承担着培养社会主义现代化建设专业人才的重任和使命，其被赋予了重要的地位及角色。尤其是改革开放以来，随着经济体制的转变，高等教育也获得了快速发展，并逐步由外延式向内涵式发展转变。随之而来的是高校教师的职业活动也变得更为复杂和多样。高校，尤其是本科院校的师资队伍建设成效日益凸显，近些年来，本科院校专任教师数量呈现逐年增长的趋势（表 2-2）。

表 2-2　我国本科院校及其专任教师发展情况（2012—2021 年）

类别	2012 年	2013 年	2014 年	2015 年	2016 年	2017 年	2018 年	2019 年	2020 年	2021 年
本科院校数（所）	1145	1170	1202	1219	1237	1243	1245	1265	1270	1270
教职工数（万人）	162.8	165.8	170.3	172.8	175.1	177.2	180.1	186.7	192.3	196.4
专任教师数（万人）	101.4	105.5	109.2	111.6	113.4	115.1	117.4	122.5	127.6	129.9

注：根据教育部官网历年"教育统计数据"整理而得

随着教师数量的增长，高校教师在复杂和多样的职业活动中的角色也发生了明显的转变，主要表现在以下几个方面。

2009：192-193

（一）高校教师职业角色在体制上呈现“官”与“师”的分离

当代中国，“官”和“师”是两种不同的职业群体。“官员”属于“行政单位”编制人员，是国家公务员，实行的是行政职务职级制（如科级、处级、厅级、省部级、国级等）。教师属于“事业单位”人员（除民办学校外），实行的是专业技术职务制度（如助教、讲师、副教授、教授）和聘任制，两者的职业性质和对象具有差异性。国家公务员是指依法履行公职、纳入国家行政编制、由国家财政负担工资福利的工作人员。国家公务员是以履行行政管理事务为任务的职业，具有专业性、实践性等特征，其工作对象是行政事务。高校教师是以学术为志业而获得报酬的职业，具有学术性、专业性等特征，其工作对象主要包括学生、知识和科技成果等。

我国高校教师的职业角色在教师职务制度和任用制度的变迁中逐步得到确立。1950 年 6 月，第一次全国高等教育会议召开，通过了《高等学校暂行规程》，将高校教师的职务划分为助教、讲师、副教授和教授四个等级系列。1960 年 2 月，国务院颁布的《关于高等学校教师职务名称及其确定与提升办法的暂行规定》将高校教师职务名称分为教授、副教授、讲师、助教四级，并提出了获得相应职务的思想政治、学识水平和业务工作能力等方面的条件。这是中华人民共和国成立以后的第一个高校教师职务条例，标志着我国高校教师职称评审制度的建立。此外，高校实行教师职务聘任制。1986 年 2 月，国务院颁布的《关于实行专业技术职务聘任制度的规定》指出，高校根据实际需要设置专业技术工作岗位，规定要明确教师的职责和聘任条件。1986 年 3 月，国家科学技术委员会颁布的《高等学校教师职务试行条例》明确提出，高校教师职务是根据学校所承担的教学、科学研究等任务设置的工作岗位。教师职务设助教、讲师、副教授和教授四级。各级职务实行聘任制或任命制。20 世纪 90 年代，打破计划经济体制下教师职务的终身制，建立聘任上岗的教师职务聘任制度，成为我国高校教师职业管理改革的重要目标和内容。1993 年，《中华人民共和国教师法》以法律的形式规定了“国家实行教师职务制度”，“学校和其他教育机构应当逐步实行教师聘任制”，这标志着我国高校教师学术职业的管理和任用步入了法制化的轨道。

1998 年 8 月，全国人民代表大会常务委员会通过的《中华人民共和国高等教育法》以法律形式确定了我国高校的地位及职能，即培养人才、发展科学与服务社会，并进一步指出："高等学校实行教师职务制度"，教师的职务根据学校所承担的教学、科学研究等任务而设置。至此，高校教师职业角色与高校职能分化、教师岗位分类管理紧密结合，教师职业角色呈现出分化的趋势与特征。1999 年 9 月，教育部颁布的《关于当前深化高校人事分配制度改革的若干意见》指出，高校要推行教师聘任制和全员聘用合同制，通过引入竞争机制，提高教师的工作水平。这标志着我国高校教师管理开始由"身份管理"向"岗位管理"转变。高校开始探索实行教师职务聘任制，促进了教师职业角色逐步走向制度化。2000 年 6 月，中共中央组织部、人事部、教育部联合下发的《关于深化高等学校人事制度改革的实施意见》指出，高校应根据学科建设和教学、科研任务的需要，设置与之相适应的岗位。2007 年 5 月，《国家教育事业发展"十一五"规划纲要》颁布，指出："改进高校教师人事管理制度。完善教师岗位分类管理……健全教师考核评价机制，严格管理，不断优化教师队伍。"2007 年 5 月，人事部、教育部联合制定了《关于高等学校岗位设置管理的指导意见》，对高校的岗位设置及管理工作进行了具体规定，提出"积极探索对教师岗位实行分类管理，在教师岗位中设置教学为主型岗位、教学科研型岗位和科研为主型岗位"。2010 年 7 月，《国家中长期教育改革和发展规划纲要（2010—2020 年）》发布，指出要进一步推进教师岗位聘任制度。2012 年 8 月，国务院颁布的《关于加强教师队伍建设的意见》指出："分类推进教师职务（职称）制度改革，完善符合各类教师职业特点的职务（职称）评价标准。"这一时期，在国家政策的指引下，国内许多高校为应对教师学术职业分化的客观现实，逐步开展了对高校教师进行分类管理的理论研究和实践探索。

（二）高校教师职业角色的发挥更加自主

新制度主义理论认为，制度变迁包括自上而下的强制性变迁和自下而上的渐进性变迁两种形式。从自上而下的制度变迁来看，自 1961 年颁布的《教育部直属高等学校暂行工作条例（草案）》（又称"高教六十条"）到 1985 年颁布的《中共中央关于教育体制改革的决定》，到 1998 年颁布的《中华人民共和国高等教育法》，再到 2010 年颁布的《国家中长期教育改革和发展规划纲要（2010—2020 年）》，国家重大的法律法规及政策都对高校教师职业活动的自由性和自主性、教师职业的自主权等做了明确的表述与规定。保障高校教师人才培养、科学研究和社会服务的自主性，已成为各级政府的共识。政府还强化了高校教师职业活动的社会责任，国务院、教育行政部门或高校管理部门通过制定一系列的政策和制度，建立了彰显不同教师岗位性质的标准，在德、能、勤、绩和廉等方面加强对教师的考核与评价。从自下而上的制度变迁来看，高深知识及其生产过程的基础性、系统性、复杂性和情境性特征，决定了在知识生产过程中政府、社会及大学需要为教师提供保持独立和自由的学术空间与学术氛围，避免教师的知识生产受到外部环境，尤其是政治需求的过多干扰。教师个体或群体在职前与职后的专业发展阶段中，逐步形成了学术自主的认同感与共识，养成了学术自主的习惯，以此指导自身的学术行为，从而自下而上地影响着政府和高校学术政策与制度的制定及实施。

（三）高校教师职业角色的内涵更加丰富和具体

当代高校教师职业角色的内涵更加多样化和具体化，不仅反映了教育活动的基本属性和任务，也反映了现代高等教育发展的时代要求，具有鲜明的时代性特征。高校教师不再是政治的代言人和道德教化的工具，而是知识传播、发现与应用，以及高层次人才培养的承担者，是物质财富和精神财富的创造者。《中华人民共和国教师法》指出："教师是履行教育教学职责的专业人员，承担教书育人，培养社会主义事业建设者和接班人、提高民族素质的使命。教师应当忠诚于人民的教育事业。"这一表述从法律层面规定了教师的职业角色，突出了教师培养人才的本质属性和"专业性"角色，而非政治性角色，强调通过制度化规定教师"专业性"角色以实现培养人才和为国家服务的目的。2014 年 9 月，习近平总书记在对北京师范大学进行考察时强调，全国广大教师要做"有理想信念、有道德情操、有扎实学识、有仁爱之心"的"四有"好老师。[①]这一表述从信念、道德、学识、仁爱等

---

① 习总书记勉励我们做党和人民满意的"四有"好老师——习近平与大学生朋友们（十九）[EB/OL]. http://news.cyol.com/yuanchuang/2020-07/09/content_18693173.htm?tdsourcetag=s_pctim_aiomsg[2022-10-09]

层面深刻体现了教师的基本角色。2018 年 1 月颁布的《中共中央 国务院关于全面深化新时代教师队伍建设改革的意见》指出："教师承担着传播知识、传播思想、传播真理的历史使命，肩负着塑造灵魂、塑造生命、塑造人的时代重任，是教育发展的第一资源，是国家富强、民族振兴、人民幸福的重要基石。"这一表述更加具体地描述了新时代教师在传播知识、塑造人、社会担当等方面的"专业性"角色。

（四）高校教师"教育者"角色的内涵不断拓展

"教育者"角色是高校教师的本体角色，该角色自教师职业产生以来便存在。何为"教育者"？其内涵随着时代的变迁不断拓展和丰富。改革开放之初，我国教育工作无论是理论层面还是实践层面，对"教育者"角色更是多从"教书"和"育人"层面来理解的。教师更加注重知识和技能的传授以及对学生智能的培育，注重培养学生的"做人之道"和"为业之道"。与此同时，教师关注学科课程及其知识的传授，在课堂中主要扮演课堂管理者和课程内容忠实的执行者角色，教师的教学也以讲解系统知识的讲授法为主。但是，随着改革开放的深入和时代对人的全面素质提升的要求，教师"教育者"角色的内涵发生了深刻变化。特别是《中华人民共和国教师法》明确提出了教师的"教育者"角色，即"教师是履行教育教学职责的专业人员"。这突破了历来把教师专业活动主要局限在传授已有文化知识的范畴，显示出了对教师劳动性质的认识的发展。[①]教师角色由传统的知识传授者向道德品质培育者、接班人培养者、民族素质提升者等多重角色转换，教师的任务也由单纯的知识传授向能力培养、品德塑造、心理健康维护、个性培养等方面转变。党的十八大以来，"立德树人"作为教育及教师的根本任务被提到前所未有的高度，"立德树人"也成为我国新时代教师多样化职业角色的交汇点和集中体现，是对教师"教育者"角色内涵不断发展与深化的结果。

从教育的本源来说，教师是真、善、美的化身，也是培育学生真、善、美的承担者。教师角色所反映出的应培养什么样的人，也从根本上反映了对教师培养学生真、善、美品格的要求。对于大学而言，"知识材料，尤其是高深的知识材料，处

---

① 叶澜. 教育学原理[M]. 北京：人民教育出版社，2007：287

于任何高等教育系统的目的和实质的核心”[①]。知识是联结教师与学生、大学与社会的纽带和桥梁，传播、创新和应用知识是大学及教师的使命。大学教师在传播、创新和应用知识的过程中，追求知识的“真”应是其价值导向，因为只有知识达到“真”，才有助于人们对自然规律和社会规律的正确认识，是对事物的本质和意义的正确揭示，能够将人类从无知提升到已知，从知之较少提升到知之较多，从自然王国提升到自由王国。[②]在人才培养过程中，只有传播给学生“真”的知识，才能体现育人的价值。但是，对于人类而言，“真”“善”结合，才能体现人与其他动物的区别，才能反映教育的本质。我们从中西教育发展史可以看出，在促进人社会化的过程中，教育最根本的作用是要促进人的社会属性，即道德属性的成长。“教育”起初也基本等同于“德育”，无论是群体对国家的认同，还是个人良好品格的塑造，都是“德育”的基本内容和关注对象。然而，这种“德育”本质上是对人性“善”的追求。对于大学及其教师而言，追求“善”并培养学生的“善”，与高等教育的本质具有一致性。我国大学及教师的“立德树人”根本任务，是大学“知识属性”与“道德属性”的融合，是培养具有“真”“善”“美”素养人才的具体反映。“立德树人”既是对我国德育方面优秀传统文化的继承，也彰显了新时代我国德育的特点，体现了德育与智育、美育、劳动教育的融合，德育体现在教育的各个环节之中。

总之，新时代我国的高校教师在履行“立德树人”的根本任务和角色使命时，要彰显我国社会主义办学的特色，不仅要传授知识、培养能力，还要把社会主义核心价值体系融入国民教育体系之中，引导学生树立正确的世界观、人生观、价值观、荣辱观。教育学生不仅要传授给其知识和技能，更要凭借良好的价值观、德行、信念来感染、影响和教育学生。在“立德树人”角色使命背景下，对高校教师的评价更要凸显“教书育人”使命，把师德师风作为第一标准，坚决克服重科研轻教学、重教书轻育人等现象，把师德表现作为教师资格定期注册、业绩考核、职称评聘、评优奖励的首要要求，加强对教师思想政治素质的考察，推动师德师风建设常态

---

① [美]伯顿·R. 克拉克. 高等教育系统——学术组织的跨国研究[M]. 王承绪，徐辉，殷企平，等，译. 杭州：杭州大学出版社，1994：12

② 周川. 大学的德行：传统与现实[J]. 教育研究，2019（1）：86-93

化、长效化。[①]

（五）高校教师职业角色的社会化和市场化特征日益彰显

与古代社会相比，当代我国高校教师职业角色及使命与社会经济发展的联系尤为密切。现代社会，随着高等教育在促进经济与科技发展方面的作用日益突出以及大学服务社会职能的出现，高校教师以知识为载体、以知识转化和科技创新为路径，参与经济社会建设的趋势也越来越明显。改革开放以来，我国政府自上而下制定了一系列法规、政策和制度，以明确和规范大学教师在促进经济社会发展方面的地位和作用。1985 年 5 月，中共中央颁布的《关于教育体制改革的决定》指出："高等学校担负着培养高级专门人才和发展科学技术文化的重大任务"，第一次明确指出大学在促进科技发展方面的重要作用。"211 工程""985 工程"的实施，增强了大学的创新能力，凸显了研究型大学服务国家经济建设和社会发展的生力军作用。《国家中长期教育改革和发展规划纲要（2010—2020 年）》更加明确了大学在促进社会发展方面的作用，指出高等教育承担着促进社会主义现代化建设的重大任务，大力提高高校教师科研创新和社会服务能力，明确了高校教师服务社会的角色及使命。2002 年 6 月，科技部与教育部颁布的《关于充分发挥高等学校科技创新作用的若干意见》进一步明确了教师服务社会的方式，指出"高校科研人员积极从事技术发明，并通过专利许可和技术转让等形式，为经济和社会发展服务"。高校教师服务社会既是其职业特点的要求，也是教师适应大学职能多元化的客观要求。但由于缺乏相关法律、法规和政策的规定与制约，高校教师服务什么、如何服务社会、服务范畴如何等问题并未得到有效解决，导致大学教师服务社会活动与大学培养人才、发展科学等职能和高等教育的本质性特征相背离，产生了一系列影响教师社会形象和教师职业道德的问题。为此，国家和政府也在涉及教育发展和教师问题的法规政策中对大学教师服务社会及市场化行为做出了相应的规定，促进

① 中共中央 国务院印发《深化新时代教育评价改革总体方案》[EB/OL]. https://www.gov.cn/gongbao/content/2020/content_5554488.htm[2020-10-13]

了教师知识市场化行为（社会兼职）的规范化和制度化。例如，2011 年 12 月，教育部和中国教科文卫体工会全国委员会颁布的《高等学校教师职业道德规范》提出，教师不得从事影响教育教学工作的兼职。2014 年 9 月，教育部颁布的《关于建立健全高校师德建设长效机制的意见》指出，高校教师不得有影响正常教育教学工作的兼职兼薪行为。2015 年 6 月，国务院颁布的《关于大力推进大众创业万众创新若干政策措施的意见》指出，"加快落实高校、科研院所等专业技术人员离岗创业政策，对经同意离岗的可在 3 年内保留人事关系"，从创新体制机制、优化财税政策、搞活金融市场、扩大创业投资、发展创业服务、建设创业创新平台、激发创造活力、拓展城乡创业渠道等方面提出了创新创业的具体政策措施，也为高校教师社会兼职和创业提供了制度合法性基础。2016 年 11 月，中共中央办公厅、国务院办公厅颁布的《关于实行以增加知识价值为导向分配政策的若干意见》指出，允许科研人员和教师依法依规适度兼职兼薪。经所在单位同意，可以到企业和其他科研机构、高校、社会组织等兼职并取得合法报酬，包括允许科研人员从事兼职工作获得合法收入，允许高校教师从事多点教学获得合法收入。2018 年 11 月，教育部颁布的《新时代高校教师职业行为十项准则》指出："不得违反教学纪律，敷衍教学，或擅自从事影响教育教学本职工作的兼职兼薪行为。"由此可见，在知识经济发展的今天，政府并非单纯性地禁止或是无限制性地"允许"高校教师的社会兼职，而是加强了对教师社会兼职的引导与规范，强调教师在完成教育教学本职工作的基础上进行社会兼职，并且把教师社会兼职纳入教师职业道德范畴进行考量。由此可见，政府和高校构建并完善教师社会兼职的监督与评价机制，是规范当前教师知识市场化行为的制度化需求。政府和高校的兼职兼薪制度设计不是为了控制学术人员，而是为了给学术人员如何将知识转移到外部进而提高自身的学术价值和影响提供服务与建议。[①]中华人民共和国成立以来高校教师职业角色的制度化历程，如表 2-3 所示。

① 吴合文. 高校教师兼职兼薪的角色冲突与制度设计[J]. 教育研究，2017（12）：104-111

表 2-3 中华人民共和国成立以来高校教师职业角色的制度化历程

颁布时间	法律法规或政策制度文件	角色定位及使命描述	颁布机构
1961 年 9 月	《教育部直属高等学校暂行工作条例（草案）》	教师要教好学生、完成教学任务	教育部
1978 年 10 月	《全国重点高等学校暂行工作条例（试行草案）》	肯定绝大多数知识分子是脑力劳动者，是无产阶级的一部分，是党的一支依靠力量等	教育部
1985 年 5 月	《中共中央关于教育体制改革的决定》	高等学校担负培养高级专门人才和发展科学技术文化的重大任务	中共中央
1986 年 3 月	《高等学校教师职务试行条例》	高等学校教师职务是根据学校承担的教学、科学研究等任务设置的工作岗位	国家教育委员会
1993 年 2 月	《中国教育改革和发展纲要》	教师是人类灵魂的工程师，必须努力提高自己的思想政治素质和业务水平	中共中央、国务院
1993 年 10 月	《中华人民共和国教师法》	教师是履行教育教学职责的专业人员，承担教书育人，培养社会主义事业建设者和接班人、提高民族素质的使命	全国人民代表大会常务委员会
1998 年 8 月	《中华人民共和国高等教育法》	高等学校教师职务根据学校所承担的教学、科学研究等任务的需要设置	全国人民代表大会常务委员会
2002 年 6 月	《关于充分发挥高等学校科技创新作用的若干意见》	高校科研人员积极从事技术发明，并通过专利许可和技术转让等形式，为经济和社会发展服务	科技部、教育部
2010 年 7 月	《国家中长期教育改革和发展规划纲要（2010—2020 年）》	高等教育承担着培养高级专门人才、发展科学技术文化、促进社会主义现代化建设的重大任务；大力提高高校教师教学水平、科研创新和社会服务能力	国家中长期教育改革和发展规划纲要工作小组办公室
2011 年 12 月	《高等学校教师职业道德规范》	不得从事影响教育教学工作的兼职	教育部、中国教科文卫体工会全国委员会
2014 年 9 月	《关于建立健全高校师德建设长效机制的意见》	不得有影响正常教育教学工作的兼职兼薪行为	教育部
2015 年 5 月	《国务院关于进一步做好新形势下就业创业工作的意见》	探索高校、科研院所等事业单位专业技术人员在职创业、离岗创业有关政策。对于离岗创业的，经原单位同意，可在 3 年内保留人事关系	国务院
2015 年 6 月	《国务院关于大力推进大众创业万众创新若干政策措施的意见》	加快落实高校、科研院所等专业技术人员离岗创业政策，对经同意离岗的可在 3 年内保留人事关系，建立健全科研人员双向流动机制	国务院
2016 年 11 月	《关于实行以增加知识价值为导向分配政策的若干意见》	允许科研人员和教师依法依规适度兼职兼薪，包括允许科研人员从事兼职工作获得合法收入，允许高校教师从事多点教学获得合法收入	中共中央办公厅、国务院办公厅

续表

颁布时间	法律法规或政策制度文件	角色定位及使命描述	颁布机构
2018 年 1 月	《中共中央 国务院关于全面深化新时代教师队伍建设改革的意见》	教师承担着传播知识、传播思想、传播真理的历史使命，肩负着塑造灵魂、塑造生命、塑造人的时代重任。坚持把立德树人作为根本任务	中共中央、国务院
2018 年 11 月	《新时代高校教师职业行为十项准则》	引导广大教师努力成为有理想信念、有道德情操、有扎实学识、有仁爱之心的好老师；不得违反教学纪律，敷衍教学，或擅自从事影响教育教学本职工作的兼职兼薪行为	教育部

二、当代我国高校教师职业角色的新样态

（一）“单位人”与“政治人”角色共存

当代，虽然我国高校教师的部分传统角色及其特征逐步被消解，取而代之的是一些新角色，但是这并不代表高校教师“政治人”角色的完全消失，而是呈现出新的“单位政治人”角色特征，主要包括以下几个方面。

一是一些教师的思想带有一定的行政化色彩。高校被归属于事业单位，“单位”是指机关、团体或属于一个机关、团体的各个部门。对于个人来说，单位组织不仅仅是一个工作场所；对于社会来说，单位组织也不仅仅是从事职业性活动的社会组织，而是社会结构的一个基本组成部分。[①]单位具有级别且与政治有着密切的关联。笔者对该问题进行了调查研究，正如一位受访教师所言：“在我们日常的人才培养、科学研究、社会服务、行政管理、交流与合作等活动中，反映了教师拥有‘行政职务’的重要性和作为‘行政管理人员’的优先性。例如，教师发表文章时，有的刊物的作者简介要注明行政职务；申报研究课题和平台时，申报书要求填写行政职务；召开学术会议时，拥有行政职务的教师被安排在重要座次位置；参加对外学术交流时，‘领导型教师’是首要选择的对象；单位发放岗位绩效时，‘双肩挑’领导

① 李路路，李汉林. 中国的单位组织——资源、权力与交换[M]. 杭州：浙江人民出版社，2000：1

的系数和金额也要高于纯专业技术岗教师（甚至教授）。这些都反映出了行政化的观念及行为方式。"此外，笔者发现，某个省份近几年设立了35个省级哲学社会科学研究基地，该平台是该省最高层次的省级哲学社会科学研究平台。其中，约80%的基地负责人由高校或科研院所的校级（厅级）领导担任，只有不到20%的基地负责人由基层专家学者担任。

二是学术与政治的联结仍是高校教师获取资源的重要方式。一方面，学术是教师成为"单位政治人"的重要基础。不可否认，高校中存在"科层制"的管理形态，而且其与高校的学术性特征紧密相连。高校是松散联结的知识性学术组织，学术性是其本质属性。对高校的管理，本质上就是对知识群体或组织的管理。这一特征决定了高校的管理、教学、科研和社会服务等活动须围绕学术进行，也决定了高校教师的职业升迁（包括职务、职称晋升）与教师自身的学术专业能力密切相关。我国高校对现行内部管理体制达成了一种共识，假如一名教师要想从学术专业岗位转向行政管理岗位，学科专业水平和影响力是一块重要的"敲门砖"，也是高校考察干部的重要条件。例如，大多数高校干部选拔制度中明确规定拥有副教授及以上职称的教师可成为副处级干部选拔的基本条件之一。当高校中某位教师在学术专业方面取得较为显著的成绩时，这种成绩也就成了教师走向"干部"职位的"资本"。高校中不少正值学术发展"黄金时期"的青年或骨干教师，也因此放弃学术，而选择走向"行政管理岗位"，成为"单位政治人"。另一方面，"政治"是"学术"发展的重要保障。从内涵上讲，"政治"是谈论与管理众人之事的活动，"学术"是发现、传承和创新知识的活动，两者有着本质上的区别。但从国家和社会的现实需求来看，教师的学术活动也需要彰显国家意志和满足社会需求，因此"学术"与"政治"也就产生了联结。

高校教师"单位政治人"角色的出现，实质上是高校学术权力与行政权力在形式上耦合的结果。高校学术权力与行政权力的共同存在，使得两种权力结构在时空上产生了一定的交集，高校教师"单位政治人"角色的存在成为可能。高校教师"单位政治人"角色也有积极的方面，表现为："单位政治人"角色有利于集中和整合有限的高等教育资源，促进大学的整体发展。当然，这必须以该校长着眼于学校发展为前提，而不是以谋求个人利益和职位为前提。

但是，如果高校教师"单位政治人"的角色过于凸显，则会产生消极影响，主要表现为：强化高校教师的行政身份，加剧教师职业发展的不公平竞争。正如前文所言，行政权力与学术权力都集中于教师身上，则会导致更多的学术资源集中。有行政身份的教师在职务晋升、继续教育、国际交流、课题申报等方面有着更多的机会和途径，而没有行政权力教师的职业发展处境可能会更艰难。这一方面加剧了教师间发展的不平衡；另一方面，也促使教师的职业理念、职业目标和职业动机等发生明显的变化，追求行政身份可能会成为他们为之而奋斗的目标和动力。久而久之，会导致行政化越来越严重，最终影响的必然是高校的人才培养和学术发展。笔者调查中的一位老教授的话可从侧面反映该问题。

在笔者的访谈调查中，一位教师谈道："在我们那个时代，虽然物质资源较为匮乏，教师的教学和科研环境远不及现在，但教师都专心于教学和研究。年轻教师比较愿意从事专职教师工作，如果学校内相关部门需要专门的管理人员，询问教师是否愿意到这些部门工作，很多教师都不愿意，还是希望从事教学与科研工作。当然，这里并不是说管理工作不重要，只是说可能并非适合每名基层的专职教师。但今天我发现，这种情况发生了很大变化，许多专业能力和精力、科研成果产出处于最佳时期的教师，则选择担任一官半职，一旦有机会，就拼命地挤进行政管理部门，有的甚至完全放弃了自己的学科专业。"

（二）"学术人"与"商品人"角色共存

高等教育是一种满足社会公共需求的教育形态，具有公共性。高校作为社会的公共机构，其存在和发展的重要载体——知识也具有公共性。知识的公共性决定了其具有非竞争性、非稀缺性和非排他性。作为高校重要组成部分的教师群体，其以知识为载体的教学、科研和社会服务等职业活动也应彰显知识的公共性，以知识推动社会进步，承担社会公共责任。但是，随着当今人类社会进入全球化时代，竞争导致知识的经济价值日益凸显，知识的公共性不断弱化，知识成为公私兼具的混合产品，并在教育市场上流通。当代社会，随着社会经济全球化、消费文化和人们生活方式等的变迁，高校教师追求学术自由和探索真理的历史底蕴与精神气质发生了明显的改变。尤其是改革开放以后，市场经济体制代替了计划经济体制，市场化成为我国社会商品交易的典型特征。在市场化背景下，知识成为推动社会经济发展"软实力"的价值日益凸显并受到重视。这时，知识逐步开始变成商品，与市场的关系日益密切，人们也可以将知识作为一种资本（即"学术资本"）而获得更多的利益和报酬。在此情况下，"象牙塔"里的高校教师逐步受到了市场化的影响，其职业身份也发生了明显的转变。真正意义上的"学术人"正在逐步消解，取而代之的是"学术人"与"商业人"共存的"学术商品人"身份。

当代社会，市场成为高等教育资源尤其是优质高等教育资源配置的重要机制。许多资源掌握在公司和企业之中，高校教师在获得政府有限资助的情况下，为了保证学术职业活动的持续性，逐步开始放下知识权威形象，即纯"学术人"身份，追求以知识交换为特征的"知识商品人"身份。"知识商品人"是知识"商品化"的结果。商品化是指赋予那些传统上曾不被看作经济物品的东西（诸如想法、身份、知识等）经济价值。知识"商品化"就是指在全球化的教育市场赋予"知识"经济价值，使其具备使用和交换价值，并作为私人物品在教育市场进行流通。[①]教师将"知识"作为商品并出售，而社会企业行业、公司收购"知识"，以知识产权获取更大利益。高校教师"知识商品人"的角色具体表现为：高校教师除了在校内从事教育教学和科研工作外，还在营利性或非营利性组织和机构中从事兼职兼薪工作，通过创办公司、技术入股、专利转让后的咨询、管理层任职、自主经营和学术讲座或咨询服务等方式将其知识或技术专长商业化，以获得对学校和个人产生影响的社会效益和经济效益。

高校教师"知识商品人"角色的形成，凸显了知识在市场中的价值。高校教师是知识的重要拥有者和承载者，其拥有知识的权威性和创新性等特点决定了教师职业活动在高校和社会市场中的价值。尤其是在当今社会，由于知识在促进科技创新和经济增长方面的价值日益凸显，和其他物化商品相比，知识仍处于卖方市场，社会企业行业作为买方市场对知识的需求日益增长。因此，这些需求为高校教师以

① Gibbs P. The commoditization and standardization of higher education//F. Maringe，N. Foskett（Eds.），Globalization and Internationalization in Higher Education：Theoretical，Strategic and Management Perspectives[C]. New York：Continuum International Publishing Group，2010：241-255

知识为载体走向市场提供了现实可能和物化空间，具体表现为以下两个方面。

一是作为“学术研究者”的教师。一些教师要么以市场需求为导向，开展应用性的科学研究，产生相应的科研成果和实现技术创新，为企业行业提供知识成果；要么直接成为咨询顾问，为企业行业提供智力支撑，从而获得经济收益和社会效益。2007 年，我国学者余荔、沈红对高校教师的社会兼职进行调查研究后发现，在回收的 3612 份调查问卷中，高校教师在其他单位工作或做其他有偿性工作，即存在兼职行为的为 396 人，约占总样本的 10.96%。研究还发现，教师在其他高校或研究所兼职和从事包括学术讲座或咨询服务等兼职活动的比例最高，其次是在学术界以外的非营利性组织或政府和商业机构中兼职，而选择自主经营的比例最低。这反映出高校教师校外兼职活动既满足了社会多样化的需求，又在一定程度上实现了教师人力资本的合理配置和价值最大化，充分体现了高校的社会服务功能，有其存在的客观性和合理性。①2014 年，学者余荔又对高校教师社会兼职情况进行了进一步的深入调查。调查选取 13 个省份的 88 所高校的教师作为调查对象。调查结果显示，2014 年，在 5172 份样本中，约有 14.53%的高校教师参与校外兼职活动。在兼职的类型中，教师在企业兼职的比例最高，其次是在其他高校和科研院所兼职，教师选择自主经商兼职的比例最低。②此外，笔者在访谈中也发现，在兼职许可条件下，社会兼职是大多数教师期望或正在从事的职业，尤其是那些学历高、职称高的“专家”，社会兼职兼薪已成为其职业生涯的重要组成部分。

在笔者的访谈调查中，一位教师谈道：“作为一名教师，在科研与教学双重任务下，我宁愿花更多的时间从事研究活动，尤其是获得政府、企业事业单位支持的横向科研项目。通过横向课题，一方面可获得更高的研究经费支持和相应的经济报酬；另一方面，在现有科研评价体系中，高经费支持的横向课题可被学校认定为高层次的项目，其可作为职称评定、人才称号申报等的重要支撑条件。尽管争取横向课题经费的难度较大，但相比教学而言，我还是更愿意把时间花在争取这些课题上。”

---

① 余荔，沈红. 中国高校教师兼职的实证研究[J]. 教育发展研究，2016（21）：56-63

② 余荔. 高校教师校外兼职的实证研究——基于角色冲突的视角[J]. 中国高教研究，2018（8）：54-59

二是作为“教育者”的教师。一些高校教师以教学或培养人才的方式为社会教育需求市场提供知识服务，他们要么以知识权威身份通过著书立说、社会演讲、专题报告等形式表达思想，以影响社会大众的认知及行为；要么以培训者的身份在社会企业行业和职业培训机构授课，为企业或社会行业人群在业务能力提升、入学考试和就业等方面提供专业的培训服务，以获取高经济报酬和提高社会影响力。高校教师以“教育者”角色进入市场，从表面上看符合高校教师的职业属性和劳动特征，其进入市场的条件不高、范围更广、报酬也更高，是大多高校教师成为“知识商品人”的普遍形式。

在笔者的访谈调查中，一位教师谈道：“由于职业发展和生活所需，加之自己又不擅长科研，我会将大多数时间用于去外校或社会培训机构上课。至于学校内的课程，我每学期承担的不多，最主要的原因在于校内的课时费较低且教学工作在职称评审中的作用不大。至于校外兼职，虽然社会企业或培训机构对教学的实用性和时效性的要求很高，但我愿意花更多的时间去研究如何在外上好课，满足培训对象的现实需求。这样不仅报酬是校内的好几倍甚至更高，报酬与付出成正比，而且社会影响力也更大。如今，几家校外培训机构都认为我上课的效果很好，经常约我到他们的机构上课。”

综上所述，在我国，无论是政府还是高校，在知识市场化情景下，不断完善高校学术评价机制、教师激励和管理制度是一个必然要面对的现实问题。特别是自2016年《关于实行以增加知识价值为导向分配政策的若干意见》颁布实施以来，如何科学地引导教师的社会服务行为，加强高校教师职业活动市场化监督与规范的制度构建尤为重要。如何发挥教师的“知识商品人”角色在促进高校培养人才、发展科学和服务社会等方面的积极作用，是完善现代高等教育治理体系实践和研究的重要课题。

（三）“学科人”与“专业人”角色共存

学科与专业是高等教育凝聚高深知识和学术团队的重要载体，也是高校教师从事学术职业活动的载体。我们所说的“学科”，有两种内涵：一是指学术的分类，即一定科学领域或一门科学的专业分支，如自然科学中的物理学、生物学，社会科学中的历史学、教育学等。二是学科的简称，亦即科目。它是依据一定的教学理论组织起来的科学知识体系。关于“专业”，有广义和狭义之说。广义的专业是指某种职业不同于其他职业的一些特定的劳动特点，狭义的专业主要是指某些特定的社会职业。[①]

随着人类知识的增长和聚集，把接近和类似的知识分类组合并形成学科与专业以传授，成为高等教育存在的重要方式。高校也逐步成为以知识为中心的专业化学术组织，其对知识的传授、创新和应用也主要是围绕“学科”或“专业”组织起来的，高校教师及其团队也是由学科或专业凝聚而成。高校教师“学科人”与“专业人”角色的形成，与高校作为一个学术组织的特征密切相关。高校是一个“松散结合”的学术组织。“松散结合”是指高校组织中诸如学院、学部、系、研究所以及从事高深学问教学与研究的教师等基本构成要素，在组织运行过程中各自保持一种独立自主、低度联结的工作状态或组合方式，以致整个高校组织就像一个拥有各种知识群体的控股公司。[②]高校系统中的底层结构以学科为主，学科层次朝着分化和松散型结构变化，并且日益专业化。[③]

当代的中国社会，由于社会分工的不断细化和职业专业化要求的不断提升，学科与专业对高校及教师发展产生了巨大影响，也促使教师的传统角色逐步消解，形成新的学术职业角色，即“学科专业人”。高校教师的“学术专业人”角色使得教师对学科专业的忠诚度高于对学校的忠诚度。随着社会分工日益明显，社会对高校学科专业的细化程度和教师专业化程度的要求越来越高，教师希望通过高度专门化的知识和较高的专业能力获得社会的认可。因此，对于当代高校而言，学科与专业是高校凝聚教师群体并使教师获得职业发展的关键要素，教师掌握了某一学科专业的知识并成为专家，就如同获得了专业“话语权”，也就具有了权威的学术身份。所以，高校教师对学科专业的忠诚度高于其他高等教育要素。在学科

① 洪世梅，方星. 关于学科专业建设中几个相关概念的理论澄清[J]. 高教发展与评估，2006（2）：55-56

② 樊平军，毛亚庆. 论大学松散结合组织特性的知识根源[J]. 高等教育研究，2006（6）：51-54

③ [美]伯顿•R. 克拉克. 高等教育系统——学术组织的跨国研究[M]. 王承绪，徐辉，殷企平，等，译. 杭州：杭州大学出版社，1994：39-41

专业忠诚情况下，一些高校教师以学科专业忠诚为价值取向，教学、科学研究和社会服务着眼于个人利益和个人专业发展，眼前只有"谁为我"而没有"我为谁"，只懂索取而不懂付出，忽视了服务学生需求和社会公共需求，缺乏社会责任感和使命感以及批判精神，成为社会公共事务的"旁观者"，沦为彻底的"学科专业人"①。

在笔者的访谈调查中，一位教师谈道："近些年，随着高校对教师学历和素质要求的提高，我们每年都会引进一批年轻的博士以充实学校专任教师队伍。这些年轻教师经过入职培训，大部分都能较好地完成教书育人工作。但也有一些年轻教师在入职之后没有把更多的精力和时间花在教书育人工作上，而是更关注如何晋升职称和获取学术称号，只关注专业论文发表和研究课题申报，对于教学和人才培养更多是应付了事。我们甚至还发现，个别老师近几年几乎没有上过课。因此。一些年轻的高学历教师科研能力较强、科研成果较为丰富，但教育教学水平却并未有实质性的提高，这种'高学历、高科研能力、低教学水平'的现象在高校中还是很常见的。当然，这种现象的存在，既与教师的功利性职业目标及追求有关，也与高校的管理体制、教师职业评价考核机制等密切相关。"

三、当代高校教师职业角色重构的路径选择

（一）高校去行政化，构建教师"道德政治人"角色

当代中国，高校教师的"单位政治人"角色从本质上彰显了高校"行政化"的特性，是高校"行政化"的集中表现。高校"行政化"是指大学组织按照行政机关的结构和管理模式进行设置和运转，或者说大学照搬行政组织的管理方式和工作方法。②在"行政化"机制下，无论是行政资源还是学术资源大都掌握

① 牛海彬. 大学教师"知识人"身份重构的路径分析[J]. 东北师大学报（哲学社会科学版），2015（4）：234-238

② 郝瑜，周光礼. 中国大学"去行政化"改革的制度困境及其破解[J]. 现代大学教育，2012（3）：

在拥有行政权力的“单位政治人”手中，高校教师无论是自身对政治权力的渴求还是迫于外界的影响，大都热衷于“政治资源”的获得，教师的“学术人”角色逐步被“单位政治人”角色取代。因此，理性看待当代高校教师的现实角色，构建既符合高等教育规律以及高校教师的本质特性，又满足国家政治生活及治理需求的当代高校教师角色，首先需要“去行政化”，构建高校教师“道德政治人”角色。

高校“去行政化”的实质是通过“去行政级别化”对高校权力结构进行改革，使高校行政工作的性质符合学术组织的本质要求，调整学术权力关系，使得教授治校得以落实，不断提高高校教师的学术研究和参与学术治理的能力。[①]当代中国高校教师角色的重构，不可避免地会涉及高校教师学术与政治的关系。高校教师并非不参与政治，而是不参与权力分配，也绝不意味着教师对政治不闻不问、独立于政治，而仅仅意味着独立于权力。[②]高校教师参与政治，既反映了教师作为国家主人的地位，也彰显了其作为知识分子的国家情怀。但高校教师参与政治更多是一个“道德政治人”，即从学者知识和伦理道德层面客观分析国家的政治环境和政治态势，为政府治理国家提出合理的对策与建议，而不是通过参与政治活动获得政治权力和学术资源以强化身份等级，使自己成为为“政治”存在的个体。正如马克斯·韦伯所言，“一个人要以政治为职业，可以以两途为之：‘为了’（leben für）政治而活，或者是‘依赖’政治（leben von）而活。这两种途径之间的对立，绝对不是截然的……‘为了’政治而活的人，在一种内在心灵的意义上，把政治当成自己的‘生命所在’。这种人，或者心喜他拥有他所施展的权力；或者他要知道他的生命在为一件‘事业’（Sache）的服务过程中得到了意义，他才能够维持内心的平衡以及觉得自己有某些价值”[③]。

6-15，112

① 别敦荣，冯昭昭. 论大学权力结构改革——关于“去行政化”的思考[J]. 清华大学教育研究，2011（6）：22-27

② 张远山. 学术：政治之内，权力之外[J]. 博览群书，2004（4）：33-36

③ [德]马克斯·韦伯. 学术与政治[M]. 钱永祥，等，译. 桂林：广西师范大学出版社，2010：209-210

（二）复归高校教师之"本质属性"，构建教师"学术职业人"角色

经济全球化以及市场经济体制的建立，使得知识作为一种资本或商品在市场上自由交易成为常态，使得一些高校教师进入市场成为"学术商品人"，也使高校教师传统的"学术人"角色受到了前所未有的挑战甚至被弱化。从高等教育的本质属性来看，"学术商品人"角色并非高校教师的应然角色，也并非高校教师学术职业发展的最终目标和归宿。因此，基于高校基本功能和原生使命，当代高校教师角色的重构还应复归高校教师的"本质属性"——学术性，彰显高校教师的"学术职业人"身份。

毫无疑问，无论是以知识传承与传播为主的教学，还是以知识发现与创新为主的科学研究，或者是以知识应用为主的社会服务等，都是高校教师的重要使命。但从高校的本质属性（学术性）及活动对象（大学生）来看，无论是教学、科研还是社会服务，都应围绕以学术活动培养高层次的专业性人才展开，教师的教学、科研与社会服务等活动统一于学术性之中。这既是高校教师的"天职"，也是其区别于其他社会职业人员的本质属性。重构高校教师"学术职业人"的身份，必须明确三点：一是教师的教学具有教育性，通过教学培养专门性人才。教师的教学不仅仅是单纯地向学生传播已有知识，而且是对知识的发现、创新、应用和交流，教师应对教学目标、教学内容、教学方法及教学组织等进行深入的探讨和反思。二是教师的科学研究应以"人才培养和学术研究相结合"为原则，探索高深学问。教师的科学研究应是一种非功利的精神追求，目的在于窥察知识、生命、世界或真理的全貌。也正因为高校教师对真理的追求，坚持学术自由和学术自治，其"学术职业人"角色才能在漫长的历史和繁杂的现实中得到普遍认同。三是教师的社会服务也应具有学术性。正如德国学者费希特（Fichte）所言，"学者的使命主要是为社会服务，因为他是学者，所以他比任何一个阶层都更能真正通过社会而存在，为社会而存在。因此，学者特别担负着这样一个职责：优先地、充分地发展他本身的社会才能、敏感性和传授技能"①。一方面，教师通过利用科学研究产出的成果，改变人类落后的生产观念和生产方式，以高层次成果推动社会的进步和发展；另一方面，教师

① ［德］费希特. 论学者的使命 人的使命[M]. 梁志学，沈真，译. 北京：商务印书馆，1984：43

的社会服务本身也是学术性服务，即对社会经济发展的影响是以探究方式实现的，而不是一味地模仿和照搬照抄。此外，高校教师还通过自己的声望对社会产生影响，而这种声望往往是依靠其学术性获得的。

（三）彰显大学批判精神和社会责任感，构建教师“公共专业人”角色

从高等教育发展的历史和特性来看，服务社会公众应是高校及教师的重要使命。无论是哪个国家、哪种层次的高校，都不可能离开社会公众而存在。一所高校及教师如何在服务社会公众的同时又能保持独立性，免受政府和社会的过多干预，不在于是否服务社会公众，而在于作为一个学科专业人通过何种方式以及何种精神气质服务公众。因此，从高校的服务社会使命来看，当代高校教师职业角色的重构，还应彰显教师的批判精神和社会责任感，构建“公共专业人”角色。

从本质上来讲，“公共专业人”角色是高校教师学术职业的专业性和公共性有机结合的结果。专业性强调的是高校教师作为高深知识的探索者，由于高校教师对人类知识获得和生产具有其他机构或人群无法比拟的优势，也拥有了对特定学科专业知识的权威和话语权。社会公众也因此对高校教师的专业性有着特有的依赖性，并给予充分的肯定和认同。公共性强调高校教师作为社会领域的权威，其学术职业活动应面向公众、服务公众，对公众负责，担负起对社会现象和事件做出理性认识、合理批判的责任，具有促进社会持续和谐发展的使命感。进一步来说，公共性要求高校教师不仅要关注社会公民的道德实践，而且更应该对社会进行理性反思，反思那些不合理的社会秩序与权力关系，并做出具有说服力的批判和判断。因此，当代高校教师既是“专业人”也是“公共人”，正如法国著名社会学家皮埃尔·布尔迪厄（Pierre Bourdieu）所言，教师既是大学内部自律的、自主的对专业有独特爱好的知识人，又是能够介入社会公共生活、承担公共责任的知识分子。[①] “公共专业人”角色的形成，不仅需要高校教师树立自身服务公众的意识和持有服务公众

① ［法］P. 布尔迪约，［法］J.C. 帕斯隆. 再生产——一种教育系统理论的要点［M］. 邢克超，译. 北京：商务印书馆，2002：156

的情怀，更需要国家或政府从法律、制度和政策层面给予高校教师参与社会公共事务并提出建议与意见的合法性保障，确保教师在面对社会公众问题时能够站在公正的立场诚恳地对待公众的利益，从而彰显高校教师“公共专业人”角色的真正价值。

第三章

高校教师职业角色转换的逻辑与表现形态

第一节 高校教师职业角色转换的内外逻辑

一、知识生产模式现代转型与高校教师职业角色转换

知识是符合文明发展方向的，人类对物质世界及精神世界探索的结果总和，是在实践中认识客观世界的成果。[①]从本质上看，知识性是高校的基本属性，高校是一个知识生产的机构，高校离不开知识，知识也离不开高校。自大学产生以来，尽管大学在不同时期的使命和职能有所差异，但大学的培养人才、发展科学、服务社会和传承文化等活动都离不开知识生产活动，即把不同类型、形态和层次的知识通过不同职业活动进行创造、加工和使用的过程。但是，随着社会经济的发展、大学外在环境的变化及大学内在发展需求的变化，知识生产在不同时期彰显出了不同的特点，其模式也经历了不断的演变和发展，从根本上体现了内外部环境变化对大学知识生产的影响。关于知识生产模式及其转型，学界从不同的视角提出了两种观点：一是知识生产模式经历了由“学院科学时代”到“后学院科学时代”的转变；二是知识生产经历了由“模式 1”到“模式 2”再到“模式 3”的转变。

（一）知识生产从“学院科学时代”到“后学院科学时代”的转变

“学院科学”一词最早由美国科学社会学家伯特•金•默顿（Burt King Merton）提出。他对 17 世纪以来人类科学活动的运行方式和行为准则进行了深入研究，将

① 中国社会科学院语言研究所词典编辑室. 现代汉语词典[M]. 7 版. 北京：商务印书馆，2019：1678

科学活动形式称为“学院科学”。此后，英国社会学家约翰·齐曼（John Ziman）提出人类科学活动经历了从17世纪的“学院科学”到20世纪60年代后的“后学院科学”的转变。“学院科学”是指人类的知识生产是“为知识而知识”，是基于自身兴趣和爱好的内在的知识生产方式。17世纪，是人类现代科学得到重大发展的重要时期，人们为了研究科学，建立了学院或学会对科学进行讨论，形成了具有雏形意义的科学活动形式——“学院”。这种“学院科学”形式继承了古希腊时期学者学术的特点，强调学者的使命在于探索世界万事万物的规律，是一种纯粹的学术研究和知识生产，知识生产具有经验主义、理性主义、普遍主义、公有主义和祛利主义等特征。具体而言，“学院科学”知识生产有以下几个特征：一是知识生产动机来源于学者的“好奇心”，主要目的在于探索高深知识，知识生产是理性、自由和独立的活动；二是知识产生依赖于高度分化的“学科”，学者在大学里依靠单纯的某一门学科开展学术活动，不同学科之间存在“樊篱”，知识生产的价值判断方式是学科内部的同行评价；三是知识生产更多是学者个体独立的活动，遵守公有主义（communalism）、普遍主义（universalism）、无私利性（disinterestedness）、原创性（originality）和有条理的怀疑主义（organized scepticism）等共同学术规范，即CUDOS规范。

20世纪60年代之后，学术领域进入了“后学院科学时代”，主要原因在于政治、经济和工业等方面的压力越来越强有力地从外部影响着科学共同体。这一时代，学者的知识生产不再以单纯的兴趣为导向，而是成为在体制化背景下学者养家糊口、安身立命的“功利性”职业活动；学者的知识生产强调效用性，受国家发展战略和市场需求的驱动，学术研究从主动性转为被动性，受到政府和企业行业投资的影响越来越大。正如齐曼所说：“后学院科学决然不能回避科学政策的中心问题：谁出资，就听谁的？”[①]学者成为特定组织的人员，知识生产不再是在单纯的学科内完成，很多科学问题变得日益复杂，需要学者之间进行跨学科合作才能得以解决。

---

① [英]约翰·齐曼. 真科学：它是什么，它指什么[M]. 曾国屏，匡辉，张成岗，译. 上海：上海科技教育出版社，2008：97

（二）知识生产从“模式 1”到“模式 2”再到“模式 3”的转变

学者迈克尔·吉本斯（Michael Gibbons）等在著作《知识生产的新模式：当代社会科学与研究的动力学》中对知识生产模式进行了详细阐述。知识生产“模式 1”是知识生产的初始形态，是知识尚未高度体系化和分化而基于知识理性取向的传统知识生产方式，其基本特征在于闲暇性、基础性和情境性。闲暇性是指知识的传播、创新出于“认识论”的需求，是人们出于自身的兴趣爱好自由地对高深知识的理性探讨，知识生产没有明确的目的；基础性则表现为教师的学术研究是基于人类社会发展中的规律性和真理性问题的探讨，着眼于知识体系本身的丰富与完善；情境性强调知识生产是自由、自主的，是“象牙塔”式的。知识生产“模式 2”是知识生产的发展形态，是知识高度分化而基于工具理性取向的现代知识生产模式，具有应用性、跨学科性、组织多样性和社会问责性等特征。应用性既表现为知识的市场化和商品化，直接服务于社会生产与生活，也表现为学术研究从基础研究转向应用研究，关注解决社会生活中的实际问题；跨学科性则表现为知识生产的复杂性与整合性，强调知识生产和学术共同体是不同知识、学科和专业人员的融合；组织多样性强调知识生产是大学和教师、政府、公司企业等主体共同作用的结果，强调“政府-产业-大学”三者呈现出螺旋关系，即三者应相互协调，以推动知识的生产、转化、应用、产业化及升级。其中，政府扮演着推动知识生产和协调大学与产业关系的重要角色，产业成为知识生产的需求者和合作者，大学从知识生产的主导者转变为合作者；社会问责性表现为知识生产不再仅仅是大学教师单纯的“自娱自乐”，而是不同利益主体直接干预知识生产并进行问责的过程。①

现代社会，知识生产模式既有“模式 1”的特征，也有“模式 2”的特征。虽然“模式 2”不能完全代替“模式 1”，但逐步呈现出“模式 1”向“模式 2”的转变。知识生产模式的转变对大学教师学术职业的目标、理念、行为方式和考评方式、组织运行等产生了直接影响。那么，是什么推动了知识生产模式的现代转变？其原因在于以下几点：首先，随着人类认知水平的提升和面临的问题越来越复杂，

① ［英］迈克尔·吉本斯，［英］卡米耶·利摩日，［英］黑尔佳·诺沃提尼，等. 知识生产的新模式：当代社会科学与研究的动力学［M］. 陈洪捷，沈文钦，等，译. 北京：北京大学出版社，2011

加之人类知识的体系和范畴不断扩大并日益分化，而分化又必须通过整合才能促使知识生产效益最大化，因此对复杂问题的解决，需要不同知识体系的学科和人结合在一起，产生跨学科知识和学术组织。其次，第二次世界大战后，社会经济发展对高等教育发展提出了新的诉求，加之学术资本主义时代的到来，大学及教师日益关注知识传播和创新与社会需求的一致性对接，即知识生产的经济性和应用性凸显。最后，随着现代社会消费主义和管理主义的盛行，满足学生需求和注重绩效评价成为高等教育发展以及高校教师职业发展的重要导向，中世纪以来形成的纯粹的、“无目的”的学术研究传统被现代社会重效率和考评的高等教育理念取代，使得大学教师知识生产的效率性和问责性特征逐步凸显。

但是，现代社会知识生产“模式 2”并非一成不变。随着经济全球化、信息化和创新驱动时代的到来，加之大量虚拟经济和创新经济的出现，知识生产的参与者和受益者除大学、政府和企业之外，社会公众组织、大众媒体、专业组织等也成为知识的评判者和知识生产的主体。基于此，2003 年，学者埃利亚斯・G. 卡拉雅尼斯（Elias G. Carayannis）率先提出了知识生产的“模式 3”。“模式 3”在认同“模式 2”特征的基础上，强调知识生产的多层次、多主体和协同性，公民社会成为知识生产的重要主体，形成了“政府—产业—大学—公民社会”四重螺旋。“模式 3”关注公民社会（社会组织、社会团体和社会力量）在知识生产中的评价作用，并将知识生产与公众意识、社会责任等紧密结合在一起。“模式 3”与“模式 1”“模式 2”之间并非简单的替代关系，它们既具有相对的独立性，又具有延续性，且呈现出不同的特征（表 3-1）。

表 3-1　三种知识生产模式特征的比较

特征维度	模式 1	模式 2	模式 3
知识来源	纯粹的学术兴趣	实践应用问题	知识集群演化
学科类型	单一学科	跨学科	学科群与学科生态系统
动力机制	大学—科研机构	政府—产业—大学	政府—产业—大学—公民社会
知识特征	同质性	异质性、弥散性	多层次、多形态、多节点
质量评价	同行评价	综合性多维度评价	社会公益性问责
研究内容	基础科学	应用科学	基础科学与应用科学结合

二、"学术资本主义"产生与高校教师职业角色转换

20 世纪 80 年代后，随着大学服务社会职能的强化以及大学通过科技创新及成果转化直接介入国家经济社会发展的程度日益加深，"知识"成为"资本"的观念对西方发达国家高等教育及大学组织产生了深刻的影响。这种影响集中表现在：大学"象牙塔"的地位受到了极大挑战，其已不再仅仅是高深知识传播和学术研究的机构，而是卷入了更加复杂、多样的市场。基于这一背景，美国学者希拉·斯劳特（Sheila Slaughter）和拉里·莱斯利（Larry Leslie）在《学术资本主义：政治、政策和创业型大学》一书中开创性地提出了"学术资本主义"这一术语。所谓"学术资本主义"，是指大学或教师为确保获得外部资金进行的市场活动或具有市场特点的活动。[①]其本质是以市场为逻辑，通过知识与市场的"联姻"，使知识成为学术资本及特殊商品。这种商品通过市场化的交易，形成一种使大学和教师致力于市场和准市场行为的制度。[②]"学术资本主义"的出现，一方面对国家社会经济发展产生了促进作用，另一方面对大学及教师来说也是一场"革命"。正因为如此，有学者把"学术资本主义"产生及其影响与威廉·冯·洪堡（Wilhelm von Humboldt）的大学理念的影响相提并论，称其为高等教育系统的"第二次学术革命"[③]。"学术资本主义"产生有其深刻的经济、社会以及高等教育发展的背景，具体如下。

一是经济全球化的影响。20 世纪 80 年代，世界经济尤其是西方发达资本主义国家从工业社会进入了后工业社会。世界经济进入全球化时代，经济发展动力由新能源与发明向科学知识进步转变。经济全球化是国际经济贸易与竞争的产物，是资本主义经济跨国界的市场扩张。经济全球化使得世界经济由政治经济向知识经济转变。在经济全球化的影响下，一些老牌工业发达国家（如英国、美国、澳大利亚等国家）在丧

---

① Slaughter S，Leslie L L. Academic Capitalism：Politics，Policies and the Entrepreneurial University［M］. Baltimore：John Hopkins University Press，1997：36-37

② Rhoades S S. Academic Capitalism the New Economy：Challenges and Choices［EB/OL］. http://www.aft. org/pdfs/highered/academic/june04/Rhoades. qxp. pdf. Gary［2022-03-05］

③ Etzkowitz H. The norms of entrepreneurial science：Cognitive effects of the new university-industry linkages［J］. Research Policy，1998（8）：823-833154

失了先前因工业化和新殖民贸易带来的优势的情况下，为了提升经济竞争力，对社会经济各领域的政策进行了调整。经济全球化对高等教育产生了多方面的影响：用于中学后教育的可自由支配的经费紧缩；与市场，特别是国际市场紧密相关的技术科学领域日益成为研究中心；跨国公司与同产品开发机构、政府机构的关系日趋紧张；跨国公司和老牌工业国家更多关注全球知识产权政策。[①]此外，全球化对高等教育的影响还在于迫使高等教育参与到市场竞争之中。政府也通过排行榜、质量保障评价、科研评价和绩效指标等分配高等教育资源，迫使大学更具市场竞争性。为了适应经济全球化对高等教育的影响，20 世纪 80—90 年代，四个西方发达国家（英国、美国、澳大利亚和加拿大）对高等教育政策进行了调整，四个国家中，除了加拿大，其他三个国家的政策开始趋同，主要面向高等教育的科学技术政策、课程、入学和财政等领域。这些国家的高等教育政策转向科学技术领域，都强调以牺牲基础研究为代价的学术资本主义，转向把经费集中于接近市场的科学技术领域；转向政府为更多学生入学支付较低费用；转向削减高校和教学科研人员自主权的组织政策。[②]

二是高校资源依赖的影响。资源依赖理论强调，一个组织体的生存需要从周围环境中吸取资源，需要与周围环境相互依存、相互作用才能达到目的。如果一个组织丧失了关键收入，则其稳定性将受到威胁，为了保证组织的稳定性，该组织将寻求新的资源。20 世纪 80 年代，随着西方国家高等教育政策的变化，国家对高等教育的非限制性经费进行了压缩。例如，澳大利亚联邦政府对高等教育的拨款所占比例由 1990 年的 69%下降为 2001 年的 43%；英格兰高等教育生均拨款在 1989—1997 年减少了 36%，2003—2004 年的拨款仍然比 1989 年低 33%；美国大学收入中，政府拨款所占比例由 1973 年的 50%下降到 20 世纪 90 年代的 33%左右，同期，学生学费收入所占比例由 15%增至 22%。[③]在国家高等教育政策变化的情况下，高校改变了获取资源的模式，以争取到更多有利于竞争的经费。高校不得不从基础研究转

---

① [美]希拉·斯劳特，[美]拉里·莱斯利. 学术资本主义：政治、政策和创业型大学[M]. 梁骁，黎丽，译. 北京：北京大学出版社，2014：28-33

② [美]希拉·斯劳特，[美]拉里·莱斯利. 学术资本主义：政治、政策和创业型大学[M]. 梁骁，黎丽，译. 北京：北京大学出版社，2014：49-50

③ OECD. On the Edge：Securing a Sustainable Future for Higher Education[EB/OL]. http://www.oecd.org/dataoecd/20/24/38309943[2009-03-17]

向应用研究。为了保持和扩大资源，高校的教学科研人员不得不展开对外部资金的竞争，又将获得的资金用来进行与市场有关的，具有应用性、商业性、政策性的研究。此外，高校还通过招收更多的学生和提高学费的形式，获得办学经费。[①]

"学术资本主义"的理念、价值观以及行为方式对高等教育活动的核心要素——教师的角色及其作用产生了深刻的影响。这种影响既有来自社会对高校发展的诉求，也有来自高校对教师发展最为直接的角色期待。在"学术资本主义"的影响下，西方发达国家对高校及教师职业角色的衡量和评价已不再仅仅坚持传统的学术逻辑，而是开始遵循现代社会的市场逻辑。由此，高校教师的传统角色受到了前所未有的挑战，并不断演化出新的角色，呈现出多种变换和演进的形态。这些新生角色与传统角色同时存在，不断产生各种价值张力，并在多数情况下产生矛盾和冲突。

第二节　"学术资本主义"背景下高校教师职业角色的转换[②]

一、高校教师职业角色转换的表现形态

（一）从"基础研究者"到"应用研究者"

自德国柏林洪堡大学提出高校的科学研究职能后，"科学研究者"成为高校教

① ［美］希拉·斯劳特，［美］拉里·莱斯利．学术资本主义：政治、政策和创业型大学［M］．梁骁，黎丽，译．北京：北京大学出版社，2014：8

② 杨超，张桂春．"学术资本主义"与大学教师学术职业角色的转换［J］．教育科学，2016（5）：47-52

师新的职业角色。起初，高校教师的科学研究主要源于其对事物的好奇心，是以“高深知识”生产为主旨的基础研究。基础研究强调知识的产生过程，是典型的“为知识而知识”，是那种以增长人类知识为主要目的、以个人自由研究为主要特征的“小科学”。[①]基础研究具有明显的自主性、纯粹性和自觉性等特征。但是，随着“学术资本主义”的出现，由于知识生产模式的转型，即由以学术为导向的研究变为以资本市场为导向的研究，高校教师“在一个强调竞争的环境中，通过教学、科研、咨询技术或其他学术知识的应用来发展其学术资本……于是，他们从以好奇与探索奥秘为导向的研究转向了更为实际的研究”[②]。在资本市场导向下，与基础研究相比，高校教师的应用研究具有实用性和应用性等特点，也更容易获得政府和市场的认可与青睐。久而久之，高校内不同学科之间的差异日益增大，从而导致科学研究在性质和类型上出现了分化，即应用性学科越来越受到重视，基础性学科被边缘化。

此外，在“学术资本主义”的影响下，高校不仅出现了“科研漂移”，即在科学事业不断强化和分化的背景下，众多近代的科学研究逐渐离开大学的教学场所，移至专门从事学术科研的科研中心、实验室和研究所[③]，而且科学研究自身也发生了分化。高校教师为了保持或扩大资源，不得不去竞争那些与市场紧密联系的研究经费，很明显这些研究是应用性的、商业性的，并且目标明确。[④]一些高校教师也只能通过此方式发挥自身的优势，不断提升自己的学术声望与地位，从而获得更多的发展平台。美国著名高等教育学者德里克•博克（Derek Burke）强调，高校进行纯学术研究是一种理想，教授的科学研究不应避免和轻视实用性研究，因为“在一个科学研究十分依赖于公共经费资助的世界里，这种理想始终处在危险之中，因为公众主要感兴趣的不是科学自身的最终发现结果，而是一种作为创造新产品、发现

---

① 胡建华. 科学研究在大学中的历史演进[J]. 南京师大学报（社会科学版），2006（4）：76-81

② Deen R. Globalization，new managerialism，academic capitalism and entrepreneurialism in universities：Is the local dimension still important?[J]. Comparative Education，2001（1）：7-20

③ [美]伯顿•克拉克. 探究的场所——现代大学的科研和研究生教育[M]. 王承绪，译. 杭州：浙江教育出版社，2001：53

④ Slaughter S，Leslie L L. Academic Capitalism：Politics，Policies，and the Entrepreneurial University[M]. Baltimore：Johns Hopkins University Press，1997：145

疾病新疗法或解决社会问题新答案的手段"[①]。基于此，更多的高校出台了优惠政策激励教师开展应用研究或走向市场，或者帮助教师去竞争更多的校外资源。一方面，教师身份及地位的获得不再仅仅依靠传统的学科与专业，而是更多依靠市场资源的获得；另一方面，传统意义上的教师教学科研自主权逐步丧失。高校的课程设置和内容安排以及课程数量增减不再由教学科研人员决定，而是取决于国家教育政策的制定者。此外，高校教师的业绩评定原则与标准发生了转变，专业知识和专业能力不再是主要标准，而是取决于高校以外的市场需求。这导致应用研究的市场逻辑和标准与传统的科学研究本质以及高等教育核心理念相背离，在一定程度上改变了高校教师的学术价值取向和行为方式，也赋予了高校教师新的学术职业角色——"应用研究者"。

（二）从"学者"到"创业者"

高校的核心使命是通过高深知识的发现、传播和应用来培养高级专门人才。因此，高校教师区别于其他不同教育层次教师的首要角色是以学术活动为使命的"学者"。无论是中世纪具有"行会身份"的教师，还是近现代社会早期具备"国家公务员"身份的教师，他们都有一个共同的角色——学者。"学者"角色首先反映在其学术职业目标上。他们在人才培养和学术研究宗旨的导引下，从事一种高深学问的探索活动，目的在于窥察知识、生命、世界或真理的全貌，这是一种知识发现与更新的非功利性精神追求。其次，体现为具有学术自由和以自治为典型特征。学术自由是高校的灵魂，是教师不受高校控制与限制，自主进行教学、科研和成果出版的权利。只有具有学术自由，学者的学术职业权利才能得到捍卫。学术自治是保障教师学术职业活动尽可能避免政府和外界的干预与控制，使学者甘于寂寥并潜心进行学术研究的前提条件。正是这种对真理的追求，对学术自由和学术自治的坚持，高校教师的"学者"角色在漫长的历史过程中才能始终保持不变，并不断发挥其应有的作用，从而得到世人的普遍认同和期待。

---

① ［美］德里克·博克. 走出象牙塔——现代大学的社会责任[M]. 徐小洲，陈军，译. 杭州：浙江教育出版社，2001：172

但是，随着现代社会“学术资本主义”的出现，高校教师的“学者”角色受到了前所未有的挑战。一方面，受到了新自由主义的自由化和市场化、世界经济全球化的竞争性以及西方各国高等教育财政投入缩减等的影响；另一方面，受到了高校适应社会经济发展需求变化致使评价机制改变的影响。高校走出“象牙塔”并利用其自身拥有的人力资源优势、知识优势、科学与技术优势等，从社会领域获取推动大学发展的资金和社会声誉等。基于内外因素的共同作用，高校教师也逐步放弃了原有较为熟悉的教学、人才培养和学术研究等周期长、见效慢和较封闭的专业领域，以学科专业知识为资本，通过项目合作、承担契约化项目以及知识顾问等市场化运作方式实现知识生产力转化和技术创新以获取资金，正如美国学者希拉·斯劳特等所言：“当高等教育更密切地与市场结合时，教学科研人员和院校失去了自主权。由于自动拨给院校以支持基础研究的资金被收回，由于研发经费更多地用于商业研究，因此，各个教授追求这种由好奇心驱动的研究的自由就被削减了……一些教学科研人员和院校急切地转向学术资本主义，把它看做实践创业技能的一种机会，看做获得资源的一种手段，或者看做关于繁荣的未来的一种策略。”[①]这时高校教师职业活动与社会经济发展现实的联系更加紧密，他们走出“闲暇好奇”的教育传统和学术生态，其职业活动与经济利益直接挂钩，扮演着企业家或商人等“创业者”角色，“学术创业”成为各学科甚至是冷门学科领域教师职业活动的主要导向。作为“创业者”的高校教师，关键学术资源的保持与扩大是创业的目的，专业知识和技术是创业的核心资本，学术水平及专业能力是创业的前提和基础，技术转化与转让、技术咨询、创办衍生企业、创办培训机构和社会兼职等是创业的表现形式。高校教师通过学术活动，将知识由传播、创新拓展到应用及市场化，以便实现利益和声望的最大化。

（三）从“公共知识分子”到“专业知识分子”

从高校教师产生的本源来看，其从组织“母体”中就带着与生俱来的知识分子

---

① ［美］希拉·斯劳特，［美］拉里·莱斯利. 学术资本主义：政治、政策和创业型大学[M]. 梁骁，黎丽，译. 北京：北京大学出版社，2008：56

的精神气质。虽然不同时期高校教师履行使命的形式和社会地位有差异，但其角色担当的共同点主要在于探索知识、追求真理、增进人类的知识。因此，高校教师不仅要有高深的专业知识和技能，还应具备内在的人文关怀意识、对社会公众的责任感以及守望社会的批判精神。也就是说，高校教师既是大学内部自律的、自主的对专业有独特爱好的知识人，又是能够介入社会公共生活、承担公共责任的知识分子。[①]因此，从知识生产角度来看，高校教师扮演着"公共知识分子"角色，而且正是这种特殊角色使其得到了社会的认同和赞誉。

随着"学术资本主义"的产生和发展，知识分子的"公共性"受到了前所未有的挑战，一些高校教师也逐渐偏离了"公共知识分子"的原初角色，远离社会问题的中心，只关心与自己利益相关的事情，即旧式知识分子退出历史舞台，来自大学的新专业知识分子诞生了。[②]知识分子身上"公共性"消退的原因主要在于两方面：一方面，西方国家虽然对高校的经费投入日益减少，但对高校教师的评价及要求并未降低，且市场的自由竞争使得具有交易价值及实用性和专业性较强的学术与技术成果更受到政府和社会的认可，教师也能够从政府和市场获得更多的项目及经费资助。因此，高校教师逐步放下高高在上的"身段"，成为面向市场的"专业人"。例如，理工科教师关注科研成果转化，注重与企业合作，甚至开公司、办企业、卖专利、提供各种技术服务等；人文和社会科学专业教师则主要表现为热衷于参与校外的各种"自由职业"活动，办培训班、兼课和提供咨询服务等。[③]另一方面，"学术体制化"带来的"要么发表，要么出局"的学术职业发展和评价制度，使得教师不得不更多专注于自己的专业领域，关注自身专业能力的提升和专业成果的公开出版，逐步成为一个"两耳不闻窗外事"的"专业人"，一些教师纷纷逃离公共事务领域，逃避对公众的承诺，其"公共知识分子"的角色逐渐弱化，而作为"专业知识分子"的角色不断得到强化。

---

① [法]P. 布尔迪约，[法]J. C. 帕斯隆. 再生产——一种教育系统理论的要点[M]. 邢克超，译. 北京：商务印书馆，2002：156

② [英]安东尼・史密斯，[英]弗兰克・韦伯斯特. 后现代大学来临？[M]. 侯定凯，赵叶珠，译. 北京：北京大学出版社，2014：118

③ Anderson M S. The complex relations between the academy and industry：Views from the literature[J]. The Journal of Higher Education，2016（2）：226-246

二、"学术资本主义"背景下我国高校教师职业角色转换

（一）"学术资本主义"对高校教师职业角色的负面影响

"学术资本主义"是以美国为代表的西方发达国家高等教育高度发达后呈现的具有时代意义的学术形态，是继约翰·亨利·纽曼的大学理念、威廉·冯·洪堡的大学"教学与科研相结合"思想和克拉克·克尔（Clark Kerr）的多元大学观之后，出现的又一次具有世界性的高等教育新思潮。"学术资本主义"的出现，既有其历史渊源，又有其现实缘由，是以美国为代表的西方发达国家的经济全球化及高等教育财政投入政策等多种因素共同作用的结果。它的出现在很大程度上突破了传统高校赋予教师的教学、科学研究和社会服务使命，拓展了教师的"创业"使命，在高校经费短缺的情况下，为增加教师职业活动经费、促进科学研究与创新以及更新生产技术和提高经济效率等做出了积极贡献。因此，正如有学者所说："从开放系统的角度看，环境的多样性和多变性促成了组织的不确定性，适应就是系统寻求动态平衡的过程，学术资本主义的兴起是符合大学自身发展逻辑的。"[①]然而，任何事物的发展都具有两面性，"学术资本主义"也是如此，其带来的高校教师角色改变，在某种程度上消解了高校教师传统角色的闪光点，甚至背离了高校教师的本质属性和基本使命。这具体体现在两方面：一是高校教师最基本的角色——"教育者"角色逐步被解构，市场化角色特征凸显。教师作为教育者，不再仅仅是进行基于专业教育的通识教育和人文教育，以促进学生综合素质提升的全面教育，而是进行基于市场和实用的职业教育，在某种程度上成了市场需求的职业培养人，成为迎合大众消费需求的"学术明星"。二是高校教师的核心角色——"公共学者""知识分子"角色的典型特征逐步式微。教师的学术自由、学术自治和教授治学等传统正在被"学术资本主义"中的市场化、契约化规则侵蚀。教师的学术生产不再追求知识的公共性、普遍性和非牟利性，其公众情怀和社会批判精神以及社会责任逐渐被削弱。进入"学术资本主义"市场的高校教师逐步远离知识的公共

---

① 王正青，徐辉. 论学术资本主义的生成逻辑与价值冲突[J]. 高等教育研究，2009（8）：38-42

价值而贴近市场价值，教师的学术动力主要来源于市场力量和自身经济利益，学术活动追求短平快的经济效益和广泛的社会影响，最终成为"学术快餐"，同时也背离了学术研究的基本规律。

（二）我国高校教师职业角色的价值认知与行为选择问题

我国近代社会不具备独立产生高校的内生机制和关键性教育因素，因此我国近现代早期高校的出现更多是受到了西方近现代大学的影响。因此，随着现代市场经济体制的确立以及经济全球化的出现，身处开放的国际环境中的中国大学及教师不可避免地受到了国外"学术资本主义"的影响。尽管这种影响不是特别大，但是以市场为逻辑的学术知识商品化和具有"学术资本主义"特征的教师角色变化，正在影响和改变着教师的职业认知和行为方式。这些影响主要表现为高校教师学术职业活动的目的越来越功利化。对外，教师学术职业活动的项目导向、市场导向、消费导向普遍存在；对内，教师评价与考核，尤其是职务职称评审的标准和权重已经从注重教学与基础研究逐步转向注重社会服务、技术研发及转化。这样一来，高校教师传统的教育者角色明显弱化，一些教师尤其是高职称教师对校内的教学和人才培养工作的重视程度有所下降，把更多的时间用于校外的兼职、培训、产品研发甚至是企业经营，在某种程度上使自己变成了适应市场、满足大众消费需求的"专家"甚至是"学术明星"。此外，在现有高等教育评价机制下，存在"重科研、轻教学，重社会服务、轻人才培养"的现象，一些高校教师把更多的时间和精力花费在对自己职务晋升和职称评审等有利的项目研究、论著撰写等工作上，精致的"利己主义者"普遍存在，而作为一个学者对社会和公众的责任心变得淡化，等等。

（三）我国高校教师职业角色的理性认知和学术制度重塑

纵观西方国家"学术资本主义"产生的历史根源及其影响，我国现代高校呈现出的"学术资本主义"现象及特征，与西方并不具有一致性。西方国家"学术资本主义”的理念与实践在我国并未得到制度化的确立与保障。原因有两方面：一方面，我国社会主义的国家性质及生产资料的公有制决定了公立高校无论在数量还是社会地位上都处于绝对优势，高校办学的非营利性和准公共性占据主导地位，政府对高等教育的经费投入比例远远高于其他经费来源渠道，且经费投入逐年增加。因而，我国高校教师角色的“学术资本主义”特征及表现形式并非国家政策支持和经费投入变化的结果。另一方面，我国传统文化中“学而优则仕”的教育价值观和古代大学的官学性质以及教师“政治人”身份的“遗传性”等，导致当代高等教育管理理念和实践带有一定的行政化色彩，尤其是在高校教师学术职业的评价、考核及聘用等方面更为突出。因此。可以说高校教师角色的“行政化”特征强于“市场化”属性，教师学术及知识的“市场化”也并非导致我国高校教师呈现“学术资本主义”特征的关键变量。

然而，这并非否认“学术资本主义”产生的影响，相反，更应理性、客观地应对西方“学术资本主义”对我国高校教师学术职业角色的影响。一是要重塑高校教师学术职业发展的价值认知。辩证地来看，教师“市场化”角色的特征在某种程度上是高校履行社会服务职能的集中体现，也是高校走出“象牙塔”，用知识引领社会从而体现其社会价值的时代要求。但就高等教育的功能来看，具有“学术资本主义”特征的高校教师角色最终不能脱离其“原始”的教育者角色。高校教师的社会服务如同科学研究一样，必须紧紧围绕人才培养进行，教师角色的“市场化”行为应是高校实现人才培养这一根本目的的延伸和拓展。二是要为高校教师的学术职业活动营造良好的制度环境。在“学术资本主义”的影响下，高校教师角色具有多样化表征，其本身并无合理与不合理之分，关键在于政府尤其是高校能否建立科学、合理的学术职业制度予以规范。学术制度的重建应体现“一体多翼”的特征。“一体”是指保障大学实现人才培养根本目的的学术职业制度，即构建激励高校教师甘于从事教学和学术研究的职业评价制度、职务晋升制度和收入分配制度，尊重教师的职业成果并彰显其学术职业价值；“多翼”是指保障教师职业生涯发展的多样化需求的学术职业制度，即构建适应不同类型高校和不同学术职业类型需求的多样化的岗位管理制度，以保障高校多样化职能的实现。

第三节 从"立法者"到"阐释者"：高校教师职业角色的转换[①]

高深知识是高等教育存在的重要基础。从高深知识与政府或社会的关系来看，作为知识分子重要组成部分的高校教师从"立法者"向"阐释者"转换，是当代高校教师职业角色的典型特征和表现形式。这既反映了社会政治、经济、文化及群众对教师角色期望的变化，也反映了高等教育自身适应和引领社会变迁的情况，还反映了高校教师对自身职业角色及定位的认识的不断深化。

一、高校教师的"立法者"与"阐释者"角色

最早系统提出"立法者"与"阐释者"概念的学者是英国著名社会学家齐格蒙·鲍曼。他着眼于知识分子与国家或社会的关系，提出知识分子扮演着彰显现代性特征的"立法者"和后现代性特征的"阐释者"两种职业角色。[②]

"立法者"和"阐释者"均有隐喻意义。何为"立法者"角色？在现代社会，在政府与高校教师"联姻"的条件下，高校教师在社会生活、知识生产、言论发表、学术纷争等方面拥有一定的发言权。在治理国家过程中，政府对高校教师的依赖性较强。高校教师犹如"国会议员"一般，通过构建权威性的话语权，对国家的精神、思想、价值观念等的确立具有"立法权"，对国家的法律法规和政策的制定与实施

① 徐天伟，杨超. 从"立法者"到"阐释者"：大学教师职业角色的生成逻辑及现代转变[J]. 云南师范大学学报（哲学社会科学版），2017（2）：65-71

② [英]齐格蒙·鲍曼. 立法者与阐释者——论现代性、后现代性与知识分子[M]. 洪涛，译. 上海：上海人民出版社，2000：7

有直接的影响。高校教师的“立法者”角色反映了教师的权威性以及在学术领域活动中的话语权。“立法者”角色具有两个典型特征：一是学术人格的独立性。纵观历史，高校教师成为知识权威的一个重要原因在于，其在学术职业过程中能够保持较为独立的人格特性。也正是因为如此，高校教师既能以学术权威影响政治并被国家或政府重视，又能在公平公正地评价社会公共事务的同时，避免被政府或社会左右。二是学术研究的纯粹性。高校教师的基本使命在于基于学术研究的人才培养，人才培养是学术研究的拓展与延伸，学术研究注重以探求真理、创新知识为目的基础研究且具有非功利性。

何为“阐释者”角色？在后现代社会，国家与高校教师发生了分离，教师受到多元且复杂的社会生活方式与价值观的影响，功利化和世俗化特征凸显，逐步失去了知识权威的地位，成为政府或社会法治理念及政策制定与实施的“阐释者”，以便使社会公众更好地理解和认同。“阐释者”角色主要通过解释性话语及活动实现，其目的在于形成于此一共同体传统之中的话语能够被形成于彼一共同体传统之中的知识系统理解。①“阐释者”角色具有两个典型特征：一是学术人格的相对依赖性。后现代社会，社会经济发展与高等教育的关系更为密切，政府通过政策倾斜和经费投入对高校进行干预与控制，教师不得不走出“象牙塔”，以知识为载体满足政府或社会的需求，以获得经费支持。二是学术研究的应用性。高校教师的学术研究以社会市场需求为导向，服务于企业技术生产甚至是国家经济、政治和军事发展的需求。从这一角度而言，学术研究目的从知识传播与创新转向知识应用，更具功利性和世俗性。

总之，“立法者”和“阐释者”是高校教师角色的两种实践类型，两种角色并非纯粹的替代关系，而是通过各自的社会职责反映社会转型及变迁。齐格蒙•鲍曼指出，两种角色实践类型的差异主要源于立论观点的不同。“立法者”的立论观点来源于现代性世界观，而“阐释者”的立论观点来源于后现代性世界观。现代性世界观认为，世界在本质上是一个有序的总体，表现为一种可能性的非均衡分布的模式。在该模式下，“立法者”在现代性社会中的核心任务是掌握知识，他们通过向

---

① [英]齐格蒙•鲍曼. 立法者与阐释者——论现代性、后现代性与知识分子[M]. 洪涛，译. 上海：上海人民出版社，2000：4-5

政府提出各种改革及设计思路，以建立和维持合理有序的社会秩序。后现代性世界观认为，世界在本质上是由无限种类型的秩序模式构成的，每种模式均产生于一套各自的、相对自主的实践。在该模式下，知识分子仅仅是知识的"阐释者"，他们的社会职责在于向公众解释形成于不同社会话语体系中的社会事物。总之，"立法者"主要是设计社会秩序及寻找最佳秩序，而"阐释者"主要是解释并沟通社会实践活动。

二、高校教师"立法者"和"阐释者"角色的形成逻辑[①]

高校教师"立法者"和"阐释者"角色的形成过程与知识-权力关系的演变密切关联。人类社会从原始社会到近现代社会，知识与权力的关系经历了神权化、王权化和法权化三个阶段。[②]

（一）高校教师"立法者"和"阐释者"角色的交替

教师"立法者"和"阐释者"角色的历史渊源可追溯到古代社会。"立法者"角色最早萌芽于原始社会具有宗教身份的"巫师"。原始社会氏族时期，人们对知识的掌握程度较低，对人与自然关系的了解不足，导致对自然的无知和恐惧。因此，人们普遍信奉神灵，对某些社会生活问题的解决求助于神灵，也促使了专门从事巫术的"巫师"职业的产生。巫师通过掌握天文、立法、文学、音乐、舞蹈等方面的知识和技能，借助祭祀、占卜等仪式与神灵发生"联系"，获得了与上天沟通的合法性话语权及"神权"身份，也就具有了"立法者"的权威。[③]奴隶社会初期，

---

① 徐天伟，杨超. 从"立法者"到"阐释者"：大学教师职业角色的生成逻辑及现代转变[J]. 云南师范大学学报（哲学社会科学版），2017（2）：65-71

② 尹建锋，吕晓燕. 变迁中的大学知识范式和权力：西方大学章程的历史演变及其启示[J]. 高等教育研究，2016（8）：75-83

③ 胡金平. 学术与政治之间的角色困顿——大学教师的社会学研究[M]. 南京：南京师范大学出版社，2005：80

“巫师”的“立法者”活动及其权威与国家政权相结合，宗教首领成为“代天立言”的君主；奴隶社会中期，随着人们对自然知识和人文知识认识的不断深化，巫术话语体系受到了极大挑战并逐渐失去“市场”。追求理性知识、传授知识并阐释国家政治和社会生活，逐步成为知识分子的首要任务。例如，古希腊时期的智者派和学园中的智者将传统神学信条与哲学思辨结合，不断提升追求真理和合理思考的能力，形成了“知识”与“权力”二元统一的哲学知识体系，并以此成为阐释真理的“立法者”。到了中世纪，一方面，古罗马法的复兴，学校教育中“七艺”（文法、修辞学、辩证法、算术、几何学、天文、音乐）课程学习中的法律训练，促进了法律知识的权力化；另一方面，随着商业和手工业的兴起、知识分子的崛起以及真正意义上的大学的产生，高校教师依据行会雇主身份，在世俗王权的支持下以罢教和迁徙等形式与教会神权斗争，获得合法性学术权威，并在王权与神权的双重统治下获得了具有不可替代性的“立法者”知识话语权。

（二）基于法权化的高校教师“立法者”角色的确立

高校教师“立法者”角色的确立始于西方思想启蒙运动和近代国家的产生。思想启蒙运动中的人性解放及世俗国家化概念等国家理性主义的产生，为高校教师“立法者”角色的确立提供了前提条件。一方面，西欧国家社会革新的需求及新兴国家的出现，促使民众对世俗国家及其理念产生了一定的认同，而高校教师则成了教化者；另一方面，统治者为了寻找国家教育权的合法性依据，必须把权力包括教育权从教会中收回。政府把一部分管理高等教育的权力让渡给了一些拥有“高深知识”且享有崇高社会威望的教授。基于此，知识分子与国家权力结合、学术与政治结合，教授具备了权力化的生存空间，充当了高等教育乃至社会秩序的设计者，且在国家政治生活中占有绝对的主导地位。例如，1848 年，在德意志国民大会起草新宪法的过程中，在 830 名成员中，仅占人数 6%的 49 名教授主导了这次讨论，这次议会在某种程度上成了“教授议会”；1848 年，丹麦国王决定采用立宪法制，这次改革是由教授组成的执行管委会着手准备的。这次改革后，许多教授成了代表或部长。①此外，近代彰显学术权威的"讲座教授制""终身教授制"的确立，不仅给予教授从事科学研究的制度保障，确保了高校教师学术自由和追求真理的权利，还使得教授成为人类良心、正义和真善美等崇高道德的代言人。这些学术权力的获得，使高校教师的"立法者"角色扮演成为现实，并对当时社会的政治和文化产生了重大影响。

三、高校教师从"立法者"到"阐释者"角色转换的呈现形态

现代社会，在知识生产多样化、高等教育服务社会的深化以及高校对政府或社会依赖性加强等多因素的共同作用下，高校教师主导性角色发生了从"立法者"向"阐释者"的转换，并给教师自身的职业使命带来了机遇，也提出了挑战。

（一）高校教师"知识-权力"关系模式转换

知识是包含在高等教育系统的各种活动之中的共同要素，科研创造它；学术工作保存、提炼和完善它；教学和服务传播它。自高等教育产生以来，处理各门高深知识就是高等教育的主要任务，并一直是各国高等教育涉及的共同领域。②近现代高校教师"立法者"角色的确立，反映了以高深知识为载体的权威掌握者（高校师）与政治或社会权力的掌握者（政府官员或政治精英）之间的"知识-权力"融为一体，即"知识"与"权力"呈现共生关系。知识决定了学术权威在国家政治生活中的话语权。例如，在现代西方发达国家，教授一直具有把地区性寡头权力推广到全国的能力，他们是上层政治组织的组成部分。一些在学界有影响的大学教授在重要

---

① ［瑞士］瓦尔特·吕埃格. 欧洲大学史（第三卷）：19世纪和20世纪早期的大学（1800—1945）［M］. 张斌贤，杨克瑞，林薇，等，译. 保定：河北大学出版社，2014：159-161

② ［美］伯顿·克拉克. 高等教育新论——多学科的研究［M］. 王承绪，徐辉，郑继伟，等，译，杭州：浙江教育出版社，2001：107

的政府机构中任职，并在决策中发挥作用。[①]“知识-权力”共生使得高校教师作为高深知识的拥有者，在人才培养和科学研究方面的地位得到了巩固和强化。

但是，随着后现代社会特征的彰显，近现代社会形成的高校教师“知识-权力”共生模式发生了由共生走向分离的变化。后现代社会，随着知识传播和产生方式的多样化，知识不再具有唯一性和绝对性，高校教师也不再是高深知识的唯一拥有者和权威话语者，政府对高校教师的依赖性逐渐减弱。现代社会，国家权力机构的细化及国家管理的专业化要求，使得国家越来越需要专家。专家不是传统意义上的高校教师，教师也不一定是专家，专家有可能更多是来自政府或社会的其他机构。这时部分甚至是绝大部分知识权力转移到了非高等教育领域，高校教师丧失了对知识的绝对控制和权威，其原有地位也发生了明显的改变，“制定普遍是非标准，肩负普遍道德责任的知识分子在某种程度上成为了多余人和摆设，传统知识分子在这种转换中注定要被后起的力量所边缘化”[②]。在高等教育领域，高校教师的“知识-权力”发生分离，高校教师的“阐释者”角色从社会“边缘”走向了社会“中心”。许多高校教师不得不改变已有的价值标准，寻求更多的方式与统治阶层或社会群体进行沟通，成为国家或政府治理理念、政策实施合法性的“阐释者”。高校教师提出的观点和措施等对国家或政府治理行为起到的更多是参考作用，这时教师更多是政府决策的宣传者而非批判者。

（二）高校教师职业价值取向转换

从现代社会向后现代社会转型，市场成为调节各种经济活动、社会活动及文化活动的最主要机制，知识分子的价值取向发生了改变。虽然高校教师“立法者”或“阐释者”角色的使命及特征仍是高深知识的传授、发现及应用，但两种角色之间的价值取向、目标及行为方式都具有明显的差异。为了保证“立法者”的“纯正性”，扮演“立法者”角色的教师的学术职业活动（教学、科学研究乃至社会服务）的取

---

① ［加］约翰·范德格拉夫，等. 学术权力——七国高等教育管理体制比较［M］. 王承绪，张维平，徐辉，等，译. 杭州：浙江教育出版社，2001：197

② 朴雪涛. 学术分工视野中的大学教师角色分析［J］. 河北师范大学学报（教育科学版），2004（5）：93-96

向更多坚持的是"理性价值"，学术职业活动坚持的是学术自由和学术规范，无论是教学、科研还是社会服务，其最终目的都是培养能够成为未来"立法者"的专业性人才。科学研究是为科学而科学，为发现真理而探究，注重知识的学术价值；社会服务强调培养人才和科学研究，以间接地为社会服务。

后现代社会，高校教师学术职业活动的"工具价值"日益凸显。这时，学术职业的自由性仍然存在，但满足市场需求已经成为不可回避的现实。高校教师寻求新的学术职业方式以实现新的学术职业目标，而扮演"阐释者"角色是其寻求及选择的最好结果。因为市场化使高校教师尤其是教授的地位发生了重大变化。这时候，教授的教学仍然是十分必要的，但是这种教学已经减少到教给学生如何使用终端机的地步。如果不具备合法的"宏大叙事"，就不需要教授去教育学生，人们可以依靠机器教给学生在社会所驱动下所需的知识。[①]因此，教师从事的学术职业的动力更多是源于对政府、社会及市场的责任。因为学术界与产业界的合作被认为是现代高校教师职业使命的重要组成部分，提升经济效率和承担社会责任已成为高校教师获得学术资源和经费支持的主要考核指标。这时，一方面，教师的教学显得并非最为重要，因为教学已不再是评价教师工作的重要指标；另一方面，教师的教学成为一种职业培训活动，即培养职业化人才，教师的科学研究也不再是为了保障"立法者"地位的纯科学研究，而更多成为一种项目需求、政府需求和功利化导向的实用性研究。研究更多是倾向于成为政府和市场的代言人，成为让人们接受政府和市场要求与规则的"阐释者"。此外，高校教师的社会服务变得更为直接，追求的是高新技术成果的转化和应用，这也成了教师新的价值追求。

（三）高校师生关系转换

师生关系是高等教育活动中的主体性关系。高校教师角色从"立法者"向"阐释者"转换，一个重要的影响在于改变了师生关系及教师的教育方式。无论是中世纪行会的"作坊主"（后来的教师）和具有宗教身份的"教士"，还是近现代社会具

---

① [法]让-弗朗索瓦·利奥塔尔. 后现代状态：关于知识的报告[M]. 车槿山，译. 南京：南京大学出版社，2011：77

有公务员身份的“讲座教授”，他们都是高深知识的承载者以及学术权力的拥有者。尤其是到了大工业生产的现代社会，社会分工越来越细，知识总量呈几何级增长，人们掌握和获得知识的能力已经显著提高。这时作为拥有高深知识的高校教师的作用日益凸显，他们虽不是国家权力的掌握者，却拥有无形的知识权威。他们能够指导社会发展，成为社会的代言人，如同“立法者”。高校的师生关系具有非对等性，教师是知识的权威，是高校话语体系的构建者，是学术活动的主导者以及学术争论的“仲裁者”；学生则是接受者，在知识学习过程中处于客体地位。高校教师作为“立法者”，他们把具有权威性的知识传授给学生，师生在教学中更多是授受的关系。

后现代社会，强调的是“多元主义”。多元主义有多个参照系统，每一个都有它自己的理解方式和标准[①]，因此知识具有相对性且来源多样。这时，高校教师也不再是知识的唯一权威。一方面，大学教师的知识权威很有可能被互联网、社会培训公司或企业、学生家长、学生的同辈群体甚至学生代替；另一方面，知识不再仅仅是某一阶层的“专属品”，变得越来越“唾手可得”，高校教师知识的神圣感和尊严感正逐步消解，曾经天经地义的对专业与能力标准的决定权，如今正迅速从教师手中丧失，如今每个人——学生、教师及教师的导师——都拥有连接互联网的个人电脑，而最新的科学思想经过适当修改，都可以成为便捷而生动的课程内容。[②]因此，高校教师不再是师生关系之中“高高在上”的掌握权威知识的“立法者”，更多走向学生和公众，成为“阐释者”，师生关系更多表现为教与学过程中的相互促进关系、情感交流中的心理相容关系。

四、基于“立法者”与“阐释者”的当代高校教师职业角色转换

当代社会，高校教师的学术职业角色发生了从“立法者”到“阐释者”的转换，

---

① ［英］齐格蒙·鲍曼. 立法者与阐释者——论现代性、后现代性与知识分子[M]. 洪涛，译. 上海：上海人民出版社，2000：171

② ［英］安东尼·史密斯，［英］弗兰克·韦伯斯特. 后现代大学来临？[M]. 侯定凯，赵叶珠，译. 北京：北京大学出版社，2014：39

更多反映的是在后现代性社会中"阐释者"角色的主导性，并没有否定"立法者"角色的存在及其作用；更多彰显的是社会转型中高校教师角色及其功能的变化，并不能说明两者是替代关系。后现代社会，"立法者"角色被消解，"阐释者"角色从社会边缘走向了中心，但这并不是教师角色的最终归宿，"阐释者"的使命在于促进高等教育价值观得以实现，并最终完成现代性任务。

（一）高深知识是高校教师职业角色转换的基础

无论高校教师扮演的是"立法者"还是"阐释者"角色，其角色职责与使命的实现都必须坚守高校存在与发展的基础——高深知识。高深知识是知识中相对高级和比较深奥的部分，是构成各民族中比较深奥的那部分文化的高深思想和有关技能[①]，具有专门化和系统性等特征。正因为如此，这就需要像高校这样的机构进行知识传承与创新。高校教师由于自身的历史使命和独特性，成了高深知识传播、创新和应用最为重要的主体。此外，只有系统的高深知识才可能使高校教师实现对知识的保存、传授和创新，其也成了高等教育的根本标识。正如有学者所言，在任何社会中，学术工作都是围绕着特殊的理智材料组织起来的。这种特殊的理智材料就是知识，知识材料尤其是高深的知识材料，是所有高等教育系统实质的核心。[②]因此，高校教师无论扮演"立法者"还是"阐释者"角色，两者在高深知识的传播、发现与应用过程中更多是实现方式和发挥的作用有所差异，不代表两者的地位高低甚至身份等级差异，"知识-权力"关系仍是两种角色赖以生存的合法性基础，高深知识仍是扮演两种角色的教师及其行为活动的基础和条件，以高深知识推动社会进步与完善是所有高校教师不可推卸的责任和应尽的义务。

---

① ［美］伯顿•R.克拉克. 高等教育系统——学术组织的跨国研究［M］. 王承绪，徐辉，殷企平，等，译. 杭州：杭州大学出版社，1994：12

② ［美］伯顿•R.克拉克. 高等教育系统——学术组织的跨国研究［M］. 王承绪，徐辉，殷企平，等，译. 杭州：杭州大学出版社，1994：11-12

（二）外部社会的环境变化是高校教师角色转换的直接动力

“立法者”“阐释者”仅仅是高校教师角色的外在表现形式，它们都应彰显高校教师的共同角色——教育者的特征。齐格蒙·鲍曼认为，“立法者”角色的衰落更多表明的是知识分子放弃了在社会整体中的普遍主义“野心”，而没有放弃在学术共同体内部充当“立法者”的普遍主义“野心”。[①]在高等教育系统内部也是如此，一些在以学科和专业为基础形成的学术共同体中拥有高等教育资源分配权和较高学术声望、权威的教授或学者更愿意成为“立法者”，通过学术职业活动影响高等教育自身甚至社会的政治和经济，从而巩固其“立法者”角色。所以，某些高校存在教授较少甚至不为本科生上课的现象，在某种程度上成了“政治明星”或“学术明星”，而不是教学名师。这时，教师最基本的角色“教育者”被消解。因此，无论是“立法者”还是“阐释者”，高校教师最本职的使命仍是培养人才，其扮演的最基本角色是“教育者”。在社会经济、文化不断变化及高等教育系统频繁变革的当代社会，复归高校教师最基本的教育者角色，是高等教育持续健康发展的基础。教育者承担的责任不仅仅包括传授知识，还包括对学生的能力培养及道德行为塑造；不仅仅是探索与验证真理，还包括批判与反思知识及坚守学术职业伦理道德；不仅仅是服务社会，还包括履行社会责任。

① [英]齐格蒙·鲍曼. 立法者与阐释者——论现代性、后现代性与知识分子[M]. 洪涛，译. 上海：上海人民出版社，2000：27

第四章

“双一流”建设与当代高校教师职业角色的时代要求

第一节 "双一流"建设与高校师资队伍建设逻辑

从"双一流"的内涵及特征可知，师资队伍建设是"双一流"建设的核心任务，同时也是实现"双一流"建设目标的抓手，即通过建设一支师德高尚、具有国际竞争力的国际化师资队伍，高水平、高标准地完成"双一流"建设的既定目标。[①]进入新时代，我国"双一流"建设目标的提出，对高校师资队伍建设及教师职业角色的发挥提出了新的要求。

一、"双一流"的内涵与特征

当今世界，科技创新成为国际竞争力的核心要素，科技创新的关键在于创新人才，而"双一流"在创新人才培养和知识创新中功不可没。"双一流"是指"世界一流大学"和"世界一流学科"。何为"世界一流大学""世界一流学科"？无论是学术界还是政府部门都没有统一和明确的定义。关于"世界一流大学"，首先可从世界大学排名窥见一斑。国际上，比较权威和有影响力的大学排名为上海交通大学的"世界大学学术排名"（Academic Ranking of Word Universities，ARWU）、《泰晤士高等教育》（*Times Higher Education*，THE）发布的"世界大学排名"及国际高等教育研究机构（Quacquarelli Symonds，QS）发布的"世界大学排名"。ARWU、THE 和 QS 三大世界大学排名依据不同的评价指标体系[②]对世界大学进行排名，其

① 宋永华. "双一流"建设背景下师资队伍建设的特征与举措[J]. 教育发展研究，2017（19）：3

② ARWU 世界大学排名指标为 4 个一级指标（教育质量、教师质量、科研成果和师均表现）和 6 个二级指标；THE 世界大学排名指标为 5 个一级指标（教学环境、研究产出、科研影响力、产业收入和国际化程度）和 13 个二级指标；QS 世界大学排名为 6 个指标，分别为学术领域的同行声誉、雇主声誉、师生比例、国际教师比例、国际学生比例、教职工论文被引数。

排名结果虽有一定的差异性，但共性也比较明显，其中，2015 年，有 7 所大学（哈佛大学、斯坦福大学、麻省理工学院、剑桥大学、普林斯顿大学、加州理工学院、牛津大学）同时出现在三个排名的前 10 名之中（表 4-1、表 4-2 和表 4-3）。

表 4-1 2015 年 ARWU 世界大学排名（前 10 名）

排名	学校	国家	总分	Alumni	Award	HiCi	N&S	PUB	PCP
1	哈佛大学	美国	100.0	100.0	100.0	100.0	100.0	100.0	76.6
2	斯坦福大学	美国	73.3	40.7	89.6	80.1	70.1	70.6	53.8
3	麻省理工学院	美国	70.4	68.2	80.7	60.6	73.1	61.1	68.0
4	加利福尼亚大学伯克利分校	美国	69.6	65.1	79.4	66.1	65.6	67.9	56.5
5	剑桥大学	英国	68.8	77.1	96.6	50.8	55.6	66.4	55.8
6	普林斯顿大学	美国	61.0	53.3	93.4	57.1	43.0	42.4	70.3
7	加州理工学院	美国	59.6	49.5	66.7	49.3	56.4	44.0	100.0
8	哥伦比亚大学	美国	58.8	63.5	65.9	52.1	51.9	68.8	33.2
9	芝加哥大学	美国	57.1	59.8	86.3	49.0	42.9	49.8	42.0
10	牛津大学	英国	56.6	49.7	54.9	52.3	51.9	70.9	43.1

注：Alumni：获诺贝尔奖和菲尔兹奖的校友的折合数；Award：获诺贝尔奖和菲尔兹奖的教师的折合数；HiCi：各学科领域被引用率最高的教师数；N&S：在《自然》《科学》杂志上发表的论文折合数；PUB：一所大学过去一年被 SCIE 和 SSCI 收录的论文数；PCP：一所大学的师均学术表现

资料来源：Shanghai Jiao Tong University. Academic Ranking of World Universities 2014［EB/OL］. http://www.shanghairanking.com/ARWU2015.html［2015-08-06］

表 4-2 2014—2015 年 THE 世界大学排名（前 10 名）

排名	大学	国家	论文引用	产业收入	研究	国际化程度	教学	总分
1	加州理工学院	美国	99.7	89.1	98.1	67.0	92.2	94.3
2	哈佛大学	美国	98.9	44.0	98.6	67.6	92.9	93.3
3	牛津大学	英国	95.5	72.9	97.7	90.7	88.6	93.2
4	斯坦福大学	美国	99.1	63.1	96.7	69.0	91.5	92.9
5	剑桥大学	英国	95.2	51.1	95.6	87.8	89.7	92.0
6	麻省理工学院	美国	100.0	95.7	88.2	84.3	89.1	91.9
7	普林斯顿大学	美国	99.6	82.7	94.7	61.2	86.6	90.9
8	加利福尼亚大学伯克利分校	美国	99.1	44.8	96.7	58.5	84.6	87.5
9	伦敦帝国学院	英国	89.4	72.7	88.3	92.7	84.6	87.5
10	耶鲁大学	美国	94.0	42.0	90.8	59.8	88.5	87.5

资料来源：Times Higher Education. World University Rankings 2014-15［EB/OL］. https://www.time-highereducation.co.uk/world-university-rankings/2015/world-ranking/detailed#/sort/0/direction/asc［2015-08-04］

表 4-3　2014—2015 年 QS 世界大学排名（前 10 名）

排名	大学	国家	学术领域的同行评价	雇主声誉	师/生比例	国际教师比例	国际学生比例	单位职教论文引用数	总分
1	麻省理工学院	美国	100.0	100.0	100.0	99.8	95.6	100.0	100.0
2	剑桥大学	英国	100.0	100.0	99.9	95.6	96.5	97.9	99.4
3	伦敦帝国学院	英国	99.9	100.0	99.8	100.0	99.7	96.2	99.4
4	哈佛大学	美国	100.0	100.0	99.7	98.1	83.8	100.0	99.3
5	牛津大学	英国	100.0	100.0	100.0	98.4	95.0	96.6	99.2
6	伦敦大学学院	英国	99.9	99.4	99.0	96.8	100.0	97.4	99.2
7	斯坦福大学	美国	100.0	100.0	98.5	92.6	74.1	100.0	98.3
8	加州理工大学	美国	99.6	82.3	100.0	90.9	86.0	100.0	97.1
9	普林斯顿大学	美国	100.0	97.7	98.4	74.2	66.6	99.5	96.6
10	耶鲁大学	美国	100.0	100.0	100.0	93.2	62.7	92.2	96.5

资料来源：Quacquarelli Symonds. QS World University Rankings?2014/15[EB/OL]. http://www.topuniversities. com/university-rankings/world-university-rankings/2014#sorting=2006896+region=+country=+faculty=+stars=false+search[2015-08-20]

从定义上讲，各国学者的理解和阐释也具有差异性。知名高等教育专家菲利蒲·G. 阿特巴赫（Philip G. Altbach）认为，世界一流大学是致力于在一系列学科领域范围内传播和创造知识，在各层面实施精英教育，服务于国家需要，并促进国际公共事业发展的学生机构。①我国学者也针对该问题进行了大量的探讨。许路阳认为，世界一流大学虽无固定的评判标准，但一般是在学术上必须具有崇高的声誉，能培养出享誉世界的各行各业领袖，并对社会经济发展做出重大历史性贡献的大学。②眭依凡认为，“世界一流大学”是具有世界级学术贡献和国际学术声誉的大学。世界一流大学绝非什么评估的结果，而是为知识创新和杰出人才培养做出世界贡献并为国际社会认可的学术组织。③

从特征及构成要素来看，“世界一流大学”应该拥有比较齐全的学科门类，并具有世界先进水平且特色鲜明的优势学科；拥有卓越的师资队伍，荟萃一批世界著名学者；开展高水平的科学研究，能够取得具有划时代意义或影响本学科研究方向和研究趋势的科学研究成果；拥有一流的生源，能够培养出国际公认的优秀人才；

① Altbach P G. Peripheries and centers：Research universities in developing countries[J]. Asia Pacific Education Review，2009（1）：15-27

② 许路阳. 明年启动新一轮世界一流大学建设[N]. 新京报，2015-11-06

③ 眭依凡. 关于“双一流建设”的理性思考[J]. 高等教育研究，2017（9）：1-8

开展以学术研究为基础的社会服务，在推动本国、本地区经济建设和社会发展中能起到重大作用；拥有充足的办学经费和优越的办学条件；国际化水平较高，是世界科学文化学术交流的中心；有正确的办学理念、科学的管理机制和宽松的学术氛围。①何玉海通过对哈佛大学、斯坦福大学、麻省理工学院、剑桥大学、耶鲁大学、加州理工学院 6 所大学的分析，认为“世界一流大学”应具有科学的办学理念、优秀的施教队伍、良好的办学条件、规范的大学管理体系、科学的课程设置、高水平的教学和人才培养质量、一流的探究真理与发展科学的能力、和谐的公共关系等特征。②眭依凡认为，“世界一流大学”应拥有若干世界一流学科专业，聚集了一群世界一流学者，吸引了一大群世界一流学生，以世界一流的办学治校育人理念和办学条件构建与营造了世界一流的大学制度和大学文化，能够培养世界一流的专业人才和具有世界一流知识创新水平的大学。③

有学者认为，世界一流学科是构成世界一流大学的基本要素，是世界一流大学在某一学科的具体化、单一化及其学科组织的浓缩。它与世界一流大学有着相同的标准与条件要求。从某种意义上来说，某一大学如果拥有了若干世界一流学科，则也就成了世界一流大学。“世界一流学科”是由在某一类或同类知识领域具有世界一流水平的实力和优势，能够创造该知识领域的最先进成果并引领世界发展进步，以卓越人才培养和知识创新为核心使命的大学基层学术组织，创造世界一流学科的前提是拥有世界一流的学者及世界一流的学生。④“一流学科”是“一流大学”的基础与核心，一流大学建设应以一流学科建设为先导和引导，着力于优化学科结构，把握学科发展走向，凝练学科方向，突出学科特点和优势，关注学科交叉取向，发挥学科建设优势，创新学科组织模式，提升大学的人才培养质量和科技创新能力。⑤

---

① 王英杰，刘宝存. 世界一流大学的形成与发展[M]. 太原：山西教育出版社，2008：356-357
② 何玉海. 世界一流大学建设重在提升内在品质[J]. 教育研究，2018（1）：59-63，82
③ 眭依凡. 关于“双一流建设”的理性思考[J]. 高等教育研究，2017（9）：1-8
④ 姜凡，眭依凡. 世界一流大学建设须以一流学科建设为基础[J]. 教育发展研究，2016（19）：3
⑤ 顾海良. “双一流”建设要坚持以学科建设为基础[J]. 中国高等教育，2017（19）：15-16

二、我国"双一流"建设背景下高校师资队伍建设的逻辑

（一）我国"双一流"建设概况

何为"双一流"建设？顾名思义就是建设"世界一流大学"和"世界一流学科"。2015 年，为了推动科技创新，提升国际竞争力，我国启动了"双一流"建设。2015 年 10 月，国务院发布了《统筹推进世界一流大学和一流学科建设总体方案》。该方案对我国如何建设世界一流大学和学科进行了具体规划，提出了"三步走"的战略，即到 2020 年，若干所大学和一批学科进入世界一流行列，若干学科进入世界一流学科前列；到 2030 年，更多的大学和学科进入世界一流行列，若干所大学进入世界一流大学前列，一批学科进入世界一流学科前列，高等教育整体实力显著提升；到 21 世纪中叶，一流大学和一流学科的数量和实力进入世界前列，基本建成高等教育强国。"双一流"建设是继"985 工程""211 工程"之后，我国高等教育发展的又一重大战略决策和部署，它不是对"985 工程""211 工程"的取代，而是对"985 工程""211 工程"建设的统筹，是我国重点大学建设战略在新时代的延续和发展。

2017 年 9 月，教育部、财政部、国家发展改革委联合发布了《关于公布世界一流大学和一流学科建设高校及建设学科名单的通知》，正式确认公布世界一流大学和一流学科建设高校及建设学科名单，其中一流大学建设高校 42 所（A 类 36 所，B 类 6 所），一流学科建设高校 95 所，"双一流"建设学科共计 400 多个（其中自定学科 40 多个）。

2022 年 1 月，教育部、财政部、国家发展改革委联合发布的《关于深入推进世界一流大学和一流学科建设的若干意见》提出了要突出培养一流人才、服务国家战略需求、争创世界一流的导向，深化体制机制改革，统筹推进、分类建设一流大学和一流学科。

我国的"双一流"建设有五个方面的具体任务。①建设一流师资队伍。深入实施人才强国战略，强化高层次人才的支撑引领作用，加快培养和引进一批活跃在国

际学术前沿、满足国家重大战略需求的一流科学家、学科领军人物和创新团队，聚集世界优秀人才。②培养拔尖创新人才。坚持立德树人，突出人才培养的核心地位，着力培养具有历史使命感和社会责任心，富有创新精神和实践能力的各类创新型、应用型、复合型优秀人才。③提升科学研究水平。以国家重大需求为导向，提升高水平科学研究能力，为经济社会发展和国家战略实施做出重要贡献。④传承创新优秀文化。加强大学文化建设，增强文化自觉和制度自信，形成推动社会进步、引领文明进程、各具特色的一流大学精神和大学文化。⑤着力推进成果转化。深化产教融合，将一流大学和一流学科建设与推动经济社会发展紧密结合，着力提高高校对产业转型升级的贡献率，努力成为催化产业技术变革、加速创新驱动的策源地。[①]

（二）“双一流”建设背景下高校师资队伍建设的逻辑

1. 教师队伍建设的本体逻辑：恪守“育人为本”的宗旨

教育的终极旨趣在于“育人”。从高等教育发展的历史来看，育人始终是高校发展的主线和内在动力。高校都是围绕着知识传授、能力提升和道德品质培育等活动来履行培养人才、发展科学和服务社会等职能的。从中世纪专门性职业化人才的培养到近代社会基础性研究型人才的培养，再到现代社会创新应用型和国际化人才的培养，高等教育理念的变迁无不彰显着“育人为本”的历史底蕴和现实需求。“双一流”建设脱离不了高等教育发展的历史沉淀和精神实质，高质量人才培养是“双一流”建设的根本目标和衡量标准。教师队伍是高质量人才培养的主体，师资队伍建设是“双一流”建设的核心任务，同时也是实现“双一流”建设目标的核心抓手。[②]教师队伍建设必须着眼于培养符合“双一流”特点的高质量人才。教师队伍发展规划制定、教师队伍结构调整、教师人才培养与引进、教师队伍管理与评价机制改革等都必须着眼于“育人”目标，紧紧围绕提升人才整体素质、遵循人

① 国务院关于印发统筹推进世界一流大学和一流学科建设总体方案的通知[EB/OL]. http://www.moe.gov.cn/jyb_xxgk/moe_1777/moe_1778/201511/t20151105_217823.html[2015-11-05]

② 宋永华. “双一流”建设背景下师资队伍建设的特征与举措[J]. 教育发展研究，2017（19）：3

才发展规律和满足人才发展需求而开展教师队伍建设。"双一流"建设背景下教师队伍建设的"育人"目标的实现，不仅要体现在层次上，更要体现在质量上。教师队伍建设的理念、目标和方式不仅要反映在研究生教育上，更应该反映在"一流"的本科教育上。因为本科人才培养不能是点缀和装饰品，应当成为世界一流大学建设和一流学科建设的主要着力点。[①]为此，"双一流"建设中的教师队伍建设，应倡导广大教师把主要精力投入在本科人才培养上，遵循教育教学规律，进一步创新本科人才培养模式和方法，提高本科人才培养质量，努力培养拔尖和创新人才。[②]

2. 教师队伍建设的学术逻辑：推进学科发展和知识生产

高校的本质属性在于学术性。一流大学与一流学科必须以一流的学术为前提和基础。一流的学术则要求高校要尊重学术，以学术价值为本，而且必然是大学自觉地遵从该价值规定，而不须外力强制，特别是要把追求内在卓越作为自己的行为动力，把创造性放在学术价值的首位。[③]"双一流"建设中的教师队伍建设，必须坚守高校的学术性本质。学术性就是指通过人才培养、科学研究和社会服务实现知识的生产与创新。知识生产是实现人类知识更新和完善的根本方式。从近代社会的"洪堡时代"到现代社会的"学术资本主义时代"，人类知识生产模式经历了由以探索真理为旨趣的关注基础研究的"模式 1"向关注知识应用和解决社会问题的"模式 2"的转型。

知识生产模式转型对高校教师学术职业的价值取向、角色和行为方式产生了深刻影响，教师职业的价值取向由理性价值向工具价值转变。教师的角色更加复杂和多样，由"学者"向"创业者""基础研究者"，再向"应用研究者"等转变；教师的职业行为由人才培养和学术研究为主导向知识应用和服务社会为主导转变；等等。这些都对"双一流"背景下的教师队伍建设的理念、目标和模式产生了深刻影响。教师队伍建设更加关注跨科学团队的建设与合作能力、教师知识的应用能力、服务高等教育发展和经济社会发展的能力，教师考核要强化科研成果量化指

---

① 别敦荣. 论"双一流"建设[J]. 中国高教研究，2017（11）：7-17

② 钟秉林，方芳. 一流本科教育是"双一流"建设的重要内涵[J]. 中国大学教学，2016（4）：4-8，16

③ 王洪才. "双一流"建设的内在逻辑审视——论"双一流"建设必须实现的四个逻辑转变[J]. 河南师范大学学报（哲学社会科学版），2017（3）：144-150

标。但是，无论知识生产模式和学术需求发生何种变化，高校的学术性内核都应保持不变。高水平的教师队伍建设必须以学术为基础，教师队伍建设必须为教师的学术职业活动和职业发展营造学术自由、专业自主的环境。教师队伍建设在于激发教师的学术兴趣和情怀，尊重教师的好奇心和对知识的热情，支持教师通过创造性的发现超越自我、超越前人，实现人生价值。

3. 教师队伍建设的社会逻辑：提升高校服务社会能力和影响力

高等教育不仅是历史的产物，也是社会环境的产物。外部社会发展需求是高等教育发展的外部动力。"双一流"建设不仅仅反映在高校内部的高质量人才培养、学科发展、平台打造、科研成果产出、管理体制机制建立等方面，还反映在这些内部要素服务社会经济发展的能力和成效上。正如有学者所言，"双一流"建设成功与否，从根本上说是应看其能否反映社会的需要。[①]教师队伍建设是"双一流"建设的重要内容，教师队伍建设依然不能脱离社会发展需求的导向。具体而言，当高校走出"象牙塔"并引领社会发展之时，高校教师招聘中的教师学科专业需求应与社会产业结构相对接，教师的专业知识和能力结构应与未来社会的就业需求相对接，教师的科学研究领域应与国家和社会的重大需求或社会行业的需求相对接，等等。因此，教师队伍建设中的教师学术评价指标及激励机制构建，不应只重视教师职业活动和成果的学术影响力，还应充分考虑其成果的社会影响力。

4. 教师队伍建设的道德逻辑：强化教师职业道德与社会责任

"双一流"不仅表现为高校教师队伍的人才培养、学术研究、国际化等的水平，还表现为教师队伍的整体职业道德水平。这种职业道德水平包括教师学术职业的价值观和世界观、学术规范和社会责任等。价值观和世界观主要涉及高校教师职业活动中教育目标、教育理念等的方向性判断和认识，即在多元价值观的影响下，高校教师对国家政治体制的认同度和自信度、民族文化自豪感、对社会风俗习惯的遵守情况等。学术规范在于教师对科学真理的敬畏、对真理探索的执着精神以及对公认学术规范和评价标准的遵守等。社会责任则在于高校教师作为公共知识分子对维护社会公平与正义的社会责任和担当。"双一流"建设中的教师队伍建设遵循道

① 王洪才."双一流"建设与传统路径依赖超越[J].高校教育管理，2017（6）：1-7

德逻辑，其价值不仅在于将社会道德规范和要求内化为教师自身的发展需要，规范其学术职业行为，还在于营造高校场域内外风清气正、勇于担当和创新的学术氛围，保证高校多元职能的履行和国家教育方针与教育目的的真正实现。

第二节　参与学科治理："双一流"建设背景下高校教师职业角色的新形态

学科是凝聚高校教师群体的重要载体，高校教师的专业发展离不开学科，高校的学科建设也离不开教师的广泛参与。参与学科治理应是新时代高校教师职业角色的新特点与新趋势。学科建设是"双一流"建设的基础，一流大学必然要有一流学科作为支撑。[①]2015 年 10 月，国务院出台了《统筹推进世界一流大学和一流学科建设总体方案》，明确了"完善内部治理结构"在"双一流"建设中的地位和作用。学科治理是现代高校治理体系的重要组成部分，也是推进高等教育内涵式发展的重要内容。从现代高校治理发展趋势来看，学科建设应从以政府为主导的行政化管理向政府、高校、教师群体、学生群体和社会行业等多元主体共治转变。这不仅体现了学科治理的民主，更有利于促进学科治理价值、权力、利益和责任的平衡，从而促进学科治理结构和治理能力现代化。高校教师群体作为高等教育的核心要素之一，其价值理念、利益诉求和学术职业活动等将对学科治理目标、内容和类型产生深远的影响。从学科发展实践来看，教师参与学科治理还较多流于形式，体制机制也不顺畅，教师参与范畴和权责不明等问题普遍存在，教师的参与权尚未真正得以落实。在学界，对该问题的研究也较为阙如。为此，在国家实施"双一流"建

① 顾海良. "双一流"建设要坚持以学科建设为基础[J]. 中国高等教育，2017（19）：15-16

设的背景下，有必要从价值、现实困境和路径等方面对教师参与学科治理进行深入探讨，为现代大学学科治理的理论研究和实践奠定基础。

一、高校教师参与学科治理的价值逻辑与现实意义[①]

（一）彰显学科的本质内涵与现实要义

学科是人类发展过程中对各类知识认识、深化、实践和运用的产物和集合体。学科的本质是知识的体系化，而知识体系化的过程应有制度安排作为保障。因此，学科是知识体系，学科建设就是知识生产的过程。[②]同时，学科建设也是知识体系化过程中的制度安排。因此，学科建设既是一个知识体系构建过程，也是一个制度安排过程。高校教师作为知识传播、生产及应用的主体，无论从其职业活动的对象、方式还是目标来看，高校教师参与学科治理都是学科发展的应有之义，体现了学科的本质内涵。具体表现在以下几个方面。首先，高校教师是知识创新的主要来源。从历史渊源来看，人们通过对知识进行探索形成了一定的学科，可追溯到古希腊的"七艺"和中世纪大学的文学、神学、医学和法学。人们要想获得这些学科知识，除了自己学习和探索外，主要还得依靠教师的传授和引导。教师在传授这些知识之前，必须进行学习、实践，掌握并精通这些知识。到了近现代社会，随着人类认知能力的提升及认知世界手段的多样化，知识日益丰富，知识的分类也日益纷繁复杂。在人才培养方面，高校教师除了传授课程知识外，还需要传授最新及前沿知识。在学术研究方面，除了基础性研究外，高校教师还需要进行战略性和应用性研究。从本质意义上讲，人才培养和学术研究都是知识的认知、深化和创新范畴，也是学科建设的范畴，因此高校教师的人才培养和学术研究活动反映了学科的本质内涵。其次，高校教师是学科制度安排的重要参与者。学科制度就是为知识生产而

---

① 杨超. "双一流"建设背景下大学教师参与学科治理的困境及路径[J]. 学位与研究生教育，2018（9）：39-45

② 瞿振元. 知识生产视角下的学科建设[J]. 中国高教研究，2019（9）：7-11

安排的制度，是特定的科学研究行为准则和支撑学科发展与完善的基础结构体系①，是围绕知识生产构建的一系列学科"规范"或学术"规训"②。新制度主义认为，制度变迁包括自上而下的强制性变迁和自下而上的渐进性变迁两种方式。渐进性制度变迁则是制度建设中"接地气"的重要保障，高校教师作为最为基层的知识传授、创新和应用者，他们对学生学习的需求和特点、学科知识发展状况与理论前沿、学术研究的基本点和热点等有着一定的了解，能够发现高校学科建设存在的不足与瓶颈，尤其是对学科目标是否准确、学科方向是否凝练、科学研究成果是否聚焦、上级部门的制度是否能落实等问题有着较为清晰的认知与实践，能够反映基层对学科建设的现实诉求，为学科建设制度的制定与实施提供了"土壤"。

（二）助推高校学科治理体系和治理能力的现代化

党的十八届三中全会提出了"推进国家治理体系和治理能力现代化"。高校治理是国家治理体系的重要组成部分，治理能力现代化也是高校内部治理的时代要求和发展方向。学科治理是高校治理的重要内容，学科治理应打破传统学科建设的观念和行为方式，从被动建设向主动治理转变，从管理部门主导向基层学术组织主导转变，从单一主体向多样化主体转变。高校的学科治理既涉及协调外部高校与政府的关系，也涉及协调大学内部学科组织与学术组织、学科与教师群体、教师与学生之间的关系。高校教师参与学科治理更多体现的是学科治理内部关系问题。教师群体是大学作为学术组织的核心构成要素，是大学实现人才培养、科学研究、社会服务和文化传承的直接主体。高等教育发展史证明，无论是中世纪的知识分子通过与教会、王权斗争而获得学术自治权，还是近现代社会德国讲座教授制和美国大学教授会终身教授制度的确立，都反映了高校教师利用自身独特的职业角色、身份和知识权威等参与学科发展目标与定位确立、学科团队与平台建设、学科专业课程设置等学科事务决策的历史事实。如今，各国制定的高等教育法律法规和制度也有体现教师参与大学治理的内容，形成了具有借鉴意义的教师参与学科治理的模式和

① 方文. 社会心理学的演化：一种学科制度视角[J]. 中国社会科学，2001（6）：126-136，207

② 王建华. 学科、学科制度、学科建制与学科建设[J]. 江苏高教，2003（3）：54-56

方法。因此，教师的参与，既为高校学科治理营造了公平民主、自主发展、多元共治的制度环境，也为提升高校的学科治理能力奠定了坚实的基础。

此外，从学科治理发展的历程来看，学科治理经历了从“人治”到“法治”再到“善治”的过程。“人治”体现的是权威人物的个人意志，“法治”反映的是法律法规的国家意志，而“善治”则彰显了学术人文环境的社会意志。高校参与学科治理，是现代大学民主共治的集中表现，是对教师在推动学术发展、知识创新和社会进步方面的作用的充分肯定，与现代大学治理的理念、目标和内涵具有高度一致性。因此，教师参与学科治理既是学科治理的应有之义，也是推进学科治理能力现代化的重要方式和手段。

（三）平衡各相关主体的利益诉求

学科治理既是人力、物力和财力资源合理配置的过程，也是学科发展各利益相关主体之间权力和资源的分配及利益平衡的过程。权力和利益同时存在，且具有一定的对等性。权力是维护利益的重要保障，而利益是获得更大权力的动力和来源。学科治理是政府、高校、学院（系）、教师群体甚至学生群体等多元利益相关主体利益表达及不断博弈的结果。从各国的高等教育体制来看，在众多利益主体中，政府和高校是最具合法性的治理主体。无论是政府办学自主权的下放还是高校自主办学，更多代表的是管理者的利益，维护的是行政权力。政府和高校掌握着经费投入、人力和物力资源分配、学科制度建设方面的主动权，这都是学科治理必不可少的外在保障条件。但是，高校的本质属性在于学术性和专业性，在高校的权力体系之中，除了行政权力之外，还存在代表学术组织、教师群体和学生群体利益的学术权力。学术权力是彰显高校本质属性和教师职业特征的权力形态，强调学术自由和自治，其中“教授治学”是其典型特征。基于此，以教授为代表的教师群体也理应成为学科治理的主体。他们代表了基层学术组织（二级学院）教师群体的利益诉求，维护着学术权力和权威。因为从应然层面来看，基层学院及其教师群体对学科发展目标与定位、学科团队与平台建设和学科专业设置等重大学术事务具有一定的决策权。

高等教育发展遵循一定的政治逻辑和认知逻辑。学科治理过程中多元主体利益博弈是客观存在且合理的，行政权力和学术权力都具有自身存在的价值和合理性。教师群体作为学术权力的主体，应让其实质性地参与学科治理的顶层设计，赋予其参与学校重大学科建设事务的话语权、监督权和决策权。因此，高校教师参与学科治理，利用教师的特长进行权力和决策分工，打破传统行政权力绝对主导的治理样态，既彰显了高校教师群体的专业性、学术性特征，也满足了其利益诉求，更是平衡高校学科治理各主体利益的重要途径。

（四）提升高校教师的专业化水平

学科是知识生产及积累的产物，且具有知识传承、知识创新的价值和功能。学科建设的逻辑起点既体现了繁荣学术研究的需求，也体现了提升人才培养质量的要求。人才培养是学科建设的根本目标，人才培养会促进学科建设，而学科建设则能反哺人才培养。因此，从内涵上讲，作为人才培养主体的高校教师，参与学科治理不仅仅是参与学科组织构建、学科团队和平台打造、学位点申报与评估和重大学科事务决策等事务，还包括通过教学、科研和社会服务等支持学科发展。教师的人才培养和科学研究水平反映了教师参与学科治理的基础与实践能力，也反映了教师群体的专业化水平。教师专业化不仅是各专业活动过程的专业化，也是各专业要素的专业化。其中，各专业要素的专业化既包括学科专业知识和能力、教育知识和能力的专业化，也包括专业意识、专业品质等要素的专业化。现代大学的学科建设呈现出三种形态，即学科组织形态、学科知识形态及学科活动形态。①高校教师通过参与学科组织建设、学科知识传承与创新和学科活动管理等的治理，深化自身的专业认知，丰富专业素养结构，培育专业情感，指引专业行为。这一方面反映了学科建设在服务人才培养、科学研究和区域经济社会发展中的价值和功能；另一方面也反映了学科建设与教师专业能力之间的密切关系，对于提升教师群体的专业化水平具有重要意义。

① 康翠萍. 学术自由视野下的大学发展[J]. 教育研究，2007（9）：55-58，70

二、高校教师参与学科治理的主要现实困境[①]

（一）学科管理行政化制约了学科治理的自主性

从事物发展的规律来看，学科治理应该遵循学科发展的内在逻辑和外在逻辑。内在逻辑强调学科是传播知识、发展知识和完善人类知识体系的重要载体，知识生产与创新是学科治理的出发点和归宿，学科治理应该彰显知识生产的基本特征——自主性，即尊重知识生产主体尤其是教师群体在人才培养、科学研究和文化传承等方面的自主性，使其自主确立研究方向及领域、自主构建学术组织和团队、自主开设课程等。当然，自主性并不代表无序性，相反更需要规范的行政管理，因为规范的行政管理能优化学科资源配置，增强学科治理的自主性。然而，行政管理不等于行政化管理。当前，我国学科建设还存在一定的行政化倾向，在“重点学科建设”这一导向下，在某种程度上形成了纵向垂直的行政化学科建设模式。在某些地方，政府对学科建设的政策制定、经费投入、资源分配等起着主导作用。高校作为政策的执行者，还未充分发挥办学自主权，学科管理方式存在机械化现象，在一定程度上影响了学科建设制度和方法的创新。

学科建设应然状态的自主性与实然状态的行政化之间的矛盾，导致高校学科建设难以彰显知识生产的本质属性，学科建设的自主性受到压制，影响了教师参与学科治理的积极性，导致学科治理的价值失范和利益主体权责失衡。

（二）教师权责边界模糊制约了学科治理的民主性

学科治理的内容具有多样性，是集学科方向凝练、学科团队和平台建设、科研项目申报、学科学位点建设、学科制度环境营造等内容于一体的基础性和综合性工程。[②]学科治理离不开财力、物力和制度的保障，更离不开各利益主体的民主参与。

---

① 杨超. “双一流”建设背景下大学教师参与学科治理的困境及路径[J]. 学位与研究生教育，2018（9）：39-45

② 谢桂华. 关于学科建设的若干问题[J]. 高等教育研究，2002（5）：46-52

民主性是现代大学治理的基本原则和特征。学科治理的民主性，要求尊重和赋予各主体平等的参与权和表达权，充分考虑各主体的利益诉求，要求高校教师群体并非仅仅是学科学位点申报、建设及评估等过程中的事务性工作的参与者，更应是学校和二级学院重大学科事务决策的直接参与者，且在决策中充分保障决策内容、程序的公开和民主。

学科治理离不开教师群体的民主参与，但是民主性不代表其权限无边界，民主性原则如若应用不当，则会带来各主体间的权责不清和边界模糊等问题。从世界各国高等教育改革与发展的做法来看，教师参与虽然已成为共识，但受教师角色多样化、专业化程度和认知有限性等因素的影响，教师参与学科治理的能力、范畴、权限与边界等的有效性和合理性也受到了较多的质疑，难以获得公众的普遍认可，即教师参与的合法性危机问题。这种危机不是源自教师是否要参与，而是源自教师如何参与、参与什么。民主性增强了教师参与学科治理形式上的合理性，即教师参与范畴和内容的广泛性，但从实践来看，形式上的合理性往往未必带来实质上的有效性。因为“教学者”“研究者”是高校教师扮演的主要角色，教师过多参与琐碎的行政事务，不仅会分散其从事主业的精力，也未必有助于提高治理效率，现实中，教师并非都对参与学科建设感兴趣。[①]此外，正如英国学者阿什比（Ashby）所言："由于教师不可避免地既忠诚于他们所专的学科，又忠诚于他们所服务的大学，这样就使大学领导者促使大学完成目标的任务复杂化了……当然，教授对于专业的忠诚与他对于大学的忠诚，大体上可能是一致的，而且绝大部分是不矛盾的。但是在讨论化学系有关的问题时，就出现矛盾了，教授往往不是站在整个大学立场来考虑问题，而是很自然地从大学化学系的利益出发来考虑问题的。"[②]因此，如果教师参与治理的出发点有偏误，参与权限范畴未得到清晰的划定及参与能力不足，则会导致教师权责边界模糊，不仅难以取得预期的成效，甚至还会成为阻碍治理的关键性因素，也难以真正体现参与的民主性。

---

① 阎光才．高校教师参与治理的困惑及其现实内涵[J]．中国高教研究，2017（7）：6-11

② [英]阿什比．科技发达时代的大学教育[M]．滕大春，滕大生，译．北京：人民教育出版社，1983：101

（三）学科治理的工具价值制约了理性价值的凸显

美国著名高等教育专家约翰·布鲁贝克（John Brubacher）认为，高等教育哲学观包括认识论和政治论。认识论哲学观强调高等教育的价值在于把以"闲逸的好奇"精神追求知识作为目的。[①]探索真理是大学教师的根本使命，因此依据学科各要素而进行的学科治理，应以创新知识为重要目标，遵循学科自身发展的内在逻辑，彰显学科治理的理性价值。政治论哲学观则强调，高等教育的价值更在于满足社会发展需要。人们探讨深奥的知识不仅是出于闲逸的好奇，而且还是因为它对国家发展有着深远的影响。如果没有学院和大学，那么想理解我们复杂社会的复杂问题，几乎就是不可能的了，更不用说解决问题了。[②]高校教师的根本使命在于通过培养人才、发展科学和服务社会促进社会经济发展。

现代社会，随着知识生产模式由"模式 1"向"模式 2"甚至"模式 3"的转变，知识生产更加注重情境性和应用性，更加注重知识的社会服务功能。[③]因此，学科发展与知识的应用性和实践性的联系更加紧密，高校教师与高校、政府、社会的关系不再仅仅基于知识探索和学术发展本身，而是基于社会问责的契约关系。在契约关系中，政府和社会通过经费投入、人才需求等形式对高校及教师提出问责和利益诉求。教师参与学科治理的学术职业活动不再是自主的，而是被动的；教师参与的地位也不再是平等的，而是附属的。这时学科治理的价值追求由知识理性向工具价值转变，教师参与学科治理的角色、目标、内容和手段被"绩效至上"的学科建设评价导向形塑。教师参与学科治理更加功利化，学科建设商品化和市场化的导向日益明显，学科建设的知识创新被弱化且被知识应用替代，学科建设成效与政府政策导向、高校成果量化指标及社会行业企业的需求相挂钩。

在学科建设实践中，教师参与学科治理的理性价值和工具价值之间的矛盾客

---

① [美]约翰·S. 布鲁贝克. 高等教育哲学[M]. 王承绪，郑继伟，张维平，等，译. 杭州：浙江教育出版社，2002：13

② [美]约翰·S. 布鲁贝克. 高等教育哲学[M]. 王承绪，郑继伟，张维平，等，译. 杭州：浙江教育出版社，2002：15

③ Gibbons M，Trow M，Scott P，et al. The New Production of Knowledge：The Dynamics of Science and Research in Contemporary Societies[M]. London：Sage，1994：7

观存在，但并非不可调和，受现行学科体制和传统学科建设文化的影响，工具价值逐步成为学科建设的主导价值观，而理性价值被日渐消解，导致了教师参与学科治理的价值观多元化及角色冲突，教师参与行为出现功利化，难以实现教师参与学科治理的要义。

三、提升高校教师参与学科治理效率的主要策略①

（一）明确教师参与学科治理的理念与范畴

理念具有先导性，对人的行为具有引导作用。高校教师参与学科治理与是否有科学合理的理念指导密切相关。从高等教育发展规律、现代大学治理的内涵与特征以及高校教师职业的特点来看，高校教师参与学科治理应以民主参与、权力共享和"情-利-权-责"一体化等理念作为指导。

1. 教师参与学科治理的前提：民主参与和公共性原则

民主参与是指教师群体在参与学科治理过程中应与其他主体（政府、高校等）拥有平等的参与决策、表达利益诉求和监督决策的实施等权利，教师的主体地位和权利应在实践中得到认可，并在国家法律规章和学校规章制度中得到落实。教师民主参与理念的确立，一方面来自政府、教育行政部门和高校的制度与规则设计。教育行政部门和大学管理者应充分相信教师群体以教学、科学研究、学科建设等形式参与学科治理的能力。政府应以现代多元共治理念为指导，在宏观调控下扩大高校学科治理的自主权，以制度化设计保障"教授治学"和教师民主参与理念的确立和具体落实。另一方面，来自教师群体自身的治理意识和能力。高校教师群体，尤其是教授或学术精英群体应发挥自身具有的紧跟学科专业理论前沿、参与教学实践改革以及密切联系社会等方面的优势，开展学科理论研究、研判学科发展趋势、探

① 杨超．"双一流"建设背景下大学教师参与学科治理的困境及路径[J]．学位与研究生教育，2018（9）：39-45

索学科建设决策机制和创新学科发展模式，有意识地指导或参与政府和高校学科建设决策，不断提升自身的参与治理能力。此外，教师民主参与还应体现在公共性层面。有学者的研究表明，高校教师普遍具有参与学术咨询和决策的愿望。他们希望通过参与学术管理，为促进学术共同体的发展服务，同时也使自身的高深专业知识得到尊重和认可。[①]因此，教师群体应增强参与学科治理的认同感、责任感和使命感，深刻理解学科治理的内涵与内容，把学科建设的公共性与教师教学、科研、社会服务和文化传承等个体学术职业活动紧密联系在一起，在保障公共性利益的基础上获得个体利益。

2. 教师参与学科治理的保障：权力共享

权力来源于利益诉求，是维护特定群体利益的手段。学科治理的实质就是要协调学科发展各利益主体之间的关系。因此，学科治理权力的主体、类型并非具有单一性，而是具有多样性。权力也并非为哪个主体所独有，而应是多个主体共享。"权力共享"是指一个国家或组织内的所有成员有权分享各种权力和相关资源。[②]"权力共享"是相对于"权力集中"而言的，在学科治理领域，权力共享理念在抑制学科组织及其成员之间的利益冲突和驱动组织良性运转等方面具有积极作用。这是因为在一所被划分为不同学科专业、学术组织和管理机构的高校中，学科治理的权力共享制度和程序能为各利益主体提供权益保障，能将学科建设中的利益"冲突者"转变为利益的"合作者""共享者"。此外，学科治理主体权力共享理念能在很大程度上激发他们从事学科治理及学术活动的内在动机，在高校学科治理中建立起一种广泛的、有益的、促进合作的及全新的学科治理机制。正如有学者所言："告诉教师每件事情，与他们分享你每个瞬间的每一点信息，特别是邀请他们发表意见，教师就乐于把治理交给你……即使相互间不具有达成一致的前提，这种方式也会让你从中受益。"[③]

---

① 李琳琳，黎万红，杜屏. 大学教师参与学术管理的实证研究[J]. 全球教育展望，2015（4）：35，61-69

② 刘乐明. 权力共享与民主驱动——皮帕·诺里斯的权力共享理论述评[J]. 国外理论动态，2015（5）：97-106

③ Fish S. Shared governance：Democracy is not an educational idea[J]. Change：The Magazine of Higher Learning，2007（2）：8-13

（二）构建教师参与学科治理的"情-利-权-责"一体化激励机制

从高校教师工作的常态来看，教师参与学科治理通常被认为是其"分外之事"或"职责外之事"。无论是从职业分工还是精力方面来讲，参与科学治理并非教师必须做的，教师参与的动力和意愿也有限。美国学者克拉克·克尔通过调查认为，"教师们十分勉强地参与学术委员会，也不大情愿为此耗费有限时间。他们非常勉强地承担参与大学相关事务的责任，而是更愿意关注自己的学术事务"①。但是，从高校和学科发展的应然状态来看，教师参与学科治理又是必要的，是彰显高等教育本质属性和实现学科内涵式发展的必然选择。从学校层面讲，一所学校整体学科水平的提升，是影响高校办学经费来源、办学声誉，甚至招生规模等的重要因素；从教师层面来讲，参与学科治理，提升自身所在学科专业的综合实力，才能为教师成长提供平台，并为其发展获得相应的教学和科研资源。因此，探讨教师参与学科治理的关键问题不在于是否需要参与，而是在于如何积极有效地促使教师参与，这就涉及如何激励的问题。按照激励理论，有效的治理依赖于治理主体的意愿和动机，因此高校应激发教师参与学科治理的积极性，需要构建"情-利-权-责"一体化激励机制，才能保障教师参与学科治理的长效运行。

1. 构建教师参与学科治理的"情"机制

教师参与学科治理的"情"包括认知层面的"治理知情权"和情感层面的"治理情怀"。按照心理学理论，动机产生的一个重要前提在于外在客观事物作用于大脑而对该事物产生的认知。激发教师参与学科治理动机的一个重要前提在于，教师能够及时获得学校学科发展现状及问题、重大学科事务决策等方面的信息。因此，学科治理应打破纵向行政化管理的传统，通过纵横交错的校院两级学术委员会、教代会等将学科建设事务信息公开，让教师群体及时了解其基本情况，让学科建设回归学术之本真和治理之要义。此外，还应培育教师参与学科治理之"情怀"。认知是基础，而最终能否参与和参与的效果如何，还与教师的"情怀"密切相关。"情怀"因素往往是教师参与治理的核心动力，教师对教育事业的热爱程度、对科学研

① Kerr C. The academic ethic and university teachers：A "disintegrating profession"？[J]. Minerva，1989（2-3）：139-156

究的奉献度、对学科专业的忠诚度等会直接影响教师参与学科治理的热情。因此，从大学管理层面来讲，学科管理部门应与学校其他部门，诸如人事、科研、教务等行政部门和各学院沟通，利用教师培训、科研项目和平台申报等机会加大对学科治理重要性的宣传，尤其是要加强“学科建设与教师自身利益密切相关”的宣传，从内在机制层面增强教师群体的学科治理责任感和使命感。

2. 构建教师参与学科治理的“利”机制

教师参与学科治理的“利”是指“利益表达”。蒂尔尼（Tierney）认为，高校参与治理可归纳为四种模式：法定模式、象征模式、协商模式和沟通模式。①但无论何种模式，其要得以实现，必须关注教师的利益问题，使教师获得尊严感和组织归属感。利益诉求是客观存在的，也是合理的，教师参与学科治理的利益包括自身利益和外部利益。自身利益主要涉及物质报酬、职务职称晋升和专业发展机会等方面，外部利益主要包括职业身份认同、社会声誉和影响力等方面。无论是内部利益还是外部利益的实现，都需要大学构建一套教师群体利益表达机制。首先，应明确利益表达的基本原则。教师参与学科治理的利益表达应坚持平等性和公共性原则。利益诉求是《中华人民共和国教育法》《中华人民共和国教师法》以及相关制度政策赋予教师的基本权利，每个教师都平等地享有。此外，教师个体利益诉求须建立在学校整体利益的基础上，个体利益不能与公共利益相违背。其次，应构建利益表达的程序和方式。高校学科管理部门应建立“领导信箱”“领导热线”“领导接待日”等表达方式和“广泛征求—高效整合—汇总上报—集中讨论—及时反馈—具体落实”的表达程序，确保教师合法利益表达的渠道畅通和有效落实。

3. 构建教师参与学科治理的“权-责”机制

教师参与学科治理的“权-责”是指“权利与责任”。现代公共管理理论认为，个体享有一定的权利，也需承担相应的责任，即“权责对等”原则。“权责对等”强调组织内的每个个体被赋予权利的同时，必须承担相应的职责。②政府和高校要

① Tierney W G. Competing Conceptions of Academic Governance[M]. Baltimore：John Hopkins University Press，2004：15-31

② ［美］罗伯特•N. 卢西尔. 管理学基础：概念、应用与技能提高[M]. 高俊山，戴淑芬，译. 北京：北京大学出版社，2011：201

打破教师参与学科治理的合法性"危机"，一个重要前提就是必须明确教师参与治理的权力和责任，这既有来自学科治理的外部要求，也有来自教师参与治理的内部要求。因此，对于高校学科管理部门来讲，应充分了解学科治理的内在规律和教师群体职业活动的局限性，结合我国法律法规赋予教师的权利，细化教师参与学科治理的知情权、参与权、利益共享权，同时建立教师参与学科治理的"权限负面清单"，明晰教师参与学科治理的权限和范畴，建立彰显"德、能、勤、绩"的多元化的教师参与学科治理评价指标，构建监督机制，制定相应的问责制度。此外，对于教师自身而言，应通过加强培训与学习以及自我反思，提升教师参与学科治理的能力和增强责任意识。

（三）完善以行政为主导的教师参与学科治理保障制度

1. 做好政府推进教师参与学科治理的顶层制度设计

国家层面的法律法规和政策是教师参与治理的法理合法性来源。多年来，我国已通过颁布多个法律法规和政策逐渐确立了教师参与大学治理的合法性。《中华人民共和国教师法》指出，教师具有参与学校的民主管理和监督的权利。《中华人民共和国教育法》明确指出，学校"保障教职工参与民主管理和监督"。《中华人民共和国高等教育法》指出，"高等学校通过以教师为主体的教职工代表大会等组织形式，依法保障教职工参与民主管理和监督，维护教职工合法权益"。《国家中长期教育改革和发展规划纲要（2010—2020年）》明确了教授的作用，指出"探索教授治学的有效途径，充分发挥教授在教学、学术研究和学校管理中的作用"。《国家教育事业发展第十二个五年规划》进一步明确指出："保障教师和学生的民主管理权……推进高等学校科学民主决策机制建设，克服学校内部治理上的行政化倾向。"国家法律法规和政策文件的颁布，提出了教师参与学校治理的宏观路径，也为教师参与学校治理指明了方向。

然而，从制度的体系性和完整性来看，制度不仅需要制定，更要得以执行和落实，且制度的执行是一个自上而下不断落实的过程。但从现实来看，我国各级政府在学科建设宏观调控和监督方面的作用及效果不是特别明显。因此，无论是中央政府还是地方政府，在国家学科治理体系中，不仅仅是政策的制定者和执行者，更应该是参与者。政府应在国家法律法规的框架下，发挥学科治理承上启下的作用，明确自身在推进教师参与学科治理中的地位和权责，制定教师参与学科治理的具体实施细则和办法，明确操作程序、流程和评价标准，对上满足了国家法规完善的需要，对下为高校推进教师参与学科治理提供了具有可行性和操作性的参考。

2. 创新推进教师参与学科治理的学科组织结构

高校学科组织是教师参与学科治理的直接载体。推进学科组织结构创新和协调各组织间的关系，是促进教师民主参与学科治理的重要保障。学科组织既包括学科行政管理组织，也包括学科学术组织。因此，学科组织的完善与创新，应紧紧围绕构建行政组织和学术组织的新型关系进行。

一是应建立以教授为主体的"学术委员会"学科决策机制。高校学术委员会是教师参与高校治理的核心组织。2015 年，国务院印发的《统筹推进世界一流大学和一流学科建设总体方案的通知》指出："健全以学术委员会为核心的学术管理体系与组织架构，充分发挥其在学科建设、学术评价、学术发展和学风建设等方面的重要作用。"为此，教师参与学科治理应打破传统的行政权力和学术权力为一体的学科决策模式，明确行政组织和学术组织之间的权责关系。无论是校级还是院级层面，行政管理组织的职责主要都在于处理日常行政事务和提供学科建设的资源与条件保障，无权对学科发展中的重大问题进行决策。以教授为主体的"学术委员会"应发挥其在学科发展规划制定、学科方向凝练、学科带头人遴选、学术团队引进等方面的主导性作用。因此，高校应强化校院两级学术委员会在学科治理中的决策地位，让学科带头人、学科领域知名教授、普通教师代表参与其中，充分体现学科治理的民主性和开放性。

二是建立行政领导与学科带头人的分离协同机制，发挥学科带头人的独特作用。从现实来看，一些高校的学科建设存在学科资源垄断和学科权力膨胀等突出问题。该问题产生的一个重要原因在于，学科带头人和行政领导的一体化。不同于行政事务，学术事务需要靠学术思维加以解决，需要在某一学科领域具有深厚造诣的专家或学者作为学科带头人带领教师群体参与学科治理。学科带头人是指某一学科、专业内具有很高声望，在国内外被公认为学术造诣高深，并在该学科、专业的建设和发展中有重要影响甚至起主导作用的专家学者。因此，学科带头人确立也应成为教师参与学科治理的重要组成部分。高校应在学科治理制度和运行机制建设中，制定学科带头人公开竞选的条件、程序和规则，明确学科带头人在科研成果产出、团队建设、资源整合及社会贡献等方面的评价指标，确保其带领教师参与学科治理的效果。

第三节　社会兼职：当代高校教师"社会人"职业角色的新趋势

随着我国"双一流"建设战略的提出，一流师资成为影响一流大学建设的关键性因素。[①]一流师资服务社会的水平直接影响着高校的办学水平和社会声誉，也成为衡量一流大学建设的重要指标。当代社会，高校教师走出"象牙塔"，从事社会兼职活动，直接参与知识生产和应用，已成为高校教师"社会人"职业角色的新样态。高校教师社会兼职活动是指教师利用业余时间在校外为第三方提供知识和智力服务，以获取经济报酬、社会资源、信息资源及提升自身职业发展能力和社会影响力的职业行为方式。社会兼职是高校教师知识价值的社会表达方式，也是高校提升社会影响力的重要途径。近些年来，随着高等教育与社会的联系更加紧密，高等教育的社会经济功能更加凸显，社会兼职俨然已成为高校教师履行职责和使命、扮演角色的新样态，教师社会兼职问题也日益成为我国政府、高校关注的热点话题。2016 年，中共中央办公厅、国务院办公厅印发《关于实行以增加知识价值为导向分配政策的若干意见》，指出"允许科研人员和教师依法依规适度兼职兼薪"，为教

① 谈哲敏. 师资队伍是"双一流"建设的核心[J]. 中国高等教育，2017（Z1）：26-28

师社会兼职活动提供了合法性基础。基于社会环境和政策背景，政府和许多高校对教师社会兼职活动的态度由原来单纯的“限制”转为“鼓励”与“规范”并举，高校教师的社会兼职活动更加深入、开放和多样。但是，由于受知识资本化、教师功利性动机及制度环境等方面因素的影响，教师社会兼职活动也呈现出了一些负面现象，如过度追求经济利益、忽视人才培养和学术研究、教师学术伦理缺失和管理不规范等，这也引起了人们对教师社会兼职活动规范性的审视与反思。2018 年，教育部颁布的《新时代高校教师职业行为十项准则》强调，教师不得擅自从事影响教育教学本职工作的兼职兼薪行为，进一步强化了规范教师社会兼职的现实性和重要性。因此，如何理性判别高校教师社会兼职活动并进行科学的治理，是深化高校教师职业角色认知，建设高水平师资队伍的关键性问题。

一、高校教师社会兼职角色的内在价值逻辑：知识增值

（一）知识增值与高校教师社会兼职活动

知识是人们在改造世界的实践中获得的认识和经验的总和，或者是指学术、文化与学问。[①]知识增值是指知识价值的增加。知识体现的价值并非恒定不变的，而是会随着时间、空间和主体的变化而发生变化。随着人类社会的进步和发展，以及知识呈几何级增长，人们能接触的知识日益增多。知识量增加到一定程度会引起质的变化，以适应一定时期人们的价值需求。何为“知识增值”？“知识增值”是一个“知识价值链”问题，是知识价值链中各个活动或环节共同作用的结果。有学者认为，知识价值链包括知识获取、知识选择、知识创造、知识内部化和知识外部化等五个活动。[②]还有学者认为，知识价值链是一个整合模型，主要包括知识输入端（input knowledge）、知识活动端（knowledge activities）与价值输出端（oupt values）

① 中国社会科学院语言研究所词典编辑室. 现代汉语词典[Z]. 7 版. 北京：商务印书馆，2019：1678

② Holsapple C W，Singh M. The knowledge chain model：Activities for competitiveness[J]. Expert Systems with Applications，2001（1）：77-98

三个部分。①知识增值包括两个层次，即量增值与质增值。知识的量增值主要是通过知识共享管理来实现的，而知识的质增值则主要是通过知识创新管理而获得的。②

高深知识作为高等教育存在的基础，实现知识增值也是高校的活动与使命。从应然层面来看，高校教师的教学、科研与社会服务等活动是以知识为载体的知识增值活动。从"量增值"来看，知识增值存在于高校教师对知识的获取、储存、共享与应用之中，从"质增值"来看，知识存增值在于高校教师对知识的转化、迁移与创新之中。高校教师社会兼职活动不仅仅是显性经济利益的获得和社会声誉提升的过程，也是隐性知识增值的过程，不仅是在知识应用中增值，也是在知识转化中增值，还是在知识创新中增值。这种知识增值既是知识自身发展的需要，也是知识主体个体发展的需要，还是知识社会群体发展的需要。

（二）高校教师社会兼职角色的内在价值逻辑

1. 知识发展的需要

英国教育家约翰·亨利·纽曼认为，知识之所以真正高贵，之所以有价值，之所以值得追求，其原因不在于它的结果，而是因为知识内部含有一种科学或哲学的胚芽。③事物发展有其自身的内在逻辑性，知识也有其自身发展的逻辑性和客观性。此外，知识自身发展的逻辑性与人们认识知识之间并非完全具有同步性，人们对知识的认识程度可能会受到地理环境、文化交流、知识载体等的影响，造成人的认知落后于知识自身发展的速度。

此外，知识自我发展还与其自身的未知性与探索性密切相关。目前，人们对高深知识的探索，犹如水上冰山，只能窥其一角，还有许多未知领域等待人们去探索。高深知识是一个不断发展和变化的概念，即在不同历史时期和文化之中，高深

---

① Carlucci D，Marr B，Gianni S. The knowledge value chain：How intellectual capital impacts on business performance[J]. International Journal of Technology Management，2004（6-7）：575-590

② 李宝山，钱明辉. 论知识增值机制[J]. 山西财经大学学报，2003（6）：20-23

③ [英]约翰·亨利·纽曼. 大学的理想（节本）[M]. 徐辉，顾建新，何曙荣，译. 杭州：浙江教育出版社，2001：33

知识的内涵是不同的，其边界会随着人们认识能力的提高和知识价值观念的变化而变化。[①]任何知识发展都是从简单到复杂的螺旋上升过程，高深知识遵循其自身发展的逻辑性而在不断地丰富和完善，以适应和引领社会和个人发展。高校教师社会兼职活动应遵循高深知识发展的逻辑性，促进知识的自我增值，真正彰显教师社会兼职的本体价值。

2. 知识主体发展的需要

知识主体指的是对知识有认识和实践能力的人。在高等教育领域，知识主体包括高校教师与学生等。高校教师发展既遵循人发展的逻辑性，也有遵循作为高校教师职业发展的逻辑性，实现教师专业发展是其自身发展的重要目标和追求，这一目标和追求与高深知识密切相关。高校教师的职业活动，无论是知识传播、发现、创造还是应用，都离不开对高深知识的学习与自我更新。约翰·亨利·纽曼在其著作《大学的理想》中指出，无论环境多么恶劣，都不能扼杀渴求知识的欲望。[②]高深知识的未知性成为高校教师进行职业活动的内在动力，而高校教师参与社会兼职就是其追求高深知识的一条重要途径。此外，高校教师适应跨学科领域发展，打破囿于狭隘的专业知识，走向社会，参与社会兼职活动，也是教师跳出学科舒适圈，实现知识社会增值的一条重要途径。

3. 社会知识群体发展的需要

知识主体的集聚形成了知识社会。现代知识社会是一个以知识创新为核心的社会，社会知识群体的职业性质要求接受更高层次的知识教育。社会对知识群体的需要，成了促进知识价值增值的重要力量，而知识价值增值往往需要通过改变知识结构与知识生产方式来实现。一方面，传统的数学、物理、化学等基础学科按照社会群体需要重组成信息技术、生命科学、能源科学等学科，社会学科与人文学科相互渗透诞生了交叉学科；另一方面，以高深知识为基础的高新技术主导着科学技术的发展方向，极大地改变了知识价值的作用，并成为知识价值增值的源泉之一。也正是因为知识社会对知识的群体需求，知识尤其是高深知识更加呈现出专业化与

---

① 陈洪捷. 论高深知识与高等教育[J]. 北京大学教育评论，2006（4）：2-8，188

② [英]约翰·亨利·纽曼. 大学的理想（节本）[M]. 徐辉，顾建新，何曙荣，译. 杭州：浙江教育出版社，2001：24

综合化的特征。因此，在现代知识社会中，社会公众对高校教师的期望并不仅仅局限于其在高校内进行知识的传播、发现、创造，而应使知识价值得到更大的发挥。我国制定了一系列有关鼓励教师社会兼职的政策文件，如《教育部办公厅关于进一步加强和规范高校人才引进工作的若干意见》《关于实行以增加知识价值为导向分配政策的若干意见》等，鼓励高校教师通过合理参与社会兼职活动，把高深知识传递与应用到更多的社会群体中，以实现高深知识"1+1＞2"的社会价值。

二、高校教师社会兼职角色的双面效应

美国著名高等教育学者约翰·布鲁贝克认为，高等教育具有"认识论"和"政治论"的哲学基础。"认识论"强调高校教师应关注学术的客观性，以"闲暇好奇"的方式实现追求知识和真理的目标；而"政治论"强调高校应以服务国家和社会为目标。[①]从本质上来看，"认识论"和"政治论"的融合是高校教师社会兼职活动发生的内在和外在逻辑。高校教师社会兼职活动彰显了高深知识理性价值和工具价值的结合，是高校教师基于知识价值增值和社会智力资本需求而客观存在的职业行为与社会现象。客观存在事物可能会因行为主体的观念更新和客体环境的变化而产生不同效应。因此，有必要从辩证角度厘清高校教师社会兼职活动的双面效应，这是明晰高校教师社会兼职现实问题和发展方向的逻辑起点。

从高校教师社会兼职角色所发挥的作用来看，一是能提升高校的社会声誉和影响力。高校的社会声誉和影响力与高校教师的职业发展具有双向互动性，两者密不可分。高校教师校外兼课、公司企业兼职和学术团体兼职等活动都离不开其"母体"平台——高校。因为作为一种平台，高校自身就具有一定的社会影响力，它给予了教师参与社会兼职活动的资本要素，诸如职称、人才称号等人力资本影响要素，还有实验室、硬件设施等物力资本影响要素。教师通过利用母体平台——高校

---

① ［美］约翰·S. 布鲁贝克. 高等教育哲学［M］. 王承绪，郑继伟，张维平，等，译. 杭州：浙江教育出版社，2002：13

具有的资本要素，以社会兼职活动为桥梁，缩短了知识生产及转化的时间和降低了成本，提升了高校服务社会的效率，在彰显教师专业知识、专业能力的同时，也加深了社会公众对高校的认识和印象，提升了高校的社会声誉和影响力。二是满足了社会知识应用的诉求，彰显了高校服务社会的职能。服务社会是高校的重要职能，这既体现为高校为社会培养所需的各种高层次专门人才，也体现为高校生产知识，并将其转化、应用于社会生产。当今社会，随着知识经济的兴起和知识生产模式的转变，知识在发挥本体价值的同时，社会价值也日益凸显。高校教师作为高深知识的承载者，彰显知识的应用性、情境性和实践性日益成为教师学术职业发展的主要导向与行为方式。高校教师以知识为资本、以社会需求为导向、以社会兼职为方式，为政府、企业行业和社会组织提供知识性服务，而其属性无论是公共性还是营利性，其动机无论是内在的还是外在的，其方式无论是间接的政策咨询还是直接的生产力转化，都反映了教师社会兼职活动在推动社会进步、促进经济增长和文化传承等方面的积极作用，也凸显了教师社会兼职活动在高校服务社会中扮演的重要角色。三是检验教师教学科研的社会价值，提升教师的专业发展能力。社会对知识和人才的需求有着自身的特点，因此高校教师社会兼职的目标、内容、方式以及素质要求等有别于教师校内的职业活动。但就教师职业发展的本质来说，高校教师的教学、科研和社会服务是一个具有联系性、延续性和互补性的有机整体。教师人才培养目标的实现、教学质量的提升和效果的达成，需要接受社会或市场的检验。教师的科研导向、科研成果转化与应用效果也需要接受政府、市场和社会的检验。社会兼职能够使教师在与外部的联系中检验自己的教学和研究水平，与研究领域的实际需求和发展保持同步。①因此，高校教师社会兼职活动反映了教师校内教学科研活动与校外社会兼职行为的衔接性，是检验教师校内职业行为的“晴雨表”，反映了教师适应和应对外在环境变化的能力，也是永葆教师职业生命力的重要方式。四是增加教师的经济来源及收入。教师职业是一种以学术劳动获取报酬的职业。自教师职业产生以来，以知识传授、创新和应用获取报酬，谋求生存与发展，一直是教师职业的显著特征。在知识商品化和知识资本化日益凸显的今天，教师要么把自

① 吴合文. 高校教师兼职兼薪的角色冲突与制度设计[J]. 教育研究，2017（12）：104-111

身获得的知识内化为自身能力，要么将其外化为物质产品，通过专业人才培养、学术报告、企业咨询等社会兼职活动获取经济报酬或彰显职业身份。五是推动高校内部管理体制尤其是教师管理及评价体制的改革与完善。从教师社会兼职活动的动力机制来看，经济利益是重要的刺激源，反映了教师对现实生活生存质量提升的需要。但从教师的专业发展及价值实现来看，教师社会兼职活动也从另一个侧面反映了高校对教师职业贡献认同的满意度。由于现有高校内部管理体制机制的诸多不足，许多高校教师的职业能力、人才培养和学术研究成果等并未得到所在单位的认可，导致教师自我价值实现的程度较低。外在知识社会的开放性和包容性使得高校教师拥有更大展现自身能力的空间，高层次的自我价值也能更好地实现。因此，教师社会兼职兼薪活动可以成为高校内部管理体制改革的"晴雨表"，高校内部提升对教师劳动的认可度和待遇，尊重教师的劳动付出，为教师从事教学和科研提供优良的条件保障等，都成了高校内部管理体制机制改革与完善的出发点和落脚点。

正如硬币具有两面性，如果高校社会教师社会兼职活动得不到有效的规范和治理，则会产生一系列问题，具体表现为以下几个方面。

一是弱化了高校"育人"的本体功能。自中世纪大学产生以来，培养人才一直是高校的本体功能。因此，无论生产力水平、经济发展程度和社会环境如何变化，高校教师的教学、科研和社会服务以及职业活动都必须以培养人才为根本。从应然来层面来看，高校教师社会兼职作为服务社会的重要表现形式，是培养人才的延伸和拓展。但从实然层面来看，由于教师的时间、精力有限以及兼职动机的复杂，如果教师过度兼职，更多关注市场需求、追求效率和实用性以及丰厚的报酬，则不可避免地会导致其忽视本体性角色，在教学上敷衍了事甚至失职，进而会损害学生的基本权益①，把培养学生的扎实基本功、优良品德和健全人格等根本使命视作"副业"，这不仅违背了高等教育发展的内在规律，也违背了教师职业"教书育人"的本质要求。

在笔者的访谈调查中，一位调查对象谈道："随着教师生活压力的增大和市场经济的冲击，许多高校教师尤其是中青年教师，对教学及其培养人才越来越失去兴

① 徐秉国. 规范高校教师兼职要自律更要监管[N]. 中国教育报，2012-05-30

趣和动力，把更多的时间和精力花在校外社会兼职上。因为校外兼职工作能够带来更大的经济收益，至于校内教学工作，许多老师仅仅是应付完成基本教学工作量，而对校内教学及人才培养质量的关注很少。基于各种原因，许多教师难以充分保证指导和教育学生的时间，教学及育人甚至成为某些教师的‘附属’工作。”

此外，对学生的访谈也能从侧面反映出教师育人功能弱化的现实问题。

在笔者对学生的访谈调查中，一位调查对象谈道：“作为一名硕士研究生而言，提升自身的专业和科研能力是我们学习的主要目标，教师指导在这一过程中起着非常重要的作用。但是，在学习过程中，除了上课，我们很多时候都很难找到导师，给导师打电话时，老师一般都会说自己在开会、出差在外、做报告、上课等。有时有的同学很难约到老师讨论自己的学习情况和论文撰写情况，到了论文即将开题或答辩时，导师匆匆指导一下应付了事。当然，这种现象并不是普遍存在的，但还是有的。”

二是矮化了高校教师的职业形象。教师职业形象是高校教师身份社会化和知识权威性的外在表现，是维系教师职业荣誉和获得社会大众认可的重要影响因素。大学教师社会兼职活动促进了教师职业形象的社会化，扩大了教师职业的社会影响力。但是，如果教师过度兼职，把外部经费需求和获得外部市场认可看作主导自身学术职业活动的基本准则，过多追求个人名誉和经济效益，把崇高知识当作追逐利益的工具，成为取悦于市场和大众的“著名学者”或“学术明星”，不仅违背了教师“育人”的天职和追求真理的学术使命，也会致使教师在社会兼职中扮演的“商品人”“经济人”角色与社会公众期望的“教育者”“学术人”“社会知识权威”等角色产生矛盾。久而久之，教师在社会中的职业形象会被“矮化”。2014 年，国内学者余荔选取 13 个省份的 88 所高校的教师作为调查对象，研究了高校教师社会兼职问题。研究结果显示，约有 14.53%的高校教师参与校外兼职活动。但是，从自我评价来看，教师认为社会兼职有损其职业整体形象。一方面，在兼职的合法地位得到确立之前，兼职教师难免会产生身份认同的异化感和分裂感；另一方面，缺乏约束的社会兼职可能会产生违反职业规范等问题，从而影响教师的自我形象。①

---

① 余荔. 高校教师校外兼职的实证研究——基于角色冲突的视角[J]. 中国高教研究，2018（8）：53-59

由此可见，高校教师在市场化下形成社会兼职角色，其本质是市场化下大众文化和消费文化的产物。最终，有的高校教师需要适应市场逻辑和迎合市场选择，尽可能多地占有大众，而无法以严肃的学术为终身使命，可能会从崇高的知识精英转变为娱乐大众和追逐利益的工具，他们除了教学以外，什么都干，他是大公司、不动产机构、人力资源管理委员会的顾问；他建立了自己的研究室，由此出售研究服务和其所属学校的传统的公正声望。[①]正如有学者所言："当专家与社会相交往时，他们分析焦点问题的观点很难站在个人的独立立场上，这使得他们的知识服务常常只覆盖那些利益相关者，而非建立在整个社会文明和人类行为福祉之上。"[②]长此以往，由于职业伦理道德的失范，社会兼职角色最终损害的还是教师自身的形象，也会导致其在社会或人群中的地位不断矮化。笔者随机访谈了几家社会教育培训机构的负责人，他们对教师社会兼职行为的认识从一定程度上反映了高校教师社会兼职角色的"矮化"问题。

其中一位访谈对象谈道：我们作为一家教育培训机构，虽然盈利是重要目标，但我们在满足学员需求并提高过关率的同时，认识到教育培训也要遵循一定的客观规律。因此，我们对培训教师的素质要求也是较高的。一是教师应具备较强的教学能力，应对学生需求和知识体系有全面的掌握。教学质量是选择教师的首要标准。二是教师应具备教育者的情怀，教师与培训机构之间是相互理解的关系。但是，在现实中，我们会遇到一些这样的老师：经常以"专家""学者"的身份到我们培训机构应聘兼职，并提出各种不合理的要求。比如，有些教师不认真备课，随意讲授，教学质量不高，导致学员不满意，却把原因归结为学员上课的态度不认真等，甚至还向我们提出提高课酬的要求；有的教师课程还没结束，就向我们提出支付课酬的要求，甚至中途提出提高课酬的要求。这些行为很多是职业道德欠缺的表现，与学员和我们理想中的教师角色及身份出现了较为严重的偏离。当然，对于这样的教师，我们肯定是不会再次与其合作的。

---

① ［美］埃里克·古尔德. 公司文化中的大学——大学如何应对市场化压力[M]. 吕博，张鹿，译. 北京：北京大学出版社，2015：98

② 晏成步. 大学教师学术职业转型：基于知识资本的审视[J]. 教育研究，2018（5）：148-153

三是扰乱了高校内部正常的管理秩序。教育管理的本质在于通过规范教育人员的职业行为提升教育质量和水平。管理理论认为，管理目标达成和效率的提高，须建立在特定管理对象、管理场域之内，如果超出特定范围，其管理权限将失效甚至无用。高校教师管理制度是规范教师校内职业行为的基本准则，其在高校内部具有合法性与合理性。教师社会兼职活动所涉及的场域则超出了其所在高校的管理范畴，高校也难以对教师的社会兼职活动进行有效监管。但教师社会兼职如若发生不良甚至违法行为，其所在高校却难以规避责任。因此，对于高校而言，虽然教师社会兼职在一定程度上能提升学校的社会影响力，但由于缺乏有效的管理制度、监测体制和预防机制，势必会干扰教师的教学科研活动，从而扰乱高校内部正常的管理秩序。

三、高校教师社会兼职角色行为失范的多重原因

（一）主体性因素：教师个体经济利益追逐与学术伦理缺失并存

一是经济利益对教师职业活动的驱动。教师职业发展既需要专业理想、专业情意等精神层面的支撑，也需要经济报酬等物质层面的保障。从经济学的观点来看，高校教师作为重要的学术活动主体，获取经济报酬不仅是生存的重要基础，更是衡量社会认可度和受尊重程度的重要依据，它在很大程度上反映了教师的价值。现今，随着高等教育经费投入体制和人事与绩效等的改革，教师从高校内部获取充足的经费支持的难度越来越大、条件越来越严，教师的考核标准、程序变得更为复杂。教师专业发展意愿与经费不足之间的矛盾成为阻碍教师专业发展的重要瓶颈。相比较而言，随着知识经济时代的到来，社会对高层次专门性知识及人才的需求日益迫切，社会企业行业、社会组织用于购买知识性服务的经费支出却不断增长。这就为教师走出"象牙塔"，走向社会和市场，提供了经济动力和资本，教师知识生产的兴趣点也由"闲逸的好奇"向对利润的追逐转变。[①]教师通过社会兼职获

① 沈红，刘盛. 大学教师评价制度的物化逻辑及其二重性[J]. 教育研究，2016（3）：46-55

得高报酬的机会更多，途径和方式也更加多样化。在社会兼职中，教师的知识生产的公共性逐步被知识资本替代，教师社会兼职的物质属性不断被强化，知识生产的公共性被削弱。因此，无论是出于满足生活物质资料的需要，还是个体专业成长的需要，高报酬的经济刺激都成了高校教师改变原有职业状态、走向市场、参与社会资源分配的重要影响因素。

二是教师学术伦理的缺失。学术伦理是学术人在一定的经济基础和道德环境条件下，在处理学术活动中的利益关系时持有的道德观念和价值规则。[①]从本质上讲，高校教师的兼职活动也是一种以探求知识为目标的学术职业活动。但在对物质生活和经济利益的追求的影响下，工具理性在一定程度上成为主导性理念，个人利益和价值追求左右着教师的社会兼职活动，导致一些教师的社会兼职活动违背了学术伦理，假学术、伪学术不同程度地存在。从某种程度上而言，一些教师认为追求经济利益变得比发现、探索知识以及获得学术认可本身更为重要。一些教师的兼职行为变得急功近利，缺乏人文关怀和学术精神。一些教师的兼职行为着眼于个人利益，忽视了社会公共性。久而久之，就会造成教师社会兼职的目标、动机、行为方式和评价标准偏离高等教育的本质与教师的职业要求。

（二）保障性因素：教师管理制度与教师评价机制不完善

一是教师管理制度存在缺陷。学术性是教师职业的本质属性，高校教师管理制度不仅要起到约束和规范的作用，更要在保障教师学术自由、学术自主等方面发挥作用。教师社会兼职是发挥高校及其教师的学术价值，彰显其学术自主权的重要形态。因此，高校作为高校教师管理主体，制定相应管理制度的目的不在于限制教师的合理性行为，而在于约束和规范教师的不合理、不合法行为，保障其发挥学术价值和社会功用。但是，在实践中，由于高校对教师社会兼职的时间、类型、方式等缺乏科学的判断与监管，未能构建起教师社会兼职的信息登记制度，也没有明确违规兼职应该承担的责任，从而导致教师社会兼职管理制度"真空"状况的出现。尽管我国已经颁布了涉及教师社会兼职活动的规章，如《高等学校教师职业道德规

① 程孝良. 以学术伦理规范研究活动[N]. 中国社会科学报，2017-02-16

范》《关于实行以增加知识价值为导向分配政策的若干意见》《新时代高校教师职业行为十项准则》等都阐释了高校教师社会兼职的前提和条件，从国家意志层面明确了高校教师社会兼职的合法性，但大多以方向性、思路性的内容为主，对具体事宜缺乏明确的规定和说明。例如，对兼职类型、兼职时长、兼职过程中的劳资双方关系及要注意事项等都没有明确的规定，这种政策规定的模糊性难以有效指导教师社会兼职政策的实施。①

二是高校教师评价机制不合理。高校制定科学合理的评价机制，目的在于激发教师的积极性，提升教师的工作效率，发挥教师的价值。从高校职能来看，培养人才和发展科学是高校教师的主要使命，因此高校的学术和人才评价机制应着眼于维护和认同教师的人才培养与学术工作。但是，在实践中，由于行政管理泛化的管理机制和"学术 GDP"等管理和评价指标的存在，教师注重"育人"和潜心科研的职业行为并不能完全得到有效认同，其职业的物质报酬也未能得到充分体现；教师的职称评审、职务晋升、学术奖励等评价机制更加关注科研数量和社会影响力；教师绩效改革与评价重效率、轻过程，导致某些高校教师忽视了教书育人和基础研究，而是选择更能契合学校以效率为导向的评价机制的社会兼职活动。因此，可以说高校内部教师评价机制存在的问题，在很大程度上强化了教师的过度兼职兼薪活动。

（三）社会环境因素：外部资源过度依赖与制度环境欠佳

依据资源依赖理论，高校作为学术组织，为了维护自身的生存与发展，必须通过与外部环境进行交换获取优质资源。作为一个非物质资料生产机构，高校拥有的教育资源具有有限性和选择性。教师虽然是高校的主体性要素，但由于资源数量的有限性和配置的选择性，高校配置给每位教师的资源也是有限和存在差异的。基于此，高校教师通过社会兼职活动，以知识或智力产品为载体和交换基础，与政府、企业行业、社会组织进行交换，从而获得有助于自身发展的物质资源、人力资源、

① 起朝梅，刘梦华，张雅静，等. 高校教师兼职兼薪政策的社会认可度监测研究[J]. 高教发展与评估，2017（5）：91-102，117-118

社会资源和信息资源。但是，事物发展具有相互影响和制约性，高校教师在通过社会兼职获取外部资源的同时，也必然要对外部环境做出反应，即教师必然要满足政府、企业行业、社会组织的需求。然而，这样的需求可能合理也可能不合理，甚至是不合法，反映出了外部环境对教师社会兼职活动的制约。如果教师对外部资源过度依赖，则可能会导致教师社会兼职活动的目标、动机和行为方式不合理甚至不合法。

此外，教师社会兼职是连接高校与社会，并促使二者产生相互作用的重要载体。从现实来看，高校与企业是相对独立且性质不同的组织。高校是学术组织，其从事的是非营利性的公共活动，高校的制度供给和需求来源于其履行人才培养、学术研究和服务社会等职能；企业等大多以追逐经济利益和社会效益为根本目的，其制度供给和需求着眼于如何保障利益的最大化。因此，基于组织属性和目的的差异性，高校和企业组织对教师社会兼职的认知、态度及行为存在较大差异。高校认为兼职是教师个体自发的社会行为，其活动场域并非高校，高校不需要为其行为承担相应的责任；企业则认为自己只需在契约关系上对兼职教师提出符合自身利益的要求，而没有为其提供制度供给的"义务"。他们在制度供给上形成了各自的"壁垒"，教师社会兼职活动既缺乏高校的监督，也缺乏社会的监督，最终形成了"两不管"和"灰色地带"的制度环境。

四、高校教师社会兼职角色的时代特征

高校教师社会兼职活动具有两面性，因此，现代社会，在知识生产模式转型导致高校教师社会兼职的理念、价值取向、行为动机和制度环境等发生变化的情况下，高校教师社会兼职活动应彰显一定的时代特征，这是发挥教师社会兼职活动的知识价值、学术价值和社会价值的重要前提，也是政府、高校和社会公众应对教师社会兼职导致的现实问题并提出有效治理对策的重要前提。

（一）专业性

从本质上来看，高等教育活动是知识生产的过程，高校教师的使命在于传播、发现、创新及应用知识。高校教师的社会兼职既是一种社会化活动，也是专业知识的传播、创新和应用过程。首先，高校教师的知识具有专业性。高校教师以知识为载体从事社会兼职活动，促使高校、教师的发展需求与政府、企业行业、社会组织的需求相统一，这就需要围绕他们之间的共同利益而开展，更需要他们之间有着相同或相近的专业性知识。有了这样的知识，他们之间才有对话的可能性，需求才能具有一致性。例如，高校教师兼职的学术组织（学会、协会等）本质上是拥有相同或相近知识的学者聚集在一起，围绕本学科的建设与发展，探讨学科知识、组织构架和发展前景等专业性问题；高校教师兼职的企业行业，目的就是让教师将掌握的专业知识与企业行业技术研发相联系，以提升企业行业的经济效益和社会效益。其次，高校教师的能力具有专业性。教师社会兼职是以各利益相关者的共同利益需求及相互认可为重要前提的，尤其是市场对教师社会兼职需求的大小，与高校教师提供专业知识的能力及效率密切相关。在买方市场占主导的知识经济时代，企业在选择兼职教师的过程中具有主导权和优先选择权，满足自身的发展需求、提高经济效率和社会效益，成为其选择兼职教师的根本目的。

高校教师在市场经济中处于卖方市场地位，他们要在市场经济中寻求学术资源和获得个体发展，必须以提升自身的专业能力为根本。这种能力不仅包括专业知识和技能，还包括专业服务意识、专业沟通与交往能力、专业创新能力等。同时，这些能力要具备一定的竞争性和不可替代性，才能成为教师社会兼职中获得经济报酬和社会声誉的核心要素。当然，这些核心要素并非先天具备的，需要高校教师在职前专业学习、职后人才培养和学术研究中不断积累。因此，教师社会兼职能力的专业性离不开自身职业的专业化。

（二）应用性

高等教育发展的内在动力源于知识的发展与创新，知识创新的目标在于适应和引领社会经济的发展。这既需要基础性知识的创新，也需要应用性知识的创新。当今社会，高等教育知识生产模式由认知理性的基础性知识生产向工具理性的应用性知识生产转变，高校也通过培养人才和科学研究等活动直接服务于社会，加之以知识商品化为特征的"学术资本主义"的兴起，高校教师的社会兼职活动更加体现了知识的应用性。一是教师社会兼职目标的应用性。教师的社会兼职行为之所以能与市场发生联系，一个重要的原因在于教师以解决社会生活实际问题为目标。教师通过政府的政策导向、经验判断和实际调查，了解社会企业行业或社会组织解决实际问题的现实需求，尤其是对智力成果和人力资源的迫切需求。二是教师社会兼职效果评价的应用性。高校既是兼职教师的"母体"机构，也是教师社会兼职的受益者，但也可能会成为不良影响和风险的承担者。企业行业或社会组织是兼职教师的"雇主"，同时也是受益者和风险承担者。受社会的应用性知识需求及政府效率至上的教育投入体制的影响，高校、政府、企业和社会组织都较为一致性地将培养应用型人才、开展实用性科研作为衡量教师社会兼职成效的重要标准，教师也把应用性成果产出作为衡量自身的社会影响力的重要指标。

（三）伦理性

教师社会兼职既是教师专业知识社会化的过程，也是教师遵守和维护学术诚信、学术公平和学术规范的过程。教师社会兼职是在一定经济利益或社会影响力的刺激下，具有较为明确的目的的学术职业活动。一方面，知识成为资本并在市场上"交易"，教师社会兼职更能获得社会认同并彰显经济价值；另一方面，由于知识的权威性和专业性，社会公众对教师社会兼职有着较高的期待。这种期待不仅体现为教师的知识促进经济效益提升，更反映为教师弘扬社会道德风尚、维护公平正义、坚守诚信等学术伦理。学术伦理是教师在一定经济基础和道德环境条件下，在处理学术活动利益关系时具有的道德观念和价值规则。①从本质上讲，高校教师的社会兼职是以知识探求为目标，以知识应用为行为方式，促进社会进步的学术活动。在兼职活动中，教师势必要处理好校内和校外、学术追求与经济利益获取等之间的关

① 程孝良. 以学术伦理规范研究活动[N]. 中国社会科学报，2017-02-16

系，这就需要用求真、务实、公平等学术伦理和职业道德以规范教师的社会兼职行为，因为"提高整个人类道德风尚是每一个人的最终目标，不仅是整个社会的最终目标，而且也是学者在社会中全部工作的最终目标。学者的职责就是永远树立这个最终目标，当他在社会上做一切事情时都要首先想到这个目标……学者……应当成为他的时代道德最好的人，他应当代表他的时代可能达到的道德发展的最高水平"①。具体而言，学术伦理道德对教师社会兼职有导向作用，能够规定教师社会兼职的学术目标与价值追求；能够确定兼职教师的职业身份，彰显教师的社会声誉；能够指导教师的社会兼职实践，规范教师的兼职行为。

（四）制度性

社会兼职是高校教师通过自身的知识优势参与社会资源配置的产物。由于市场竞争性和利益博弈的存在，势必造成教师社会兼职活动的"无序性"和"混乱"。因此，为了平衡各利益主体的利益诉求和规避竞争的无序，需要既能彰显学术性又能体现市场性的制度作为保障。新制度主义理论认为，制度应由规章、规则及"文化-认知"三大体系构成。高校是兼职教师的"输出地"，社会行业、社会组织是兼职教师的"雇主"。首先，教师社会兼职的制度性既要反映高校的利益诉求，也要支持企业和社会组织的利益诉求。高校的基本职能是培养人才和发展科学，服务社会是其延伸职能。教师的社会兼职活动是高校培养人才和发展科学的延伸与质量验证。因此，教师社会兼职的制度构建，应从本质上反映高等教育的专业性特征和高校的学术性属性。其次，高校教师社会兼职的制度性既要反映教师社会兼职的一般性和共性，也要反映其差异性。共性在于反映了高校服务社会经济发展的职业理念，而差异性则在于教师社会兼职的性质、动机和类型不同。从性质上看，有的社会兼职以公益性和非营利性为主导，有的以经济性和营利性为主导。因此，政府和高校应基于性质和类型的差异性，构建教师社会兼职的分类审批、考核和监督制度。此外，教师社会兼职的制度性还应体现自主性与制约性并存。学术自主是高校的典型特征，但受现实高等教育资源的有限性和配置的行政化以及教师职业伦理

① ［德］费希特. 论学者的使命 人的使命［M］. 梁志学，沈真，译. 北京：商务印书馆，1984：45-46

失范等因素的影响，高校教师的社会兼职活动并非完全自由化，需要通过制度性因素加以规范和引导。

（五）利益相关主体多样性

高校教师社会兼职的影响具有多样性，既会对教师的知识结构、能力产生影响，也会对伦理道德、价值观、人生观和世界观产生影响；既会对政府决策、高校管理制度的实施产生影响，也会对企业行业的需求与发展方向产生影响；还会对社会公众（媒体、社会组织）的意识导向和行为方式产生影响。这些影响具有复杂性，而且会相互作用，与知识生产的多元利益相关主体的利益诉求密切相关。按照管理学组织理论的观点，如果教师社会兼职活动符合各利益相关主体（尤其是外部利益相关主体）的利益诉求，则教师的社会兼职行为及其形象将得到各主体的认同及强化。如果各主体的利益需求得不到有效满足，则各利益相关主体会改变对教师社会兼职的先前认知并产生质疑，也会产生否定和抵制教师社会兼职的意识与行为。这些都会作为外部社会绩效反馈至高校组织内部，从而影响高校对教师社会兼职的认知与评价，也会导致兼职教师的声誉危机以及高校加强对教师社会兼职行为的约束与限制。

因此，基于当代社会知识生产的多样性，政府和高校要最大限度地发挥教师社会兼职的效能，明确各利益相关主体的利益诉求，并处理好利益博弈关系。高校的利益诉求表现为：高校教师社会兼职应与高校人才培养和科学研究在方向上具有一致性，并在提升人才培养质量和学校影响力等方面发挥积极作用，教师社会兼职行为既要符合国家法律法规的要求，还应维护学校的社会声誉。政府的利益诉求表现为：教师社会兼职应遵循教育发展规律和国家的教育目的，为国家和区域重大战略发展提供智力支撑。企业的利益诉求表现为：教师的知识和智力活动能直接转化为生产力，在提高公司企业管理能力的基础上，提升经济效益和社会效益。社会组织或公众的利益诉求表现为：教师的社会兼职应维护教师的知识权威和社会形象，反映大众的公共意志及需求。教师自身的利益诉求表现为：通过社会兼职，彰显自身的知识价值和能力，在获得经济报酬的同时，提升自身的专业能力和社会声望，实现个人价值。总之，每个利益相关主体的利益诉求都有其现实性与合理性，但因各自所处的环境、利益诉求的差异，各主体之间的利益必然会存在冲突和博弈。

五、基于多重制度逻辑的高校教师社会兼职角色的优化①

（一）高校教师社会兼职活动中的多重制度逻辑

高校教师社会兼职活动是高等教育功能与社会政治、经济、文化交错融合的复杂活动领域，必须遵循一定的制度逻辑。何为制度逻辑？此概念最早由学者弗里德兰（Friedland）等提出，他们用“制度逻辑”来阐释社会制度中内生的、相互矛盾的实践与信念。②沃尔特•W. 鲍威尔（Walter W. Powell）等提出，制度逻辑是指任何制度秩序都会根据各自的中心逻辑建构其组织关系和制度安排，并塑造主体的行动机制与行为方式。③周雪光等认为，制度逻辑是指某一领域中稳定存在的制度安排和相应的活动机制④，强调了制度逻辑不仅是制度本身，而且是制度指导下的活动实践。从新制度主义理论来看，制度不仅仅是外显的具有强制性的规则体系，也是规范体系，还是一种自下而上的文化-认知体系，反映了制度逻辑的复杂性和多样性。从本质上讲，制度逻辑是一种价值取向指引下的行为模式，不同主体因所持有主导性制度逻辑的差异，活动的目标与行为方式各有不同。同时，其行为方式也会形塑、改变甚至强化各主体的不同制度逻辑。

高校教师社会兼职活动是高等教育发挥社会功能的重要组成部分，是社会系

① 杨超，黄小宾. 多重制度逻辑下高校教师兼职兼薪的现实困境及其破解路径[J]. 黑龙江高教研究，2022（2）：32-36

② Friedland R，Alford R R. Bringing society back in：Symbols，practices and institutional contradictions//A. O. Andrews，W. W. Powell，P. J. Dimaggio（Eds.），The New Institutionalism in Organizational Analysis[C]. Chicago：University of Chicago Press，1991：232-263

③ [美]沃尔特•W. 鲍威尔，[美]保罗•J. 迪马吉奥. 组织分析的新制度主义[M]. 姚伟，译. 上海：上海人民出版社，2008：35

④ 周雪光，艾云. 多重逻辑下的制度变迁：一个分析框架[J]. 中国社会科学，2010（4）：132-150，223

统中的一个单元和"细胞"，它既有相对独立的运行机制和制度体系，又与社会政治、经济、文化系统密切相关。此外，社会系统中各个子系统又有着相对独立的主体，且各自的利益诉求存在差异，因此政治、经济、文化和高等教育系统各主体有着各自的制度逻辑，并影响着各主体对教师社会兼职活动的认知、态度与行为方式。

一是政府的政治逻辑。基于国家的政治体制，我国高等教育发展具有典型的政策导向和管理行政化特征。国家和地方政府掌握着高等教育政策制定和经费投入的主导权。教师社会兼职不单纯是高校和教师的活动，而是应在政府的引导下符合国家法规政策的职业行为。政府的政治逻辑要求教师社会兼职须具有合法性，把维护国家公共利益作为教师从事兼职活动的原则性条件。教师社会兼职的动机、类型和范畴须符合党和国家"立德树人"的教育目的与方针。为此，政府将依据社会经济、文化和个人需求，自上而下地制定政策，通过宏观调控及创新教师学术制度，甚至通过社会问责保障教师社会兼职活动的合法性与合规定性，维护政府的权威和社会形象。

二是高校的学术与知识逻辑。高校是教师社会兼职活动的"母体"，高校的学科专业、课程体系、科研平台乃至培养对象都为教师从事兼职活动提供了前提条件。可以说，没有高校的依托，教师的职业身份和社会认可也无从谈起。由此可见，教师社会兼职离不开高校自身的制度逻辑。从本质来看，高校是一个以献身科学真理的探索和传播为志业的人们联合起来的机构[①]，是对处于高等教育系统目的和实质核心的知识材料，尤其是高深知识材料进行传播、发现和应用的专业性学术机构。[②]无论是约翰·纽曼和洪堡眼中的"象牙塔"内的纯粹性、闲暇式的理性知识，还是伯顿·克拉克（Burton Clark）、克拉克·科尔眼中的实用性的工具性知识；无论是知识生产"模式 1"中的情境性知识还是知识生产"模式 2""模式 3"中的应用性和创新性知识，高校都以"知识性"彰显着自身发展的规律和本质属性。

---

① ［德］卡尔·雅斯贝尔斯. 大学之理念［M］. 邱立波，译. 上海：上海人民出版社，2006：22

② ［美］伯顿·R. 克拉克. 高等教育系统——学术组织的跨国研究［M］. 王承绪，徐辉，殷企平，等，译. 杭州：杭州大学出版社，1994：12

高校的学术性与知识性逻辑，要求教师社会兼职须遵循高校培养人才的本体性功能。教师以知识为载体的科学研究和社会服务，是高校人才培养职能的延伸。高校关注兼职教师在传授知识和技能、实现“立德树人”根本目的中的积极引导作用。同时，高校教师参与社会兼职也应维护高校的权威和利益。教师社会兼职是高校和教师双方共享、共赢的活动。一方面，教师社会兼职应在其完成本职工作之余进行，不能因兼职而影响高校的人才培养质量；另一方面，教师社会兼职应遵守国家的法律法规和学校的规章制度，不能因违规而损害学校的利益和形象。为此，高校有理由制定相应的规章制度，对教师社会兼职的时间、类型和范畴等做出制度性与规范性要求，这些要求既包括教育教学、职业道德层面的，也包括经济效益和社会影响等层面的。

三是企业的市场逻辑。市场是有价值的物品交换与流通的产物，其促进了贸易和社会生活中各种资源的分配。随着市场经济体制的建立和经济全球化的到来，市场主体在交易和资源流通过程中追求效益的动机日益增强。同时，为了保障市场交易的规范化、建立诚信环境，契约随之产生，追求效益和约束市场各主体行为的契约精神成为市场的主导性制度逻辑。

高校教师社会兼职是通过知识商品化交换，实现自身价值并满足市场主体需求的过程。当今社会，高校教师社会兼职深受市场逻辑的影响。一方面，企业应面向高校吸纳符合自身发展需求的专业性人才，这些高校的人才以兼职性身份参与企业的生产、经营或提供咨询服务，并以此获得相应的报酬。在这一过程中，需要以教师和企业双方的利益共赢为前提。企业以节约成本、追求效率为原则，选择是否需要聘用兼职教师，需要何种学科专业的兼职教师，为兼职教师提供什么样的报酬，等等，从而形成与高校教师合作的机制。另一方面，高校兼职教师与企业的双赢，需要具有约束力的契约作为保障。契约逻辑能够营造教师社会兼职与企业知识交换的制度环境，因为契约明确了知识交易的自由平等原则以及双方的权、责、利。这种契约存在于不同性质的教师社会兼职活动之中。

四是社会公众的效用逻辑。根据“四螺旋”理论，社会公众是创新型社会的重要主体。当今是“多元共治”的时代，社会公众参与社会治理及其效用的发挥，能极大地弥补政府、高校和市场在社会治理中的不足。社会公众的效用逻辑在于，社会公众以社会组织或媒体为载体，对社会生活中存在的突出问题或需要改进的社会现象提出建议，以表达自身参与社会治理的愿望并维护自身利益。

高校教师社会兼职活动的形成及其效果的评价，离不开社会公众的参与。首先，社会公众对教师社会兼职提出相应的要求。从表面上看，高校教师担任诸如公司企业顾问、学术组织成员，从事专业性较强的兼职活动，与社会公众的关联度不高，但诸如校外兼课、技术研发、参与社会公益活动等与社会生活直接相关的兼职活动却直接影响和改变着社会公众的观念、行为方式。社会公众中尤其是学生和家长的受益更为直接，对教师社会兼职的期待也更为明确。社会公众通过培训达标率、教学满意度、生产效率等效用性指标对兼职教师提出具体要求，同时也成为兼职教师改进工作的外在驱动力。其次，社会公众期待教师社会兼职能弥补政府治理的不足。政府主要通过政策制定与实施实现社会治理，但因周期长、成本高等原因，治理效果不佳。高校教师则可以利用自身的学科专业优势，为社会公众提供更为直接的知识服务，直接面对公众的需求，能降低成本、提升服务社会公众的效率。

（二）多重制度逻辑下高校教师社会兼职角色优化的现实困境

高校教师社会兼职是政府政治逻辑、高校学术与知识逻辑、企业市场逻辑和社会公众效用逻辑等多重逻辑形塑的结果。高校学术与知识逻辑是教师社会兼职的内生性逻辑，是教师职业的本质要求，也是教师社会兼职得以实现的前提。教师通过培养人才、科学研究和服务社会等获得兼职需要的专业知识和能力，为政府政治逻辑、企业市场逻辑和社会公众效用逻辑的发挥提供前提条件。政府政治逻辑、企业市场逻辑和社会公众效用逻辑是教师社会兼职的外源性逻辑，三者确保了教师社会兼职活动的合理性及有"用武之地"。政府政治逻辑能够保证高校的知识逻辑和市场逻辑符合国家的发展战略需求和社会公共利益，市场逻辑能将政府政治逻辑和高校学术逻辑的效益最大化，扩大社会公众的受益面，而社会公众逻辑则能对政府政治逻辑、高校学术逻辑和企业市场逻辑进行监督和评价。但是，受所在场域和利益的影响与制约，各主体选择和采用的主导性制度逻辑存在差异，导致各主体对待教师社会兼职的态度和行为存在差异，从而导致教师社会兼职角色的优化面临困境。

1. 政策执行与高校人才培养定位的脱节

从教师职业发展历史来看，教师社会兼职活动与教师职业的产生同步，其带来的利与弊也一直存在。如何最大程度地发挥高校教师社会兼职的效益，也是政府和高校一直关注的话题。中央政府着眼于国家发展战略和维护公共利益的目标，引导高校及教师参与资源的社会分配，促进经济社会发展，出台了一系列相应的政策，允许并鼓励高校自主创业和教师社会兼职。“创业型高校”的概念成为热点，一批批创业型教师出现，甚至成为地方政府评价与考核高校的显性指标。政府政治逻辑决定了其推动教师社会兼职依靠的是外源性和行政性力量，政府更看重的是宏观性政策执行的通畅性和实效性，高校是否执行政策成为政府执行力强有力的表征。政府政治逻辑中的高度行政化，决定了政策执行是通过科层化层层落实的，政府直接掌握着高等教育资源的分配，外在行政权力导向着教师社会兼职的目标，教师社会兼职的内容和效果强调与政策目标的一致性，而对教师社会兼职的知识价值、人文精神等本体性问题的关注不够，导致了兼职教师“知识分子”角色的式微。

此外，高校的学术与知识逻辑决定了高校办学须以人才培养为根本目标与任务，教师社会兼职须围绕并服务于这一目标。虽然近些年我国高校的办学自主权逐步得到落实，但由于高校具有政府的科层制特征，也强调管理的效率，高校管理者对教师社会兼职特点以及其与人才培养、科学研究之间的复杂关系缺乏深入的认知，政府的兼职政策在高校的执行未取得预想的效果。例如，有的高校对政府的相关政策选择性和象征性地执行，采取既不限制也不鼓励的应对方式；有的高校则直接采取管制措施，避免教师社会兼职对学校教育教学、科研和管理产生影响，因为高校管理者将教师看作是自治权应该受到控制的雇员，以便使他们对高校保持忠诚。对教师进行制度控制的理由在于：教师的知识来源于高校的知识背景，像图书馆、实验室和工作坊等物理设施。因此，高校有权利甚至义务去控制校园知识产权（包括咨询类兼职）的产生。①此外，由于受市场供给需求的影响，有的高校教师为了获得更多的社会资源，迎合市场和大众的消费性心理需求，其兼职的动机、内容

① ［美］亨利•埃茨科维兹. 三螺旋创新模式：亨利•埃茨科维兹文选[M]. 陈劲，译. 北京：清华大学出版社，2016：158

及行为方式背离了高校的本质与文化内涵、教师职业的使命，导致政府的政策导向与高校人才培养定位之间产生矛盾。

2. 教师社会兼职中各利益相关主体行为选择的冲突

利益相关者理论认为，各主体不同的利益诉求影响着各主体的行为选择。在国家治理体系中，地方政府是国家教师社会兼职政策的直接推动者与执行者。一方面，地方政府尤其是教育行政部门会积极制定与中央政府的政策相衔接的规定，制定相应的量化考核标准，对高校及教师的兼职成效做出结果性评价。但是，出于行政执行效率和责任规避等原因，地方政府对教师社会兼职过程中的文化性和不确定性因素缺乏考虑，导致考核与评价"重结果、轻过程"。另一方面，为了避免管理的复杂性，地方政府更多是直接执行国家关于教师社会兼职的政策，而对教师社会兼职中诸如兼职的分类、时间、量与度，兼职教师与企业、社会组织的关系等具体问题缺乏系统的考虑和规定。

在教师社会兼职的利益关系链中，企业以经费、社会身份等为"筹码"，花最小的成本获取人才和知识资本，以获得更大的经济效益。一方面，优质人力资源具有稀缺性，一些企业往往通过提供职位和提高经济待遇吸引优质的高校兼职教师，而这种方式可能会因各自利益冲突和企业伦理的缺失而造成企业间不良的人才竞争，企业间相互攻击和"抹黑"的现象时有发生。另一方面，企业聘请高校教师兼职，本身也是一种人力资本投资，而人力资本投资具有不确定性，双方出于利益的需要，加之双方缺乏契约的规定，企业与兼职教师之间合作的不确定性增强。这种不确定性既体现为企业对兼职教师的学科专业能力、知识转化能力等"心存疑虑"，也体现为兼职教师对企业提供的待遇是否达到预期而"心存疑虑"。此外，社会公众采用的是效用的行为选择方式，如果教师社会兼职活动与公众群体自身的利益关系不大，加之公众的参与意识不强，社会公众则会倾向于回避。这在很大程度上使教师的社会兼职活动缺乏基层动力和监督，也导致教师社会兼职出现质量不高、追逐经济利益动机明显以及职业道德与伦理缺失等突出问题。

3. 教师社会兼职制度供给"灰色地带"与"制度真空"并存

教师社会兼职活动是连接高校与社会并发生相互作用的重要方式。从应然层面来讲，高校与企业、社会组织是利益共同体，教师社会兼职使高校知识转化与应用、企业经济效益的提高、社会组织社会声誉的提升等具有了现实可能性。从实然层面来看，各主体却是相对独立的组织，其性质存在较大的差异。高校的教育教学活动是面对准公共产品的非营利性活动，高校的制度供给和需求来源于高校履行人才培养和学术研究等职能；企业、社会组织大多以追求实际经济效益和社会效益为目的，他们的制度供给与需求着眼于如何保障效益的最大化。一方面，高校的管理者认为，教师社会兼职更多是教师群体或个体的自发行为，其服务对象和获益者是本单位之外的企业、家庭、社会组织，加之教师社会兼职的动机具有多样性且难以把握，甚至可能给高校带来不良影响，高校为避免承担与教师社会兼职有关的责任，没有制定相应的制度作为保障，也没有将教师社会兼职事项纳入教师考核、职称职务评聘以及教师专业发展等制度体系之中。另一方面，企业和社会组织认为，兼职教师来源于高校，兼职教师的专业知识与能力、学术品质及服务能力在高校人才培养和科学研究活动中形成，且高校与教师之间存在契约关系，政府对教师具有管理权，兼职教师与企业、社会组织更多只能在高校管理权限范围内进行合作，而这种合作对于企业和社会组织效益的提升作用存在不确定性。因此，企业和社会组织出于成本与收益的考量，也不愿意为规范教师社会兼职投入更多的时间、精力、经费，也不愿意为其提供制度保障。

因此，基于组织属性和目的差异带来的对教师社会兼职认知和行为上的差异，各主体之间的制度供给形成了各自的“壁垒”，形成了制度供给的“灰色地带”和“制度真空”。其中，制度真空是指在制度系统中对于某些具有较大外部性的行为没有相应的制度安排予以规范，形成了制度系统中的“漏洞”。[①]“制度真空”的存在，一方面，导致一些社会兼职利益相关主体在追求自身利益的同时，不会因损害了他人或社会整体利益而受到惩罚，而且在一定程度上强化和鼓励了这种行为，难以对各利益相关主体的行为进行有效的约束和规范；另一方面，导致教师社会兼职行为缺乏高校、企业和社会组织等多方面的监督，教师社会兼职的功利性和职业道德失范等问题出现，从而降低了企业、社会组织对兼职教师的认可度，也有损兼职教师

① 李志强. 制度配置状态：制度耦合、制度冲突与制度真空[J]. 经济师，2002（4）：33-34

的社会形象。

（三）高校教师社会兼职角色优化的基本路径

多重制度逻辑主体的目标多样化及其行为的偏差，导致了高校教师社会兼职活动治理的多重困境，因此，我们应从源头出发，客观认识各主体的逻辑取向并促进内外逻辑的有机整合。

1. 顶层设计：推进政府政策目标与高校人才培养定位相统一

第一，中央政府应加强顶层设计，创新管理理念。政府从理念和战略上引领高校教师社会兼职是平衡各方利益诉求，打破教师社会兼职体制机制壁垒，推动教师知识社会化，提升教师职业品质的重要保障。从本质上讲，高校教师社会兼职是高等教育的专业性、知识性和学术性功能在社会领域的发挥，是反映政府与高校关系的“晴雨表”。因此，政府应树立全局性和导向性的目标理念，变“直接管理”为“宏观治理”，构建符合高等教育人才培养、科学研究和社会服务以及教师学术职业成长规律的教师社会兼职激励机制，鼓励高校教师通过兼职及其成果反哺高校的人才培养和科学研究，而激励机制应涉及经济待遇、评优评先、职称晋升和在职进修等方面。

第二，地方政府应注重制度创新，制定不同教师社会兼职类型划分的依据和标准，实行教师社会兼职分类管理。地方教育行政部门应从制度层面厘清高校教师社会兼职的类型，明确鼓励性、限制性、禁止性兼职的类型及其特征，把握不同性质的兼职，注重区分商业化驱动和学术研究驱动的教师社会兼职类型。[①]同时，要破除“一刀切”的行政化思维方式，依据教师职业的自主性与灵活性等特征，规定教师社会兼职的时限和范围。

第三，发挥政府的“黏合剂”作用，形成各主体参与治理的合力。地方政府应构建体现“命运共同体”的“政府-高校-企业-社会组织-社会公众”联动机制，积极沟通各主体之间的利益诉求，协调推进高校与企业、社会组织之间的合作，从

① 吴合文. 高校教师兼职兼薪的角色冲突与制度设计[J]. 教育研究，2017（12）：104-111

制度层面明确各主体的权、责、利，打通政府兼职兼薪政策自上而下实施的信息渠道和沟通交流渠道，保证政策执行的通畅性与实效性，提升教师社会兼职在"政府引导-高校学术创新-企业知识应用-社会示范"等方面的效益；通过高校、企业或社会组织共同研制教师社会兼职的目标与实施方案、成效评价与考核办法以及风险防范措施，协调解决各主体因教师社会兼职过程中产生的诸如知识产权纷争、利益分配不均等矛盾和冲突，消除各主体间的认知隔阂。

2. 制度层面：构建各主体共同参与的分类管理制度

（1）构建教师社会兼职的"委托-代理"制度

"委托-代理"制度是在契约条件下，一个或多个行为主体（委托人）雇佣另一行为主体（代理人）为其提供服务，并以服务数量和质量获得报酬的交易关系。在高校教师参与社会资源获取与分配的过程中，也存在"委托-代理"关系。中央政府是政策的顶层设计者（委托人），地方政府（包括教育行政部门）是政策的执行者（代理人）。中央政府委托地方政府执行鼓励高校教师社会兼职的相关政策，地方政府委托高校、企业、社会组织具体执行中央政府的政策，也形成了一种"委托-代理"关系。同时，高校、企业与教师之间也存在"委托-代理"关系。高校教师社会兼职能否达到各方期待的效果，关键在于能否构建以利益激励和保障为主的新型"委托-代理"制度。

一是构建委托人与代理人之间的信息对称机制。国家推行鼓励高校教师社会兼职的政策，是一种自上而下的制度变迁过程。在这一过程中，受原有习惯和节约成本等因素的影响，各利益主体关于高校教师社会兼职的认知与行为可能存在"路径依赖"，即坚持原有习惯了的被动政策执行方式，各利益主体间信息不对称。为此，国家应构建政府为主导的建立"委托-代理人"常态化沟通机制，把政府鼓励高校教师社会兼职的政策信息通过会议、文件、媒体宣传和专题学习等形式准确、及时地传达给高校、企业、社会组织和社会公众，克服地方政府和高校等代理人因"政绩观"影响而产生的"不作为"行为；高校也要制定符合人才培养、科学研究规律的教师社会兼职管理办法，将允许并鼓励教师社会兼职的范畴和激励机制等信息准确地传达给每一位教职工。

二是建立教师社会兼职治理的代理人"负面清单"。面对教师的社会兼职，高校应是"疏"而不是"堵"，不能将教师社会兼职与学校本职工作对立起来，应依据教师社会兼职的不同类型与性质，明确教师社会兼职的对象、时限、范畴、审批制度及社会责任，建立"负面清单"，明确禁止或限制从事兼职兼薪的高校教师群体（尤其是具有双重身份的领导干部）和领域；企业和社会组织应建立双向层面的"负面清单"，在维护兼职教师、企业与社会组织等各方的合法权益时，对教师社会兼职过程中出现的消极行为进行适时监督与干预，充分激发教师社会兼职的活力。

三是提升高校（代理人）应对教师社会兼职的能力。当今社会，知识成为一种资本走向社会已成为不可扭转的国际趋势。高校成为"越界式"组织，有多重的功能，有更复杂的、灵活的内部结构，对获取外部的利益也持更加开放的态度。[①]教师通过兼职，促进知识资本的应用与转化，这是教师学术职业传承、生产知识基础上的拓展与延伸，也是高等教育人才培养适应经济社会发展的必然选择。而且，教师社会兼职可以推动学术资本转化，促进知识的直接应用，是检验真学术与假学术的重要标准。[②]因此，高校管理者应在明确兼职类型和范畴的基础上积极应对教师社会兼职的现象。一方面，自下而上地了解教师对兼职的认知与现实需求，加强对教师社会兼职的规划与指导，让教师明确兼职的目标和实现路径，做到管理规范和心中有数；另一方面，还应加强对参与社会兼职的教师的培训，培训可涉及法律法规和政府政策解读、专业知识与能力、社会责任与职业伦理、风险防范等内容，以提升教师的综合能力。

（2）实施教师社会兼职的分类管理制度

从应然状态来看，高校教师社会兼职活动是教师专业角色和学术价值的社会化延伸，教师校内工作与社会兼职相互补充，并不冲突。但在实然状态下，教师社会兼职却存在学术伦理中的经济利益冲突和责任冲突。[③]利益冲突是指兼职教师因追求经济利益而带来的不利影响，责任冲突是指教师因社会兼职对校内教学和学

---

① Henkel M. Current science policies and their implications for the formation and maintenance of academic identity[J]. Higher Education Policy，2004（2）：167-182

② 付八军. 学术资本转化：创业型大学的组织特性[J]. 教育研究，2016（2）：89-95

③ 唐丽萍，梁丽. 美国大学教师兼职活动的规范及其启示[J]. 高等教育研究，2015（6）：102-106

术研究产生的不利影响。两种冲突因涉及利益主体和面临外部环境的差异性，致使教师社会兼职造成影响的程度不同。因此，高校应基于不同冲突，针对不同类型的社会兼职，制定教师社会兼职分类管理制度，而这不是为了控制学术人员，而是为了给学术人员如何将知识转移到外部进而提高自身的学术价值和影响力提供服务与提出建议。①

首先，高校应明确教师社会兼职的类型及属性，把基于经济和商业驱动、基于学术价值驱动的兼职类型进行明确区分。对于前者，诸如企业专业咨询、技术合作研发、担任企业董事等，高校应进行一定的限制；诸如校外兼课类、开办企业或公司等，高校应有所禁止。对于后者，诸如学术或公益组织兼职、校外讲座或报告等具有学术性和公益性且利益冲突、责任冲突不明显的社会兼职，则不必硬性规定申请和报批。但教师应在年终撰写年度兼职工作总结，并将其纳入教师年终学术和绩效考核指标体系之中，以激发教师从事公益性和服务性社会兼职的积极性。其次，高校应建立相应的事先报批、时间限制、年度报告和责任划分等制度。从事社会兼职的教师在年底应撰写年度报告，总结社会兼职过程和基本情况，以便学院和学校进行考核。学校和教师应就兼职兼薪带来的经济利益划分和违规责任等签订协议，明确双方的责任与义务。此外，高校还应明确社会兼职的时间和时限。时间和时限的规定，应兼顾教师职业的多样性和灵活性特征，兼职的具体时间可由教师申请，学院批准后上报学校人事部门审核同意。我国高校可借鉴一些发达国家的经验，制定符合自身特点的教师社会兼职管理制度。

3. 职业道德层面：关注学术伦理建设

高校教师社会兼职活动体现了教师个体利益与集体利益、个体职业发展需求与高校社会责任承担之间的矛盾关系及其平衡状况，在本质上反映了教师是否坚守职业道德信念及价值规则等伦理问题。因此，职业伦理建设理应成为治理高校教师社会兼职活动道德层面的路径。

一是坚持以公共性为学术目标的伦理导向。高校社会服务的根本目的在于满足社会经济发展需求，并促进经济、科技和文化的进步，这也是教师职业活动的最

① 吴合文. 高校教师兼职兼薪的角色冲突与制度设计[J]. 教育研究，2017（12）：104-111

高价值体现。因此，从教师层面而言，在兼职兼薪过程中，其要坚持学术共同体的学术标准和道德自律，否则会招致来自学术共同体的批判和惩罚。此外，还应自觉地树立服务社会、维护公共利益、彰显人文关怀的目标导向。对于高校而言，应结合人才培养和科学研究的优势与特点，把兼职的价值、规则及要求纳入教师日常培训之中，开设学术伦理课程，开展职业道德教育，强化教师社会兼职的公共性导向，引导教师形成正确的社会利益获取价值观和行为方式。

二是构建维护利益相关主体的伦理原则。教师、高校、政府、企业行业和社会组织等是教师社会兼职活动的利益相关者，治理教师社会兼职失范问题，从根本上讲就是要维护相关主体的利益，平衡其利益矛盾。首先是互利原则。作为高校的组成人员，教师从事兼职活动须以维护所在学校的利益为前提，避免因追逐个人利益而损害学校的形象及利益；高校是教师参与兼职的组织依托，应着眼于教师的发展，维护和认同教师合理的兼职行为及成果。当然，这不仅需要观念伦理规范，还需要制度伦理规范。其次是诚信原则。诚信是利益相关者在利益分配中的道德杠杆。虽然教师是沟通高校与政府、企业、社会组织的桥梁，但是由于各主体自身的发展目标和利益诉求各有差异，教师在兼职兼薪活动中应遵循各方的制度要求，按时完成双方协商的工作目标和任务，保守双方尚未公开的秘密，杜绝学术造假，维护双方在社会中的形象和声誉。

4. 内部管理层面：强化考评机制改革

高校教师社会兼职的动机和普遍程度，在很大程度上成为衡量高校内部人才激励和评价机制完善与否的标准，反映了教师对高校内部管理体制机制的认可度和满意度。强化考评机制改革，可以从以下几个方面着手。

一是改革行政化的管理模式，保障教师的学术权力。行政权力和学术权力是高校的两种权力形态，而行政权力泛化并制约学术权力成为高校内部管理的普遍现象与突出问题。高校中，一些教师过度社会兼职并忽视了本职工作，与高校对教师学术活动成果及贡献的尊重度和认可度密切相关。因此，高校应从改变管理模式入手，强化管理机构和人员的服务意识，制定和完善常态化的管理机制与人员工作负面清单、监督机制，尊重教师的学术自主权和劳动成果，促使教师沉心于人才培养和学术研究工作。

二是强化教师以本职工作为主导的考评机制。教书育人和学术研究是高校教师的“天职”，因此高校应抓住现代高校绩效分配体制改革的机遇，把人才培养和学术研究质量作为考核教师的核心要素与关键性指标，把教师人才培养的成效和学术影响力纳入教师职称评审、职务晋升、评优评先、外出专业学习等教师专业发展环节之中；改革传统的“重科研、轻教学”“重科研数量、轻学术影响力”的评价机制，制定基于激发教师活力的教师岗位分类考核与评价制度，加大教师校内超工作量的绩效分配力度，使兢兢业业从事人才培养和学术研究教师的成果及其价值得以体现，让不同类型岗位的教师获得成就感和更大的发展空间，避免因校内评价机制问题而导致大量教师外出过度兼职兼薪。

5. 运行机制层面：构建一体化协同监督机制

一方面，从责任冲突来看，高校应把教师的教学、人才培养、科学研究与社会兼职作为一体化监督范畴，尤其是要把社会兼职教师的校内教学质量、课程完成质量、教学考勤、学生满意度作为考核的重要指标，以判别教师社会兼职对本职工作的影响程度，并把考核情况作为教师年度岗位聘任、薪酬发放、职务晋升和评优评先的重要依据；另一方面，从利益冲突来看，虽然高校和教师是知识与技术的输出者，而社会组织是知识和技术的受益者，但政府、高校、企业和社会组织都有可能成为教师过度兼职的风险承担者，也可能成为教师社会兼职伦理责任、法律责任的承担者。因此，政府应着眼于教师社会兼职良性发展和功能的最大化，构建以政府为主导，高校、企业、社会组织共同参与的“政府-高校-企业-社会组织”协同治理机制。政府应着眼于制度顶层设计，自上而下地制定和完善规范教师社会兼职活动的法规、政策与行为准则，体现法规政策的强制性和权威性；高校应完善教师管理制度体系，制定具有操作性的管理办法，明确兼职教师的责任和义务、兼职类型和范畴、兼职时间及审批程序等；企业和社会组织应承担教师社会兼职的监督责任，与政府、高校建立信息共享互通机制，避免监督出现“空白”地带，确保教师过度兼职活动得到有效的监督。此外，企业还应制定具体、详细的兼职教师经济报酬、职业伦理、成果质量等管理制度，确保教师社会兼职既能体现经济效益又能彰显社会价值。

第五章

当代高校教师职业角色的冲突及调适

第一节 高校教师职业角色冲突的内涵与类型

一、角色冲突的内涵与类型

无论从人类社会实践层面还是哲学认知层面而言，人类都是因社会活动而存在且扮演着不同的角色，这就必然存在角色的冲突。因此，角色冲突是客观存在的社会现象。何为角色冲突？不同的学科或学者有不同的界定与认识。董泽芳认为，角色冲突是因个人在复杂的社会活动扮演的若干角色与个人期待不一致产生的矛盾和冲突。[①]罗伯特·默顿（Robert Merton）在《社会理论和社会结构》一书中提出了"角色丛冲突"的概念，认为角色冲突是社会结构中的规范不一致导致的，社会中各角色互动者因占据特定的社会位置，产生了不同的价值观和利益，从而导致了"角色丛内冲突""角色丛间冲突"。[②]从上述学者的观点来看，关于"角色冲突"的内涵，主要包括两个层面：一是角色主体自身的行为与自身期望产生的矛盾；二是角色主体在扮演两种以上角色时，由于时间、精力和能力有限而导致的冲突。

关于角色冲突的类型，一般认为可分为角色内冲突、角色间冲突和角色外冲突。角色内冲突是指同一个角色由于社会上人们对他的期望与要求不一致，或者角色主体对这一角色的理解不一致，而在角色主体内心产生的一种矛盾形态。角色内冲突往往是由角色自身包含的矛盾造成的。其表现为两种形式：一是个体对理想角色的认识与其实际角色行为的认识发生矛盾；二是个体为适应环境变化而

---

① 董泽芳. 社会转型期的教师角色冲突[J]. 华中师范大学学报（哲学社会科学版），1996（6）：41-48

② [美]罗伯特·默顿. 社会理论和社会结构[M]. 唐少杰，齐心，译. 南京：译林出版社，2010：566-568

变换角色时产生的新旧角色冲突。角色内冲突的主体为同一主体，角色形态为同一形态。角色间冲突是指个人扮演多种角色之间的各种规范相互矛盾产生的冲突。角色内冲突的主体为同一主体，角色形态为不同的形态。角色外冲突是不同角色主体对特定角色缺乏共同认识产生的冲突[①]，往往来源于不同角色主体所处的环境、位置甚至价值观等的差异性。角色外冲突的主体是不同的，角色形态是同一的。

二、高校教师职业角色冲突的类型

基于角色冲突的内涵与类型，对于高校教师角色冲突，可以从教师角色目标追求、角色规范、角色期望倾向、角色功能形态[②]等方面加以认识和理解。

1. 角色目标追求层面：公共型与功利型的角色冲突

从角色目标追求层面来看，角色冲突是指教师追求的社会共同价值观和行为规范的目标与追求个人功利和实际利益目标之间的冲突。从教育的本质来看，高校教师的根本任务和目标是培养人才，其扮演的是"教育者"角色。高校教师无论是教书育人、科研育人还是教学与科研结合育人，其"教育者"角色追求的目标必然与国家、社会公众、学生家长对学生身心发展、人才素质需求等社会共同价值观和要求密不可分。无论时代、社会环境和教育形式等发生何种变化，教师"教育者"角色遵循的社会价值观和行为范式都必须与教育的"教书育人"等根本使命保持一致，以免教师的职业行为发生方向性的偏离。首先，从人的本性出发，追求以个人利益为目的的功利性行为不可避免。这种存在既是个体对客观世界物质追求的反映，也是个体对主观世界认知的回应。高校教师是一种以学术为"志业"的职业。作为一种职业，必然要追求一定的物质报酬，以满足教师个人及家庭的生存发展需

---

① 顾明远. 教育大辞典[M]. 上海：上海教育出版社，1998：265

② 董泽芳. 社会转型期的教师角色冲突[J]. 华中师范大学学报（哲学社会科学版），1996（6）：41-48

要，也要为教师的未来职业发展奠定物质基础。现实中，如果高校教师未处理好个人利益与公共利益的关系，过分关注个人利益追求，缺乏甚至忽视了对教育本体属性和根本目的的认识，则会发生角色目标追求冲突。在这种情况下，教师大多会采取倾向于符合自身利益需求的职业行为，这也是高校教师"重科研、轻教学""重应用研究、轻基础研究""重自身发展、轻学生成长"等现象以及角色冲突发生的重要原因。其次，从高校管理角度出发，高校对教师的考核、评价等管理活动的目的在于激发教师的积极性，提升管理效能。如果管理行为或管理制度并未遵循教育规律、教师职业发展规律及教师的职业发展需求，忽视教师劳动的复杂性、长期性和创造性等特征，学校对教师教学的考核与评价"重结果、轻过程""重知识传授而轻能力培养"，对教师的科研考核"重数量、轻质量""重应用研究、轻基础研究""重眼前利益、轻长远影响"等，可能会导致教师对教育或科研本体价值的认知、坚守与现实之间产生冲突，从而导致教师教书育人或科学研究产生角色内冲突，高校管理者、教师对"教育者""研究者"角色产生不同认知，从而产生角色外冲突。

2. 角色规范层面：规定性与开放性的角色冲突

从角色规范层面来看，角色冲突就是指政府、社会和学校对教师角色使命的规定性要求与现代社会多样化的价值观要求之间的矛盾。作为一种社会职业，教师是被国家和社会认可的具有规范性的职业。这种规范性既有来自国家法律法规的规定，也有来自社会习俗、道德规范的制约。作为国家认可的职业，我国教师的教育观念和行为必须遵守和符合国家的法律法规、方针与政策，必须履行《中华人民共和国教师法》规定的各项权利和义务，教师教育活动必须坚持"爱国守法、爱岗敬业、关爱学生、教书育人、为人师表"等职业道德规范。作为社会认可的职业，教师是社会公众认可的道德高尚、行为示范的知识分子的典范，教师职业行为须接受社会公众的监督。因此，在规范性的要求下，教师必须完成国家和政府规定的教育教学目标、内容，接受社会公众的监督和评价，教师角色行为也须遵循相对固定的模式。但是，当今社会是一个开放的社会，随着信息化时代的到来和知识生产模式的转变，高校教师传统的教学、科研观念和方式等均受到了巨大影响，教师的教学和科研具有明显的当前社会价值观和社会需求导向的印记，教师教育理念和内容的社会化、教育方式的现代化导致教师的教育行为模式与传统教育行为模式相比发生了明显变化；教师的科学研究受到市场和政府的双重影响。教师面临着一个基本的冲突：一方面，教师要面对来自政府的质量评估和企业效益要求的压力；另一方面，要遵从学术研究自身的标准与文化价值体系。[①]这使教师的开放性角色与规定性角色不一致。这种不一致既可能是对教师传统规范性角色的继承与革新，也可能是对传统规范性角色的否定与消解。但是，由于受传统思维模式和习惯的影响，高校教师某些具有创新性和变革性的教育与科研活动可能会被认为是“异类”或“不入流”，使教师陷入了传统规范性与现代开放性形成的“沼泽”，从而导致产生了角色冲突。

3. 角色期望倾向层面：学生中心型与社会中心型的角色冲突

从角色期望倾向层面来看，角色冲突是指教师角色行为在满足学生发展期望与满足社会发展期望时产生的矛盾。高等教育发展历史和规律表明，高等教育既要适应、促进和引领社会经济发展，也要适应、促进和引领学生个体发展。一方面，从主体论来看，高校教师和学生是高等教育活动的主体要素，他们在教育教学过程中是互为主客体的关系。学生的成长与成才有赖于教师正确的教育和引导，而教师的发展更是离不开学生的成长与成才。教师之所以能作为一种独立的职业形态而存在，其“教育者”角色之所以能发挥应有的价值与功效，根本原因在于学生主体的存在及学生对自身发展的期望。从本体论来看，高校的基本职能在于培养人才，满足大学生发展对知识、智能、道德品质、心理健康等素质的需要，是高等教育的出发点和归宿，教师教学诸要素的实施（如教育目标的确立、教育内容的选择、课程的设置、教育方法的选择）和科学研究的开展（如研究方向和主题的确立、研究方法和路径的选择、研究过程的实施）应围绕如何满足学生的发展需求进行。因此，促进学生发展理应成为高校教师的核心角色期望。另一方面，从马克思主义哲学观来看，社会性是人的本质属性，人的发展离不开社会的发展，人只有在社会系统中活动才能彰显自身的价值和特性。此外，从高校的职能来看，服务社会是高校

---

① ［英］托尼·比彻，［英］保罗·特罗勒尔. 学术部落与学术领地：知识探索与学科文化［M］. 唐跃勤，浦茂华，陈洪捷，译. 北京：北京大学出版社，2018：184

在历史发展中沉淀出的价值研判，也是彰显高等教育与社会生产之间的密切联系的最有力的证据。可以说，高校教师在履行培养人才、发展科学和传承文化等职能的同时，还应为社会提供服务，满足经济社会的发展需要。这种需要既体现在维护国家政治稳定和社会公平与正义、促进经济增长、增进文化交流、提高国民整体素质等宏观层面，也体现在促进学生知识和能力增长、满足学生就业和社会用人单位人才需求等微观层面。从应然状态来说，教师角色行为在满足学生发展期望与满足社会发展期望之间并非存在必然矛盾，两者是有机且相互促进的整体。但在现实中，由于政府政策的导向性、高校现行教师评价体制机制的单一性、教师自身职业发展能力与需求的差异等原因，两者难以真正实现有机整合，教师在实际的职业行为选择中也会面临"两难"困境，从而导致了教师在人才培养、学术研究、服务社会及自身发展中的角色冲突。

4. 角色功能形态层面：单一型与复合型的角色冲突

从角色功能形态层面来看，角色冲突是指教师的"教育者"单一角色与社会对其多样化角色扮演需求之间的矛盾。高校教师角色的功能特性取决于高等教育的功能，高等教育有什么样的功能，就要求教师扮演什么样的角色，尽管两者并非总是一一对应的。高校职能是高等教育功能的具体化，教师角色功能及其类型的变化又与高校职能及其变化密不可分。

一方面，高等教育的功能具有本体性。无论从高等教育发展的历史还是现实来看，培养人才都是高校赖以生存和发展的根本，也是高校作为学术组织区别于其他社会组织的显著特征。因此，从功能形态来看，"教育者"是高校教师的首要和基本角色，而该角色功能的发挥源自高等教育对象——大学生素质及其提升的需求，即大学生知识、能力和品德培养的要求。作为单一的"教育者"角色，高校教师的职责在于"传道、授业、解惑"，帮助学生构建"综合人文知识+学科专业知识+现代信息技术知识"的知识体系，帮助学生构建"专业实践能力+交流沟通能力+创业就业能力+创新能力+适应社会能力"的能力体系，帮助学生构建"人生观世界观价值观+社会生活公共道德+职业道德"的道德品质体系。当今社会，虽然社会发展对学生的素质及能力结构提出了新的要求，但作为"教育者"角色，高校教师

“立德树人”的根本使命和任务在本质上并未发生变化。

另一方面，高等教育的功能具有多样性。社会经济文化发展的多样性决定了高等教育功能的多样性，也决定了高校职能的多样性。随着现代高校培养人才、发展科学、服务社会、传承文化等多重职能的并存，政府、社会、高校、学生甚至社会企业行业等对高校教师的职业内容和行为方式提出了新的要求，高校教师角色由传统较为单一的“教育者”“学术人”转向“经济人”“社会人”“政治人”等多重角色并存。角色的复杂性和多样性特征变得更加凸显，角色的功能涉及政治、经济、社会和文化各个领域。高校教师角色的多样性从客观上反映了现代社会的多元化特征，是适应社会政治、经济、文化发展的客观需要，有利于促进教师职业的多样化发展。但是，从本质上来说，虽然高校教师的人才培养、科学研究和社会服务等活动密切相关，它们之间相互制约、相互促进，但是教师的人才培养、科学研究和社会服务等活动有着各自的特点，且目标、任务及要求也不尽相同。正如马克斯·韦伯所言：“教学这种艺术，涉及个人的天赋，并且绝非与学者研究学问的能力相吻合……至于一个人是否同时兼备这两种能力，完全得靠运气。”[①]加之教师自身的时间、精力、职业兴趣爱好、职业能力和职业发展需求存在差异，无论是高校教师群体之间、个体之间还是个体自身，多重角色集于一身，导致教师的“教育者”“学术人”“经济人”“社会人”“政治人”等多重角色在高等教育实践中很难达到平衡。例如，教师无岗位类型和职责的差异，教师个体既从事教学，又从事科学研究，还从事社会服务，这都可能导致教师多重角色之间的冲突，制约教师职业行为的动机和效率。正如有学者所言：“探寻真理需要离群索居，心无二用，这是人类的常识。最伟大的思想家对自己的思考对象极为专心致志，不许别人打断。他们心不在焉，行为怪癖，或多或少对课堂及公共学校退避三舍。”[②]

---

① [德]马克斯·韦伯. 学术与政治[M]. 钱永祥，等，译. 桂林：广西师范大学出版社，2004：160-161

② [美]约翰·亨利·纽曼. 大学的理想（节本）[M]. 徐辉，顾建新，何曙荣，译. 杭州：浙江教育出版社，2001：4

第二节　高校教师职业角色冲突的多重原因

一、制度环境层面：高校内部各种权力的张力以及教师评价机制的同质化

（一）行政权力和学术权力的矛盾与张力

在法国社会学家皮埃尔•布尔迪厄看来，高校是一个自治的场所，是不同权力产生、循环和再生产以及各种权力冲突的场所。高校内存在学术权力、科学的权力和知识分子的权力三种权力形态。[①]同时，高校是一个具有显著独特性的学术组织，其会进行人才培养、科学研究、社会服务等多重活动，使得其既有彰显行政管理性质的行政权力形态，也有彰显学术管理属性的学术权力形态。行政权力与学术权力的并存及张力是高校独特性的重要标识，也是高校内部运行的重要动力。但是，由于两种权力形态的价值体系、逻辑起点及行使主体等不尽相同，高校内部两种权力之间存在矛盾成为必然，也使得协调两种权力之间的矛盾成为解决高校内部一系列管理问题的关键所在。从价值体系来看，高校行政权力的价值在于规范领导者、管理者、教师和学生群体以及其他人员的职业行为，提升管理效能，从而为实现高校办学目标提供条件保障；学术权力的价值在于规范学术群体（尤其是教师群体）的学术行为，提升教师群体从事教学、科研和社会服务等学术活动的积极性，彰显高校的专业性、学术性和知识性等属性，保障大学学术自由、教授治学的真正实现；从逻辑起点来看，行政权力凸显的是"政治论"观点，具有"自上而下"的科层组织的特点，各行政权力主体和组织之间的权责明确，通过自上而下的法律法

① Bourdieu P. Homo Academicus[M]. Cambridge：Polity Press，1988：12-15

规、制度、政策和规则对高校进行合法性管理；学术权力彰显的是“认识论”观点，其源自“自下而上”的专业权威与学术话语权，学术权力配置呈现出“底部沉重”的特征，即学术权力聚集于高校基层学术组织的教师群体尤其是教授群体之中。各学术权力主体和组织权威表现为学术成就、学术能力、学术影响力。①

从辩证唯物主义的哲学观来看，价值体系、逻辑起点和目标追求的差异是导致高等教育实践中行政权力与学术权力出现矛盾的根源。两种权力之间的矛盾又是导致各权力主体（尤其是教师群体）在角色扮演过程中产生冲突的重要原因。它表现为两个方面：一是“管理者”与“教育者”“学术人”的角色之间的冲突。当高校管理者与教师身份分离时，管理者在行使行政权力时往往遵循行政思维，管理目标与行为强调效率和契约原则，学校管理部门通过政策和制度对教师进行量化考核与评价，这种考核与教师职称聘任、工资待遇等直接挂钩。作为“教育者”“学术人”的教师往往希望通过学科专业发展提升学术影响力进而获得学术权力，他们希望管理者遵循高等教育发展、人才培养和学术研究的规律，为教师的人才培养和科学研究等学术活动提供宽松的氛围与制度环境保障。然而，在高等教育管理现实中，行政权力与学术权力间的权责和边界不清晰，行政权力泛化，行政权力强于学术权力，教育决策出现行政管理代替学术管理，教师群体的合法性学术权力无法得到尊重和体现，都一定程度地存在，从而导致“管理者”与“教育者”或“学术人”之间履行角色时产生矛盾甚至冲突。二是“管理者”与“教育者”“学术人”的角色内的冲突。我国高等教育的一大特色在于行政权力与学术权力的“合二为一”，即有的教师同时扮演着“管理者”“教育者”“学术人”双重乃至多重角色。例如，一个知名教授，既是高校教师，也是高校某个职能部门或学院的“干部”，还是一个科研平台的负责人；一个基层学院的院长或副院长既是“干部”，也是某一学科或专业的“学术带头人”“专业负责人”。由于行政权力与学术权力的价值体系和逻辑起点的差异性，高校对“管理者”“教育者”“学术人”的任务要求、考核内容与方式等方面都存在较大差异，多重角色集一身的教师在不同职业岗位中难以高效地完成不同角色的职责，从而导致教师出现角色冲突。

---

① 王建华. 学院的性质及其治理[J]. 中国高教研究，2017（1）：13-17

（二）高校教师评价机制的同质化与偏离

评价是对事物的价值的判断，是建立在对客观事物理解与分析基础上的主观性认识。作为高深知识传播、发现、创新与应用的重要主体，高校教师职业活动的价值是彰显教师职业劳动特点、地位和作用的重要依据，也是高等教育功能释放和发挥的判断尺度。政府、高校建立客观、公正、合理的教师职业价值判断标准及评价机制，是提升教师管理效能和激发教师积极性的重要前提与保障。中华人民共和国成立以来，我国高校教师评价机制在理论构建和实践运行中得到了不断完善，教师任用制经历了从"任命制"到"聘任制"的转变，与此同时，高校教师评价机制的理念和内容也发生了变化。1961 年 9 月，《教育部直属高等学校暂行工作条例（草案）》发布，第一次从制度上阐明了高校教学的职能和教学在评价教师职业发展中的地位，提出"高等学校教师的根本任务，就是认真教好学生，完成教学任务"。"为了保证以教学为主，高等学校平均每学年应该有八个月以上的时间用于教学……生产劳动过多、科学研究过多、社会活动过多等妨碍和削弱教学工作的现象，应该纠正。"改革开放后，随着政策引导及高校职能的变化，我国高校教师管理开始了教师职务聘任制的探索，促进了教师职业管理逐步走向制度化和法治化。尤其是 1998 年颁布的《中华人民共和国高等教育法》明确指出，高等学校实行教师职务制度。教师的职务根据学校承担的教学、科学研究等任务而设置。这一时期，对教师的评价涉及教学、科研能力和工作绩效等方面，对教师科研的考评日渐凸显。1999 年 9 月，教育部颁布的《关于当前深化高校人事分配制度改革的若干意见》指出，高校要推行教师聘任制和全员聘用合同制，通过引入竞争机制提高教师的工作水平。该文件的颁布，标志着我国高校教师管理由"身份管理"向"岗位管理"转变。21 世纪，我国的教师职业管理呈现出新特点，即实行教师职务岗位管理及分类管理。2000 年 6 月，中共中央组织部、人事部、教育部联合下发的《关于深化高等学校人事制度改革的实施意见》指出，高校应根据学科发展和教学、科学研究任务，设置与之相适应的岗位。2007 年 5 月 7 日，人事部、教育部联合发布了《关于高等学校岗位设置管理的指导意见》，对高等学校的岗位设置及管理工作进行了具体指导，提出学校应"积极探索对教师岗位实行分类管理，在教师岗位中设置教学为主型岗位、教学科研型岗位和科研为主型岗位”。2010 年,《国家中长期教育改革和发展规划纲要(2010—2020 年)》出台,指出要进一步强调创新教师聘任制度。2012 年,《国务院关于加强教师队伍建设的意见》指出,分类推进教师职务(职称)制度改革,完善符合各类教师职业特点的职务(职称)评价标准。这一时期,在国家政策的导向下,国内许多高校应对教师职业分化的客观现实,逐步开展了基于高校职能多样性的教师岗位分类管理及其评价的理论和实践探索。

如今,我国高校教师任用制度发生了由“任命制”向“聘任制”的转变,教师管理由“身份管理”向“岗位(分类)管理”转变,这就要求建立与之相适应的多元化和差异化教师评价与考核机制。在高等教育管理实践中,高校在国家法律法规和政策的引导下,也建立了一系列的教师管理制度和评价机制。但是,现实中,我国高校教师评价机制的运行并未取得理想的效果,评价同质化现象明显,且评价的侧重点也发生了明显的偏离。一是在教师岗位管理中,虽然大多数高校根据学校岗位需求和教师意愿设置了教学为主型、科研为主型、教学科研并重型、社会服务为主型等教师岗位,已经或即将实行教师岗位分类管理,但出于长期“路径依赖”惯性和操作简便性的考虑,一些高校在制定标准和实施评价时,几乎所有教师岗位仍以“科研成果”为主要评价标准,“科研成果”的数量及层次成为不同岗位类别教师在职称评定、职务晋升和各种奖项评审的核心指标。二是在“科研成果”评价标准及同质化的影响下,“重科研、轻教学”“重学科专业、轻人才培养”成为高校教师群体职业活动的潜规则,一些高校教师出于职称晋升和生计的需要,职业重心发生偏离,主动或被动地将工作重心转移至科研成果产出和转化上,培养人才或教学工作成为“副业”,科研考核代替教学考核的现象不同程度地存在。总之,教师评价标准的同质化和评价重心的偏离,一方面使高校教师职业活动走向了“功利化”,背离了高等教育的本质属性,从根本上制约了高校人才培养目标的实现;另一方面,高校教师在“功利化”职业倾向中容易迷失自我,难以辨清自身的角色定位和功能,从而产生角色困惑和冲突。国内有学者的调查研究发现,教师认可的教学、科研与社会服务在评价中的合理权重应该分别为 40%、44%和 16%,教学权重只是略低于科研权重。[①]此外，有学者将教师教学、研究偏好比例（2∶8）与教师实际教学、研究时间比例（4∶6）进行对照分析发现，偏好与行为之间在方向上具有吻合性（教学少于研究），但在程度上有差异。有 20%的教师虽然偏好教学，但花在教学上的时间占了 40%；同理，80%的教师虽然偏好研究，但花在研究上的时间只占 60%。究其原因，主要在于学校对教学工作量的要求和加大科研评价比重对教师的偏好与行为起到了调节作用。[②]

二、教师个体层面：教师职业期望与现实的矛盾以及职业行为的路径依赖

（一）教师职业期望与现实之间的矛盾

从心理学角度来看，高校教师人才培养、科学研究、社会服务和文化传承等职业行为是其职业动机的外在表现，而职业动机的重要来源之一在于教师的心理需要和期望。高校教师职业期望具有复杂性和多样性等特征。从期望的复杂性来看，高校教师职业期望的复杂性源于职业主体、职业对象和职业方式等的复杂性。首先，是高校教师自身的复杂性。作为高等教育的重要主体，高校教师不仅仅是专业性和高深知识传承的主体，更是高深知识创新、发展和应用的主体。高深知识的来源、结构、层次和生产方式的复杂性决定了高校教师的职业活动并非简单的知识加工与传播，而是较为复杂的智力活动。其次，是高校教师职业对象的复杂性。高校教师职业对象不仅仅包括大学生，还包括物化的学术成果（课题、论文、著作）和社会服务产品（知识产权、专利、咨询服务等）。大学生的复杂性源自心理发展和需求、自身成长的家庭环境、外在社会要求等的复杂性。性别、家庭背景和社会成

---

① 沈红，李玉栋. 大学理工科教师的职业发展需要——基于"2014 中国大学教师调查"开放题的分析[J]. 高等工程教育研究，2016（6）：126-132

② 沈红. 中国大学教师发展状况——基于"2014 中国大学教师调查"的分析[J]. 高等教育研究，2016（2）：37-46

长环境等都对教师立德树人的方式，教育教学的目标、方式和成效等产生了影响；学术成果和社会服务产品的复杂性源于社会需求的多样性和差异性，以及依托的学科专业性质、知识体系、团队成员能力等的差异；职业方式的复杂性源于高校学术活动的跨学科性和协同性。近现代人类发展史和现实告诉我们，社会重大科技成果产出和学科技术进步都与高等教育及教师密不可分。高校教师的人才培养、科学研究和社会服务活动并非仅仅依靠教师个体就能独立完成的，而是需要教师个体之间、教师学术团队之间、不同学科专业之间的协同与合作。从期望的多样性来看，作为社会系统成员的高校教师，具有获得社会生活、生存必需的物质及生产资料的基本期望，有得到公平公正对待的社会交往期望，有提升个人学术声望和社会名誉从而实现个体自身价值的期望；作为教育系统的高校教师，具有行使教育教学及学术研究自主权的期望，有通过教育活动促进学生成长与成才的期望，有获得物质报酬、职务晋升、学术权威的期望，有获得学校、学生、家长和社会认同的期望，有获得专业自主发展的期望；等等。这些多样性期望既是对教师职业特点的外在表达和现实反映，具有社会性和客观性，也是教师对自身专业发展志向和理想的主观认知与研判，具有鲜明的个体性和主观性。

高校教师职业期望的复杂性与多样性、客观性与主观性决定了教师理想角色与现实角色之间存在诸多矛盾和隔阂。一是从整体性的教师群体来看，“教育者”“学术人”是高校教师的基本角色，许多教师期望政府、高校乃至社会能从政策、制度、时间和认可度等方面充分保证他们在教学和学术研究上的自主性，从而能够有效地提升人才培养质量和产出高水平的学术成果。但是，现实中，高校教师理想性角色期望与政府、高校、社会、学生及其家庭的现实需要往往存在差异。政府和大学期望教师能够培养出满足国家经济社会发展的高层次人才，扮演“政治人”角色，政治性和方向性较为明确。社会企业行业期望教师能够对接社会产业发展需求，培养对口人才，同时也期望教师的知识能够转化为现实生产力，扮演“社会人”“经济人”角色，直接促进社会经济发展。学生及其家庭期望教师在传授知识、提升技能、塑造良好品德、提升就业创业能力等方面发挥积极作用，扮演“教育者”“管理者”“心灵培育者”“道德榜样”等多重角色。高校教师理想性角色期望与现实性角色需要之间的差异性如若不能有效平衡，将导致教师职业的高期望得不到充分满足，必将影响教师的职业动机和行为积极性，从而导致高校教师群体与高等教育其他主体之间产生角色冲突。二是从教师个体而言，每个教师都有自己的理想和抱负，有自己心中理想的角色，都期望通过角色扮演提升自身的专业能力和实现自我价值。理想中，教师希望自己有教书育人能力、研究能力、成果转化能力、管理能力、协同创新能力、处理人际关系和学习能力等。然而，在实际的教育生活中，自己却教书育人成绩平平、管理碌碌无为、缺乏创造力、不善于与他人沟通交流以及自身学习能力不足，等等。这些教师个体现实问题与教师自身的高期望不相符，必然会影响教师个体的职业动机与行为，甚至带来负面影响，从而导致教师个体角色内冲突。

（二）教师职业行为的路径依赖

"路径依赖"是新制度主义理论中的重要概念，是指人们过去的选择决定了他们现在可能的选择。[①]它类似于物理学中的"惯性"，即由于高成本，一旦选择了进入某一路径，而该路径无论是"有效"还是"无效"，是"好"还是"坏"，可能都会被长期锁定在由"小概率事件""无关紧要的事件"引导的路径上而不求改变，即使还存在其他更好的路径选择。[②]路径依赖是一个在偶发事件和自我强化条件下产生的随机过程和锁定的所有物。一旦路径依赖产生，则意味着原有的制度安排或选择的路径会被锁定在该路径之下，不会轻易发生改变。由于不能较快地适应周围环境变化并在自我强化反馈机制的作用下不断得以强化，最终人们选择替代性制度或进行制度创新变得更加困难。高校教师职业活动过程中的路径依赖是其角色冲突产生的重要来源，具体表现为角色"习惯"和"适应性学习"等方面的路径依赖。

高校教师扮演的职业角色，既是高校制度设计与安排的客观要求，更是教师职业发展历史沉淀的产物。"教育者"是高校教师的基本角色，也是在高等教育历史

---

① [美]道格拉斯·诺斯. 经济史中的结构与变迁[M]. 陈郁，罗华平，等，译. 上海：上海三联书店，1981：1-2

② 卢现祥，朱巧玲. 新制度经济学[M]. 北京：北京大学出版社，2007：472

发展中形成的传统角色。每一名高校教师首先是一个“教育者”(尽管不同时期“教育者”的内涵有所差异),然后才是“学者”或其他角色。作为“教育者”,知识传授是高校教师的基本职责和任务,也是高校教师“教育者”角色特征的首要体现。知识传授需要教师遵循知识的特性,既保持知识传授的规律及历史传统,也需要教师通过不断学习而革新知识及其传授方式。具体表现为两方面:一方面,许多高校教师在传授知识的过程中已经形成了根深蒂固的教育教学理念和行为习惯。这些“习惯”既是教师个体的教育方式,更是教师在高校场域中形成的较为固定的职业行为方式。教师如何指导学生、如何开展课堂教学、如何开设课程和选择教材以及如何选择教学方式等,都在长期的教育习惯中形成了较为稳定的认知和行为方式。另一方面,教育行政部门和高校管理者也会凭借现有教育制度供给的政策和资源,为教师扮演“教育者”“知识传授者”角色提供各种学习和培训机会,从而促使教师熟练地掌握传授知识的先进理念、方式和方法。但是,由于管理者和教师对原有知识传授理念、方式甚至教师管理模式等形成了较好的适应,一旦新的教师角色需求被提出,他们很难在短期内理解和接受,甚至会抵制新角色,他们可能还会通过不断学习,形成与原有角色相适应的行为方式,从而强化对原有角色的路径依赖。久而久之,教师对扮演“教育者”“知识传授者”角色的认知更为深刻,一旦现代社会转型需要他们扮演与传统角色要求不相一致的其他职业角色时,大部分教师或者因主观因素不愿去尝试和改变,或者因传统习惯影响至深以至于难以改变。但是,在社会转型过程中,扮演新角色是高校教师职业发展的必然,也是适应高等教育变革的必然要求。因此,由于对传统角色习惯的长期依赖,高校教师必然会产生对新角色的不适应甚至不认同,从而引发对新角色的行为抵触,也加速了高校教师在角色转换过程中的角色间冲突或角色内冲突。

(三)各利益相关主体间的利益博弈与冲突

高校是多个相关主体利益高度相关的组织,其运行是教育行政部门管理者、高校领导者和管理者、院系管理者、教师群体和学生群体以及社会行业企业等多个利益相关主体共同作用的结果。作为高校中重要的利益主体,教师个体、群体及其组织的发展始终离不开高等教育资源的支撑和利益的驱动，但是高等教育资源，尤其是优质高等教育资源是有限的，高校中的个体、群体及组织为了维护各自的利益和需要，将开展对有限高等教育资源展的竞争。虽然竞争本身是客观的也是合理的，但受现行高等教育"行政化"管理体制等的影响，本来以学术为主导的教育资源配置方式转为以行政为主导的教育资源配置方式，从而造成高校发展中各利益相关主体利益博弈及其地位的不平等，从而产生了"非帕累托改进"问题，即如果利益博弈不能有效解决，则会造成资源配置的低效甚至无效。英国经济学家亚当·斯密（Adam Smith）曾在《国富论》中指出：在人类社会的大棋盘上，每个个体都有其自身的行动规律……如果它们能够相互一致，按同一方向作用，人类社会的博弈就会如行云流水。但如果两者相互抵牾，那博弈的结果将不堪设想，社会在任何时候都会陷入高度的混乱之中。①

在高等教育资源分配不均及竞争的情况下，高等教育各利益主体的竞争过程势必会引起教师个体、群体及其组织内部以及相互之间的利益冲突。高等教育利益主体既可以是个体（教师、学生、管理者），也可以是组织（大学、校外实体）等。大学的利益冲突既包括个体利益冲突，也包括组织利益冲突。个体利益冲突是指个体的伦理责任或法律义务与经济利益或其他个人利益之间的冲突。②个体利益冲突不仅有经济利益冲突，还包括学术利益冲突、责任冲突、规范冲突。个体利益冲突既可能是个人利益与他人利益之间（不同利益主体）的冲突，也可能是个人利益与个人责任之间（同一利益主体）的冲突。③高校组织利益冲突是指高校的使命或责任与商业利益之间的冲突，从而可能对高校的研究或评价产生诱导作用，违背高等教育的使命、责任或理念。④具体如表 5-1 所示。

---

① 转引自：赵昆. 经济人假设与制度认同[J]. 齐鲁学刊，2007（5）：122-125

② Resnik D B，Shamoo A E. Conflict of interest and the university[J]. Accountability in Research，2002（1）：45-64

③ Carson T L. Conflicts of interest[J]. Journal of Business Ethics，1994（5）：387-404

④ Report on Individual and Institutional Financial Conflict of Interest[R]. Association of American Universities，2001：2-10

表 5-1 高校教师角色冲突的类型与层次

类型	内涵	层次		利益主体	现实表现
		主要利益	次要利益		
个体利益冲突	经济利益	学术利益	经济利益	不同	教师经济利益与学生学术利益的冲突
	学术利益	公共利益	个人责任	不同	教师校外兼职与校内组织承诺的冲突
	责任利益	个人责任	个人利益	同一	教师科研与教学责任的冲突
	规范利益	专业规范	商业规范	同一	教师作为教育者与企业家的冲突
组织利益冲突	群众利益		组织经济利益	同一	大学的利益与大学使命、责任的冲突

利益冲突不仅受教师个人对所获得报酬期望的影响，还受教师个人对报酬制度公平的认同度的制约。依据美国学者亚当斯（Adams）的“公平理论”，人们不仅关心自己所得报酬的绝对值，而且更加关心自己获得的报酬与付出之间的关系，即报酬的相对量。因此，教师希望高校的分配制度和职务晋升制度能让他们觉得公平、公正，并与他们的期望相一致。如果教师感到收入分配不公平及晋升机会不均等，则他们对教师职业的不满意度会提高，教师与高校之间、教师与管理者之间的角色外冲突也会随之增加，势必造成教师不再信任管理人员，并与他们有一种极大的疏远感，学生通常被高校的等级制度所忽视，管理人员常常感到处于教师与学生的“包围”之中，结果学校便分成了各种派别和相互争斗的利益团体。①

第三节 高校教师职业角色冲突调适的实践路径

教师角色冲突是高校场域客观存在的现象，其影响因素也具有多样性，既有高校教师个体特质等内因，也有高等教育制度环境、管理及评价等外因。因此，对于

① [美]菲利普·G. 阿特巴赫. 比较高等教育：知识、大学与发展[M]. 人民教育出版社教育室，译. 北京：人民教育出版社，2001：9-10

高校教师职业角色的调适，应从内生机理和外部驱动两方面进行探讨。

一、内生机理层面的教师角色冲突调适

（一）教师强化自身的职业认知，整合职业角色行为

从心理学角度来说，认知是行为产生的心理机制，也影响着行为的方向和性质。高校教师职业具有复杂性、长期性的特点，教师需要对自身职业特点有深刻的认识与理解，才能确保职业行为的方向性和正确性。高校教师强化对自身职业性质、目标等的认知，是整合其自身角色行为的必要前提。教师唯有对自己从事的职业有清晰且准确的认知，才能做出符合国家和学校对教师要求和期望的行为，才能更好地面对和调适职业角色冲突。首先，高校教师应深入认识高校职能的内涵及表现形态。高校培养人才、发展科学和服务社会等多样化职能是教师扮演多重职业角色的内在逻辑。自中世纪近现代意义上的大学诞生以来，随着人类对高等教育功能认知的不断深化，经历了从培养人才单一职能到培养人才和发展科学双重职能，再到培养人才、发展科学和服务社会等多重职能并存的发展历程。《中华人民共和国高等教育法》明确规定："高等教育的任务是培养具有社会责任感、创新精神和实践能力的高级专门人才，发展科学技术文化，促进社会主义现代化建设。"教师是高校职能的承担者和践行者，培养人才是高校教师最本质、最核心的使命，科学研究和社会服务是高校教师的重要使命。其次，高校教师要厘清教学、科学研究和社会服务三者之间的关系，尤其是教学与科研的关系。关于教学与科研的关系，在理论研究层面和实践层面存在差异。有学者认为科研是"源"，教学是"流"，它们是"源"与"流"的关系。有学者提出教学和科研是正向关系、负向关系、无关系等。牛端基于实证研究得出教学和科研具有正相关关系，即科研对教学有正向影响。[①]为此，高校教师要努力找到教学、科研和社会服务三者的耦合点，在教学和社会服

① 牛端. 高校教师科研与教学关系的实证研究[J]. 大学教育科学，2018（4）：51-57，126

务中挖掘科研问题，使科研成果反哺教学，提升人才培养质量，将科研成果转化为技术，直接服务于社会，以社会服务平台支撑教学和科研的发展，探索出一条“教学—科研—社会服务”三者相互促进、共同发展的路径，以此不断整合自身的角色行为。

（二）教师应发挥自身的专业特长，明晰角色定位

正所谓“尺有所短，寸有所长”。由于高校教师的教育背景、教育经历、兴趣爱好、职业要求等存在差异，高校教师有各自的专业所长，也会致使教师对自身职业及其角色有不同的定位。职业角色定位是保证职业方向的重要前提。高校教师作为“发展中的人”，若失去自身职业定位，就如同“无舵之舟”，容易出现角色混乱、失调、错位甚至是缺位或越位等，进而产生职业角色冲突。[①]为此，高校教师应该明确自身的角色定位，这是其成功调适职业角色冲突的先决条件。教师明确自身角色定位的逻辑起点在于发现自己的兴趣和专长。兴趣乃最佳之教师，教师若是被迫地做兴趣之外的事情，更易感到枯燥无味、毫无动力，以至于出现厌恶和逃避心理以及放弃行为，则更易出现职业角色冲突。高校教师做自己擅长的事情，更能够发挥自身的优势，从而提高职业活动的效率和质量。当然，高校教师在培养自己的兴趣和专长的同时，也要善于发现自身的短板和不足，积极克服，努力弥补。

高校教师的自身定位需要在兴趣和专长的指引下确定职业发展的坐标。教师如将坐标定位于教学为主型岗位，则应集中时间和精力在教学上；如将坐标定位于科研为主型岗位，则应在科研上有所建树；如将坐标定位于教学科研并重型岗位，则应合理分配时间，协调好两者的关系；如将坐标定位于社会服务为主型岗位，则应努力用专业知识服务于社会。此外，教师还应确定清晰的职业发展目标。具体而言，教师要确定好短期、中期和长期目标，结合实际情况将目标逐渐细分为大目标、阶段目标和小目标，最后分阶段分重点地逐个实现。当然，教师明确自身的职业发展目标并非意味着否定学校的发展目标，更非否定两者可以背道而驰。教师确

---

① 熊德明. 冲突与调适：社会转型中大学教师的角色研究[M]. 武汉：华中师范大学出版社，2013：148

定的目标要在学校和学院整体发展目标范围之内，并与之同向而行。

（三）提高教师的身心素质，理性应对职业角色冲突

辩证唯物主义认为，矛盾是普遍存在的，即事事有矛盾，处处有矛盾。冲突是社会存在的正常状态，具有普遍性和客观性。在高校这个多元利益主体共生共存的微型“社会”，高校教师扮演的多种角色间产生冲突属于客观现象，甚至也成为“常态”。调查发现，高校教师在“教学-科研”维度的冲突达到中等以上水平，在“教学-社会服务”维度的冲突超过中等水平，在“科研-社会服务”维度的冲突趋近中等水平。由此可见，高校教师职业角色冲突不仅客观存在且程度较高。因此，面对冲突，高校教师应该做到如下几点。

首先，高校教师应该理性面对冲突。一是要树立正确的态度，即承认冲突的存在和正视冲突。对于一个对冲突具备宽容态度的人而言，冲突总是趋向于负面影响。二是要客观看待冲突，冲突既有消极影响，也有积极影响。冲突能够更好地促使教师不断思考、积极改变，使其向着更好的方向发展。冲突绝不仅是一种破坏社会稳定与整合、单纯引起变迁过程的因素，冲突对于促进社会团结、一致、整合同样具有重要的积极促进作用。[①]三是要想方设法解决冲突，积极正确地利用冲突。也就是说，要努力将冲突控制在合理的范围内，努力克服角色冲突对职业发展产生的消极影响。

其次，高校教师应具备较强的心理素质。良好的心理素质能够引导教师辩证、理性地看待事物，促使其朝着积极的方向前进，故教师应保持积极健康、乐观向上的心态。教师在发觉冲突的端倪时应保持清醒、冷静的头脑，对其持积极态度，然后分析其产生的缘由，并结合情况妥善解决。

最后，高校教师应具备良好的身体素质。教师职业更多以脑力劳动为主，除体育类和部分理工农医科类教师外，大部分学科教师的户外时间远少于户内时间、耗费的脑力多于体力。坐冷板凳的时间过久，势必也会给身体健康带来一定的负面影响，而没有健康的身体，良好的职业发展也就无从谈起。因此，教师应加强体育锻

① 朱明，谢建社. 冲突理论在社会变迁中的科学运用[J]. 江西社会科学，2003（8）：16-17

炼，劳逸结合。

（四）坚持终身学习，提高角色适应能力

从广义上讲，教师的角色技能是指教师个体运用已有的知识储备、经验方法，通过练习而形成的一套适应、发觉、控制和解决角色冲突的行为方式，它需要借助教师个体已有的关于角色扮演的知识、经验和方法来实现，这种经验、方法需要经过平时的练习而不断积累方能达到熟练的程度。从狭义上讲，教师角色技能是指教师掌握并运用专门调适角色冲突的技巧和能力。不断增强自身的角色技能，是高校教师科学、正确地调适职业角色冲突的关键所在。具体而言，高校教师要增强自身扮演不同角色及解决冲突的能力，提高角色冲突的发觉能力、角色冲突的控制能力及角色冲突的解决能力。高校教师如何增强自身的角色技能？其方法就是坚持终身学习。唯有不断地学习，才能更好地完善自身的知识结构，提升理论素养，积累经验和方法，提高业务能力，进而更好地调适职业角色冲突。

高校教师知识储备的程度将对其教学、科研和社会服务工作开展产生重大影响。尤其是在信息化、智能化飞速发展的时代，人工智能对教育领域的影响日益加深，传统的课程和课本知识已不能完全满足教师职业活动的需求。如果教师还依然固守学生时代的教材知识而不继续学习，势必会落伍。[1]因此，高校教师应不断加强学习。一是学习本学科专业的知识，这是教师在高校立足的根基。二是要学习跨学科的知识。当前，学科的交叉融合发展已成趋势，任何一个学科专业都无法独立地解决教师教学、科研和社会服务工作中出现的综合性问题。高校教师进行跨学科专业学习，有助于拓宽视野、发展思维，进而帮助其更好地开展教学、科研和社会服务工作。三是开展多途径、多方式的学习。高校教师可通过线上与线下学习、自我与合作学习等方式积极参与学科领域甚至是相邻相近学科的专题培训、学术会议及学术讲座等。此外，高校教师还应在工作中不断积累经验和提升能力，这是提高教学、科研和社会服务工作质量和效率，进而缓解三者角色冲突的有效方式。经

---

① 郭柏林，孙志远．“变”与“不变”：人工智能挑战下的高师院校师范生培养[J]．教育评论，2019（3）：115-120

验与方法的积累和能力的锻炼要求教师不畏失败、不断试误，每次失败都是一次成长。教师应建立工作日记簿，将重要事件的成败经验和方法记录下来，以便在日后遇到类似冲突时能通过翻看“案例”进行创新性的解决。再者，学历为硕士的教师最好继续深造以提升学历，在学术研究中提升调适角色冲突的能力。

（五）主动寻求援助，增进教师角色互动

学有所长，术有专攻。高校教师所学的学科专业不同，其在不同的院系中从事不同的学科专业的教学与研究，难免会出现“孤军奋战”的现象，加之大学教师间的利益博弈会造成他们在互动过程中“有所保留”，这些非正常、非理性的隐性规则不利于促进高校教师职业角色的发展，尤其是对于正在发展中的教师而言，其职业角色冲突势必会愈演愈烈。因此，高校教师要转变角色互动理念，即在职业角色冲突自我调适效果欠佳，影响到工作开展时，应主动地寻求外援，积极增进教师间的角色互动。

首先，高校教师可以向与自己一样面临角色冲突的教师请求“援助”。这种“援助”就是与其他教师相互倾诉角色冲突产生的原因、目前的心理感受以及寻求解决冲突的方法等。有着相同“遭遇”且又是同龄的教师间往往会有更多的共同话语，教师间能够敞开心扉地进行互动。向这类教师寻求“援助”，能让处于角色冲突的教师在心理上获得慰藉和平衡，使其明白并非只是自己存在这种情况，这将给予他们战胜冲突的勇气、自信和动力。其次，年轻教师可以向年长的教师寻求援助。年长教师的资历较深，他们在知识储备、工作能力、工作经验和方法，甚至是在协调不同职业角色关系的技能上可能强于年轻教师，增进与年长教师的互动可以帮助年轻教师更迅速、更有效地调适角色冲突。再次，教师也可以向学院（系）、学校学术委员会等的领导寻求援助。这个群体可能无法直接帮助其消灭冲突，但能够为他们调适角色冲突提供实质性的援助，如资源援助、心理援助等。最后，教师还可以向校外同行寻求援助。教师与校外同行不在同一单位工作，相互之间没有本质上的利益竞争，这样也能减少心理防备，加之同行对职业角色的发展更为了解，能帮助教师更科学地调适角色冲突。

二、外部驱动层面的教师角色冲突调适

（一）明确规定高校教师职业的角色义务

角色义务是指社会关系中特定角色的扮演者为满足社会关系而做出符合角色身份和地位行为时应尽的责任。董泽芳认为，角色义务就是社会对特定角色的责任的规定。[①]角色义务亦称为角色责任、角色任务，具有一定的强制性。高校教师的角色使命具有双重规定性：一是法律的规定性；二是高校组织特性的规定性。从法律层面而言，《中华人民共和国教师法》从遵守法律法规和职业道德、贯彻教育方针、对学生进行爱国主义教育、关心和爱护学生、维护学生合法权益、提高思想政治觉悟和教育教学业务水平等六个方面明确规定了教师应当履行的义务；从高校组织的特殊性规定而言，高校的特殊性在于它除了培养人才外，还要承担科学研究、社会服务以及传承和创新文化等任务。可见，高校的专业性、学术性、研究性和服务性等特征明显。

基于高校教师角色义务的双重规定性，为缓解教师的职业压力，帮助教师更有效地调适角色冲突，除了国家层面的法律法规之外，高校也要出台相关规章制度以明确教师的具体责任和义务，基层学院也要结合实际情况细化教师的角色义务，将其纳入教师的管理与考核之中。首先，应科学合理地设置岗位类型，如教学为主型、科研为主型、教学科研并重型、应用为主型等，明确规定不同岗位类型教师的责任与义务。其次，应适当减少教师的教学、科研和社会服务的工作量，因为工作量过大可能会导致教师为完成任务而降低质量。最后，应减少不必要的填表、考核、检查等，突出高校人才培养的重要性，真正地给教师“减负”。

（二）有效保障高校教师职业的角色权利

角色权利是社会关系中特定角色的扮演者为实现角色身份和地位权益而被赋

---

① 董泽芳. 论教师的角色冲突与调适[J]. 湖北社会科学，2010（1）：167-171

予的保障,是角色扮演者在该社会关系中获得的价值回报。教师职业角色的权利就是国家和学校为实现教师教好书、育好人而赋予教师作为或不作为权利的保障,是教师在学校中扮演“教育者”角色的价值回报。这种价值回报包括工资、社会声誉及成就感等。《中华人民共和国教师法》从进行教育教学活动,从事科学研究、学术交流,指导学生学习与发展,按时获取工资报酬,对学校教育教学、管理工作与教育行政部门的工作提出意见和建议,参加进修或者其他方式的培训等六个方面规定了教师的权利。在高等教育实践中,如若高校教师在人才培养、科学研究、社会服务以及文化传承创新中的角色权利不能得到有效保障,则他们的职业期望得不到满足,就容易陷入角色冲突之中。因此,政府和学校要切实有效地保障教师的权利。首先,要保障教师的主体地位。一是尊重教师在教学中的主体性,尊重教师对教学内容的选择权、教学活动的组织权、教学评价的自主权,适度减少教育教学监控中的各种“表格考评”,让教师能够真正在教育教学工作中发挥主观能动性;二是要彰显教师在科学研究中的主体性,如扩大其在课题申报、科研经费使用等方面的自主权;三是尊重教师在社会服务工作中的自主性,例如,尊重教师参与专业以外社会服务工作的选择权,学校和基层学院所安排的社会服务工作应尽量与教师所学专业具有相关性,真正体现专业知识服务社会。其次,保障教师各项考核、评估结果的知情权,完善反馈机制,畅通申诉渠道。最后,激发教师参与学校其他方面管理的参与意识。

(三)积极塑造高校教师职业角色的情怀

高校教师对其所处学校及扮演的职业角色缺乏情怀,势必也会加剧角色冲突。高校教师需要发自内心地接受教师的职业角色,并积极融入其所处的组织,只有如此才能真正扮演好教育者、研究者和服务者等各种角色,有效控制角色冲突。可见,高校及其学院积极塑造教师的角色情怀是帮助其有效调适角色冲突的内在保障。首先,高校要引导教师树立正确的职业观,即引导教师树立远大的职业抱负,帮助教师明确定位,提高对职业的荣誉感。①其次,高校要加强对教师的人文关怀。

① 熊德明. 冲突与调适:社会转型中大学教师的角色研究[M]. 武汉:华中师范大学出版社,2013:144

根据美国心理学家亚伯拉罕·马斯洛（Abraham Maslow）的需求层次理论，人的需要由低至高分为生理、安全、社交、尊重及自我实现五个层次，且较高层次需要的满足须建立在较低层次需要满足的基础之上。对于高校教师而言，学校要多关注教师的归属、职业和生活保障等物质需要，主动关心教师的情感诉求，充分尊重教师对学校各项管理制度的意见和建议，提高教师对组织的认同感和忠诚度。再次，高校要营造良好的文化氛围。正如北京大学张维迎教授所言，文化作为一种非正式制度，能有效地弥补正式制度的不足，甚至填补其“空白”。[①]文化作为一种理念、一种精神，具有导向性和超越性。第一，学校和学院可以通过定期开展诸如“教学交流周”“科研开放日”等各种活动增进教师间的交流，培养教师间的情感。第二，学校和学院在激励机制上要做到赏罚分明、公正公平，营造有序、轻松的竞争氛围，以此减少教师间的相互猜忌和恶性竞争，进而提高教师对角色的满意度、对工作的获得感与对组织的融入度。最后，特别要加大对新入职教师和弱势群体教师的帮扶，关注、关怀他们的生活和工作，在物质帮扶和制度制定等方面应有所倾斜。总而言之，学校和学院要努力营造温暖有爱、和谐宽松的家庭式氛围，以此塑造教师的角色情怀。

（四）为高校教师角色的发挥提供充足的资源支撑

资源是高校教师职业角色发挥的有力支撑，也是调适其冲突的基础保障。笔者的调查研究发现，50.06%的教师认为其所在学校配套的教学硬软件设施设备不完善，55.4%的教师认为配套的科研硬软件设施设备不完善，54.2%的教师认为其所在学校在教学能力提升方面的培训和学习机会少，57.2%的教师认为在科研能力提升方面的培训和学习机会少，51.2%的教师认为在社会服务工作方面的培训和学习机会少，60.2%的教师认为其所在学院缺乏成果突出且能起引领作用的教学科研团队。因此，高校要以校级为主、院级为辅，加大物质资源、学习资源、人力资源及信息资源等方面的投入力度。首先，在物质资源方面，一是要完善教师在教学和科研方面的设备设施建设，如教学所需的书籍、各种辅助教具等，开展科研所需的专

① 张维迎. 大学的逻辑[M]. 北京：北京大学出版社，2012：177-179

门实验室、实验仪器和材料等。二是要通过提高教师的福利待遇来保障其生活和工作。此外，要完善其他配套的福利保障，如子女上学等。总之，要为教师的角色扮演建设良好的"硬环境"。其次，在学习资源方面，要给教师提供更多的锻炼机会和发展平台。一是要定期聘请专家到校开展学术讲座。二是鼓励教师走出校门，在经费上支持教师继续深造提升学历或者到国外访学，参加学科专业领域方面的学术会议。三是搭建校、院内教师间教学、科研交流互动的平台。再次，在人力资源方面，采取外部引进与内部培养相结合的方式，不断提高教师队伍的综合素质，尤其是要走以学科带头人为核心的"团队化"发展模式。最后，在信息资源方面，要防止因信息垄断、信息堵塞等"乱象"而造成的教师角色冲突，要畅通信息流通渠道，形成信息公开、共享共用的优良局面。

（五）建立"以人为本"的高校教师角色管理机制

"以人为本"是现代高等教育管理的基本理念和价值目标追求。高校是多元利益主体并存的学术组织，如若不能协调好各主体间的利益需求，则会加剧教师扮演不同职业角色时的冲突。建立以人为本的管理机制是高校调适教师职业角色冲突的实践方法论。以人为本的管理机制强调"人"的主体性，将人置于管理的核心位置。教师作为主体性的人，调适其角色冲突，应构建以人为本的管理机制。首先，以人为本的管理是民主的管理。高校要加强对教师的人文关怀，为其职业活动营造和谐氛围，积极发扬民主。其次，以人为本的管理是人性化的管理。高校教师是知识分子，要给予他们充分的信任，发挥其在自我管理方面的自主性。具体而言，一是在教学上尊重教师的主体性，减少不合理的教学和科研考核；二是建立各类负面清单，如减少教学方面不必要的竞赛、评估，努力给教师"松绑"。此外，以人为本的管理要认真落实教授治学、学术自由。高校应贯彻科技部等印发的《关于扩大高校和科研院所科研相关自主权的若干意见》中的精神，因校制宜地出台配套政策，努力做到不给教师的科研通道"添堵"，如简化烦琐的科研项目管理程序，切实保障教师科研经费的使用效率等。最后，以人为本的管理应实行"服务式的管理"模式，即不断提高服务意识和服务效率，为教师职业角色扮演提供便利条件。

（六）构建柔性的高校教师角色考核评价体系

科学合理的考核评价体系对高校教师扮演好不同职业角色具有重要的保障作用。高校应认真贯彻习近平总书记在全国教育大会上的重要讲话精神，严格执行《中共中央 国务院关于全面深化新时代教师队伍建设改革的意见》《教育部关于深化本科教育教学改革 全面提高人才培养质量的意见》等系列文件中关于高校教师评价机制的规定，因校制宜地构建一套柔性的教师角色评价体系。一是要树立科学的教师角色评价理念，即教师角色评价目的是促进教师更好地发展，引导教师更成功地扮演好职业角色，帮助教师更有效地调适角色冲突，并非对教师进行等级划分。二是要建立多样化的评价内容。评价内容要涵盖全面和突出重点。评价内容既要包括思想政治素养，也要包括业务素养，既要包括科研、教学工作，又要涉及社会服务工作。三是彰显差异性的评价原则。对纯硬科学、纯软科学和应用科学的评价制度应有所差异；评价还要体现岗位类型的差异性，即对教学为主型岗位、科研为主型岗位教师的评价有所不同，在职称评审和职位晋升方面建立不同的评价标准。四是突出评价的动态发展性。弱化年度考核评价，让教师根据自己的规划和成果产出时间确立考核周期，如纯硬科学 4 年一评、纯软科学 6 年一评、应用科学 5 年一评。五是采用多样化的评价方式。高校可借鉴北京大学、清华大学等的经验和做法，采取教师述职考评、学术会议交流、领导和同行专家点评等方式，对教师的教学、科研等活动进行评价。六是在评价的手段上体现柔性和多样性。例如，教师职称评聘采取量化和质性相结合、“代表性成果”等手段。在评价的主体上，强调立体性，即由传统纵向的上级领导评价、横向的同行评价转向立体的多元利益相关者评价。最后，构建过程性和结果性评价的反馈机制。要保证评价的过程客观、公正、公平，评价结果明晰，赏罚分明，反馈要做到及时、准确。同时，要保障教师的知情权、申诉权，充分发挥评价的引导和激励作用。

第六章

“学术”与“教学”的整合：当代高校教师职业角色的构建

当代社会，随着高等教育层次和类型的多样化以及高校职能的多样化，高校教师所扮演的多样化角色在理论和实践上日益受到关注。从理论上看，现有研究主要探讨了教师作为"教育者""研究者"二元角色观及作为"学术人""政治人""经济人""社会人"多元角色观等问题。从教育实践来看，在现有的"重科研、强专业、轻教学"学术评价和考核机制下，一些高校面临着"科研""教学"难以平衡及"学科专业人""教育者"等角色困惑问题。正如有学者所言："每位受到召唤、有志从事学术工作的年轻人，都必须清楚地认识到，他所肩负的重任具有双重面貌。他不仅需要具备学者的资格，同时也必须能够做一位好老师；而这两种条件并不一定全然吻合。一个人可能是十分杰出的学者，同时却是一位糟糕透顶的老师。"①当代社会，随着新型"学术观"的确立，"学科专业研究""教学活动"都被纳入了学术领域。无论是学界还是教育实践领域，人们都开始从高等教育培养人才的本质属性和高校学术组织特性的角度出发，把教学纳入学术活动范畴，提出了"教学学术人"的教师角色，从而也出现了教师"专业学术人""教学学术人"两种角色并存的局面。两种角色有不同的选择取向及话语系统，它们虽然都从"学术人"视角定位了人们对高校教师职业活动的期待，但它们各自的特征如何、有何差异、张力如何平衡？深入分析这些问题，对于重构高校教师理想性角色具有重要的价值和实践意义。

第一节 "专业学术人"：传统学术观及高校教师职业角色

从知识和学术的本质来说，"专业学术人"是以知识发现和创新为职业使命的

① [德]马克斯·韦伯. 学术与政治[M]. 钱永祥，等，译. 桂林：广西师范大学出版社，2010：162

知识分子的首要角色，也是高校教师最为传统的角色形态和选择取向。“专业”是知识存在的外显形态，是专门化的知识体系，也是大学凝聚相近学科人才或团队的直接载体，在某种程度上已经成为高校教师的栖身之地。“专业学术人”角色取向以学科专业及知识为载体，以科学研究为手段，旨在促进知识的发现与创新。在“专业学术人”思维体系中，知识分子职业角色本质上是一种学科专业人对知识体系构建及其实践的活动，价值判断标准最终源于知识体系的构建程度，以及知识对科学技术及人类社会生活的影响与改变。从“专业学术人”的形成阶段来看，本科教育阶段是学生对专业知识的认知与学习阶段，是“专业学术人”萌芽及开始阶段；硕士研究生教育阶段是学生对专业知识进一步认知与深化的阶段；博士研究生教育阶段是学生对专业知识高度专门化的阶段，也是对专业的“忠诚”形成阶段。尤其是博士研究生教育，使其成为真正的“专业学术人”。因为博士生教育的目标就是培养作为专业保护者的专业工作者和专业学者。他们用批判的眼睛瞄准未来，但同时又担负着保存他们专业领域的本质精华的职责。他们能为专业活力、品质和完整性的提升而工作。[①]正如卡内基基金会总结的，博士学位制度培养的专业学者具有三种能力：①通过研究和学术工作产生新知识，这种新知识符合可信性和可证明性的学科标准；②能够批判地保护学科的历史和基础观念；③有效地改造现有知识，并通过运用、教学和写作使本学科对其他学科有所助益。[②]

从理论上讲，发展科学和创新知识是“专业学术人”的核心价值理念，也是其最终职业目标。对于高校教师而言，培养人才、发展科学和服务社会仍是大学教师作为“专业学术人”的职业使命，也是高校教师区别于社会其他层次教育机构和研究机构人员的典型特征。科学研究的目的在于构建具有逻辑性和科学性的知识及技术体系，其类型是基础研究与应用研究的二元共生，评价标准在于学术共同体内对专业学术成果（诸如论文、著作、技术、项目和知识产权等）的认同；培养人才和服务社会是发展科学和创新知识的手段与保障。培养人才以学科专业为依托，目

① ［美］唐纳德·吴尔夫. 教授是怎样炼成的——未来大学教师培养的改进策略[M]. 赵文，译. 北京：北京大学出版社，2015：220-221

② ［美］唐纳德·吴尔夫. 教授是怎样炼成的——未来大学教师培养的改进策略[M]. 赵文，译. 北京：北京大学出版社，2015：220-221

标在于培养高层次的理论型或应用型专门人才。培养方式注重教学与科研结合，实验或项目参与以及团队培养。培养层次注重连续性和一贯性，尤其集中于硕士和博士阶段。社会服务目标在于知识和技术的应用，服务手段为科研成果的转化及应用。

从高等教育发展史来看，无论是中世纪相对单一的文学、神学、法学等学科，还是现代社会错综复杂的多学科或跨学科体系，学科专业作为大学存在和发展的“细胞”与载体，都是高校教师“专业学术人”角色存在的前提和基础。高校教师“专业学术人”角色取向在高等教育创新发展中彰显了积极的正向功能。一是有益于科学知识体系的完善与创新。知识创新是人类发展的不竭动力。无论是自然科学知识还是社会科学知识，它们对于改变人类认知、去除愚昧并指导社会实践活动都具有深远意义。正如有学者所言，教师如果有科学和物理情怀，追求教育世界的真实无妄与脚踏实地，教育就不会漂浮不定不可捉摸。教师如果有哲学情怀，追求教育世界的智慧境界，教育就不会失去育人本质。①高校教师是高深知识创新与发展的直接推动者和实现者，其也因此成为社会知识权威的“代名词”，并拥有较高的社会威望。纵观人类发展史，正是由于许多学者甘于寂寞、倾心追求，通过蕴含于自身的科学理念及学科专业知识，把发展真理和探究知识作为毕生的使命，才能在推进学科专业发展的同时，对人类知识增长和完善、科学技术发展及社会进步做出重大贡献。二是能促进高校教师自身的专业成长。教师的专业成长既是自身专业素养提高的结果，也是不同发展阶段知识和能力积累的结果。高校教师尤其是高学历教师的学科专业知识和技能是其胜任教师职业的前提条件。“专业学术人”取向的角色定位与选择，给予了教师较为清晰的职业指导，强化了其作为“知识人”“专业人”的价值理念，帮助教师以一种系统化和逻辑性的思维与行为方式构建了学科专业及其知识体系。

然而，在高等教育实践中，由于受“学术”即“科学研究”、“科学研究”即“专业知识创新与发展”等传统学术观念的影响，加之受现有高校“重专业研究及其成果”的学术评价机制的制约，高校教师“专业学术人”角色的目标和使命出现了一定的偏离甚至异化，产生了一系列的现实问题。一是学科之间的隔离，狭隘的个人

---

① 陶志琼. 教师的境界与教育[M]. 北京：北京师范大学出版社，2006：46

专业主义不同程度地存在。“学科专业”是其获得知识、发展能力、培养道德品质甚至是获得物质报酬和学术声誉的重要载体。因此，对于当代大学教师而言，掌握了某一学科专业知识并成为专家，就如同获得了专业“话语权”，也就具有了权威性的学术“身份”。但是，过分强调专业权威及其话语权，一方面，导致了学科与学科之间的隔离，学科变成了“一个以具有正当资格的研究者为中心的研究社群。每个个体为了利于互相交流和对他们的研究工作设立一定程度的权威标准，组成了这个社群”①。每个学科群体通过各种专业学术活动（学术共同体会议、学术刊物）建立自己的规范、标准和权威，以阐释和证明与其他学科之间的差异和存在的价值。另一方面，强化了高校教师学科专业归属的个人主义文化，教师对学科与专业的忠诚度高于学校。许多高校教师出于职业生存和发展需求，使教师个人栖息于象牙塔内，“两耳不闻窗外事”，缺乏社会公共责任感、使命感及批判精神，成为社会公共事务的“旁观者”，沦为彻底的“学科专业人”。②二是教师的“育人”功能弱化。高等教育发展史和现有研究表明，知识创新与发展、科技产出与应用等并非与人才培养或教学直接相关，甚至是“科研”与“教学”还产生了冲突。美国学者福克斯（M. F. Fox）对美国大学中的1215名获得终身教职或长聘全职教师的调查研究发现，在有限的时间和精力条件下，如果教师具有多重身份和职能定位，则可能引发冲突。如果教师将更多的时间用于学术研究及成果撰写，则教师的备课时间会显著减少，并且教学投入对科研产出也会产生抑制效应。③“学术专业人”角色取向以知识创新为中心，强调把专业研究成果作为教师考评的核心标准，高校教师更多关注学术成果（论文、著作、项目和专利等）、实验室、实践平台等固化或物化的知识载体，往往忽视了除知识传授者外，教师还是塑造学生良好品德及促使其形成美好生活情趣的育人者。教师在教学和人才培养方面的作用未得到充分重视，“高学历等于高教学水平”“学者必良师”等错误角色取向得到了进一步强化。

---

① Geiger R. To Advance Knowledge：The Growth of the American Research Universities，1900-1940[M]. New York：Oxford University Press，1986：29

② 牛海彬. 大学教师“知识人”身份重构的路径分析[J]. 东北师大学报（哲学社会科学版），2015（4）：234-238

③ Fox M F. Gender? Family characteristics，and publication productivity among scientists[J]. Social Studies of Science，2005（1）：131-150

第二节 "教学学术人"：当代学术观及高校教师职业角色

一、"教学学术"的内涵及特征

高校培养人才的原生功能和"学术性"的本质属性要求教师应扮演"教学学术人"角色。"教学学术人"这一概念可源于美国学者提出的"教学学术"概念及其思想。1990 年，美国卡内基教学促进基金会主席博耶针对美国大学录取学生人数的增长和本科教学质量下降的现实，重新认识到了高校教学的价值和意义。他在专题报告《学术的反思——教授工作的重点》中首次提出"教学学术"这一概念，并讲道："我们相信古老的对'教学与研究关系'的讨论已经过时，给予我们所熟悉的和崇高的术语'学术'一个更加广泛、更有内涵的解释的时候已经到来，它将能够给予大学教师的全部工作合理性。"[①]他认为，大学对学术的探究乃是学术生命的"心脏"。学术意味着通过研究来发现新的知识，学术还意味着通过课程的发展来综合知识，还有一种应用知识的学术，即发现一定的方法去把知识和当代的问题联系起来，还有一种通过咨询或教学来传授知识的学术。[②]在此基础上，博耶将学术分为探究的学术、整合的学术、应用的学术和教学的学术。[③]①探究的学术。探究的学术即传统的专业研究，是我们传统思维中专业学术的核心。②整合的学术。整合就是建立各个学科间的联系，把专门知识放到更大的背景中去考察，是一种具

---

① 转引自：王玉衡. 美国大学教学学术运动[J]. 清华大学教育研究，2006（2）：84-90

② [美]欧内斯特·L. 博耶. 关于美国教育改革的演讲[M]. 涂艳国，方彤，译. 北京：教育科学出版社，2002：56

③ Boyer E L. Scholarship Reconsidered：Priorities of the Professorate[M]. San Francisco：Jossey-Bass，1997：16-24

有开创性的研究工作。③应用的学术。这一学术是为了避免理论和实践的脱节，通过对高深知识的应用，可以在不同的学科之间和科学与艺术之间搭建桥梁。④教学的学术。它是一种通过咨询或教学传授知识的学术，即传播知识的学术。博耶明确提出了教学学术的地位和作用。他认为教学也是一种学术活动，教学作为一种学术性事业，需要教师迅速掌握新的信息，要沉浸在自己专业领域的知识中；教学是一个能动的过程，它需要在教师和学生之间架起理解的桥梁。好的教学要求教师不仅要传播知识，还要学习知识，使自身获得发展。博耶指出，如果教学没有学术性功能，知识传承的连续性将会中断，人类积累的知识就将面临被削弱的危险。

教学何以成为学术？美国卡内基教学促进基金会第八任主席李・舒尔曼（Lee S. Shulman）进行了进一步的论述。他认为学术活动应具备三个重要特征：具有公开性，能面对批判性的评论和评价，并能与所在学术圈中的其他成员进行交流和使用。[①]舒尔曼认为，教学也是一种学术。其原因在于以下几点。一是教学既是一项活动，更是一个探索过程。教学不能仅仅被定义为在教室中进行的教师和学生的互动，像其他形式的学术一样，教学成果也需要经过很长时间才能显露。李・舒尔曼提出，教学过程至少包括设想、设计、互动、结果和分析 5 个要素。教学就是对所在学科存在问题和方法的广泛的看法，实施教学理念的计划和行为设计的能力，需要特殊技能的互动以及能够预期和无法预期的结果，对探索复杂实践所带来的特定结果进行某种分析。[②]这样，教学成为一种长期探究知识的学术活动。二是教学符合公开、能面对评论和评价、采用一种能够让他人进行建构的形式，并且能够对结果进行反思的特点。当教师将工作公开、接受同行评价和批评，并与所在专业社团的其他成员进行交流时，反过来又对自己的工作产生了强化，这时教学就变成了教学学术。三是教学是教师群体的"共同财富"，而不是私人性的活动。因此，教师应打破"教学的隔离"，在对教学进行创新性实验时，对自己的研究经验进行总结，采用多种形式或载体记录下教学活动或教学结果，让同行对课堂教学进行评价和交流，使其成为促进教师发展的"共同财富"。

---

① Shulman L S. From minsk to pinsk：Why a scholarship of teaching and learning?[J]. The Journal of Scholarship of Teaching and Learning，2000（1）：48-53

② Shulman L S. Teaching as Community Property[M]. San Francisco：Jossey-Bass，2004：191

当今，国际上关于"教学学术"的代表性观点有以下几种。①教学学术等同于教学的发现研究，教师从事教学研究，产生研究性和创造性的成果，并以期刊论文、会议演讲稿、教科书等方式呈现。该观点认为从事学术工作的教师是否是"有效的教师"已经不是问题的关键。②教学学术等于优秀教学。教学学术的水平体现在教师教学获奖、教学评价中的杰出表现、学生评价和同行评议的结果以及拥有广泛的关于教和学的知识。③教学学术与学术性教学相似。教学学术就是教师通过将对理论和研究的反思与以往来自教学经验的知识相结合产生的一种实践智慧。学术性教学是教学领域的学者将教育理论和研究运用于实践中的学术性取向。[①]

此外，世界上不同国家和地区对教学学术的认知也存在差异。美国学者强调教学学术既是一种校园活动，也是教师的生涯发展途径；英国和澳大利亚学者强调教学学术有助于建立重视教学的校园文化；北美的本科院校倾向于认为，与教学学术有关的认可和奖励最为重要；英国学者认为处理教学与学术的关系最为重要；中国学者则认为教学学术的构成要素及其应用最为重要。①教学学术是指教师教学学术的能力结构及其发展。教学学术包含知识成分、能力成分和素质成分。[②]②教师的教学学术水平是教师的专业知识和教育教学理论知识功底以及在其学科领域进行教学时，通过教学研究、合作交流、反思实践等活动表现出来的发现、综合、应用的能力。[③]③教学学术是教师从实践中（教学实践）提取中心问题，通过使用合适的方法对这个问题进行研究，将研究成果应用于实践，并与同行进行交流、反思及接受同行评价的过程。[④]总结各国学者的观点，笔者认为，教学学术是指教师在教学过程中通过理性思考、同行批判、反思评价以及合作与交流等途径，对自己的"教"和学生的"学"进行继承、发展及应用的活动与创新性行为。教学学术的对象不仅涉及教师的"教"，也要涉及学生的"学"，内容涉及知识范畴和能力范畴。

---

① Krebe C，Cranton P. Exploring the scholarship of teaching[J]. The Journal of Higher Education，2000（4）：476-495

② 綦珊珊，姚利民．教学学术内涵初探[J]. 复旦教育论坛，2004（6）：28-31

③ 耿冰冰．大学教师教学学术水平的内涵[J]. 北京理工大学学报（社会科学版），2002（4）：17-18

④ 袁维新. 教学学术：一个大学教师专业发展的新视角[J]. 高教探索，2008（1）：22-25

知识范畴强调教师对教育教学理论知识、教学法知识、课程知识和教学内容知识、关于学生的知识等的继承与创新；能力范畴强调教师对教学的监控与反思能力、对教学内容的理解与创新能力、教学方法革新能力、教学合作能力、课程设置与开发能力及指导学生学习能力等的继承与创新。

二、"教学学术"制度化要素与构成

国际社会认为，教学学术不仅是实践性问题，更是理论构建问题。其中，教学学术制度的理论构建是受到关注的重要问题之一，涉及教学学术的制度化标准、教学学术质量的评价标准、教学学术"同行评议"制度、教学学术的培育制度等。

1）关于教学学术的制度化标准。国外学者认为教学学术制度化要素包括：①就教学学术的内涵和宗旨达成共识；②采用适当方式，对"公开发表""非公开发表"的教学学术成果进行评估；③院校层面对教师参与教学学术活动的支持机制；④院校办学使命中强调教学学术的地位；⑤教学学术绩效的教职晋升制度；⑥研究生教育中培养未来学者的教学学术素养。[①]

2）关于教学学术质量的评价标准。博耶提出了描述性评价标准，即教师应深入理解教学内容，使其成为教师与学生建立联系的桥梁；教师应认真计划并检查教学程序，促使学生主动学习，以实现知识的扩展和改造。但博耶的观点更多是描述性的，缺乏操作性标准。1997年，美国学者格拉塞克（Glassick）等在其出版的《教授学术水平评估》（*Scholarship Assessed：Evaluation of the Professoriate*）一书中总结了学术（包括教学学术）的6项质量标准：一是清晰的目标——陈述的教学目标是否清晰、可行；二是充分的准备——学者对相关领域学术成果的了解程度；三是适当的方法——根据既定目标选择合适的方法和程序，并适时进行调整；

① Braxton J M，Luckey W，Helland P. Institutionalizing a broader view of scholarship through Boyer's four domains[J]. ASHE-ERIC Higher Education Report，2002（2）：76-82

四是重要的成果——实现既定目标，为未来的探究提供空间；五是有效的传播——通过合适的方式、场合或组织，呈现自己的成果；六是反思性批评——批判性地评价自己的工作，以便进行改进。[①]此外，李·舒尔曼等指出，教学学术活动需要满足三个基本标准：成果的公开化；接受批判性评论；成果能够交流和被同行使用。[②]之后，克莱博（Kreber）通过3种反思行为（内容反思——是什么，过程反思——怎么做，前提反思——为什么）和3种与教学相关的知识（教学知识、教育学知识和课程知识）共同构成了3×3矩阵的反思形式，并为教学学术评价提供了方向性指南。[③]

3）关于教学学术"同行评议"制度。"同行评议"可以促进教学学术成果的交流，促使个别化的教学活动向公开化"教学学术"转变。但同行评议也会带来一些问题，诸如可能会危及教师个体的学术自由和知识产权，等等。"同行评议"还应关注评议内容是否具有代表性、准确性和普遍性，评价者是否客观，学校的激励机制如何，以及同行评价文化是否宽容。[④]

4）关于教学学术的培育制度。高校教师教学学术水平的培育应具有多样化模式，如学位教育模式、社区教育模式、校本教育模式等。学位教育模式可以提升教师的学术素养，强化其学术思维与研究技巧；社区教育模式可以扩充教师学术知识的关联面，提升教学的解释力和增强实践的自觉性；校本教育模式能够促进教师的深度参与，丰富其实践知识，推动教学的真正变革。[⑤]

---

① Glassick C E，Huber M T，Maeroff G I. Scholarship Assessed：Evaluation of the Professoriate［M］. San Francisco：Jossey-Bass，1997：93

② Shulman L S，Hutchings P. About the Scholarship of Teaching and Learning：The Pew Scholars National Fellowship Program［M］. Menlo Park：The Carnegie Foundation for the Advance of Teaching，1998：130

③ Kreber C. Controversy and consensus on the scholarship of teaching[J]. Studies in Higher Education，2002（2）：151-167

④ Keig L，Waggoner M. Collaborative peer review：The role of faculty in improving college teaching［J］. AAHE-ERIC Higher Education Report，1994（2）：16-22

⑤ 时伟. 大学教师专业发展模式探析——基于大学教学学术性的视角［J］. 教育研究，2008（7）：81-84

三、高校教师“教学学术人”角色取向

“教学学术人”角色取向强调高校教师以专业知识和教学知识及能力为载体，以课堂和课外教学等为手段，以高质量人才培养为根本目标。在“教学学术人”角色思维体系中，教师角色的本质是教育者对教学理论体系的构建和教学实践行为。也就是说，教学也是一种学术活动，具有教学和学术的双重特征，也蕴含着知识、反思、交流和观念 4 个学术维度的特征。[①]教师教学学术的核心价值理念在于通过学术性教学提升教师的专业化水平，以培养高质量人才。教师教学学术的载体在于课堂教学实践，课堂是教师发展教学学术的“第一阵地”。教师教学学术素养体系既包括专业性的学科知识和技能，也包括教育理论知识和教学内容知识，还包括有效指导学生获取知识的能力，且各种要素之间在教学实践中相互融合。教师教学学术水平的衡量标准不仅在于学术性教学过程，还在于教学学术成果的公开发表、交流并接受同行的批判，即教学学术涉及教学问题的提出，运用特定学科的方法对问题进行研究，将研究结果运用于实践，对研究结果进行交流，以及自我反思并参与同行评价。[②]

近年来，随着“教学学术”概念的提出及研究的深化，“教学学术人”角色取向在高校教师的认知中开辟了“新领域”，引起了人们对高校教师职业角色的重新认识与反思，也使其应有的价值得到了体现。首先，复归了高校培养人才的原生功能。虽然大学教师角色具有多样化特征，但无论社会及时代如何变迁，教育方式和内容等如何变化，大学教师作为“教育者”的基本角色始终不会改变。无论从内涵、特征还是职业目标来看，“教学学术人”角色取向都与“教育者”角色“不谋而合”。此外，高校教师角色及其使命的完成，除依托学科专业知识之外，还必须依托教育

---

① Trigwell K，Martin E，Benjamin J，et al. Scholarship of teaching：A model[J]. Higher Education Research & Development，2000（2）：155-168

② American Association for Higher Education. Your Invitation to Participate in the Carnegie Teaching Academy Campus Program（Instruction Sheet：Campus Conversations，Part One）[R]. Washington，1998：216

的重要主体——学生。"教学学术"内涵强调，既要研究教师如何"教"，也要关注学生如何"学"，即"教与学的学术"。[①]因此，人才培养是教师教学学术发展的最终目标，也是教师作为"教育者"的最终目标。高校教师的"教学学术人"角色不仅彰显了大学的原生功能，而且延伸了"教育者"角色的内涵。其次，拓展了大学教师专业发展的新路径。作为教育者的大学教师，其专业发展不仅仅是专业知识的增长、专业能力的提升和专业伦理的形成，还是教学理念、教学知识、教学能力和教学专业道德等的发展。"教学学术人"角色取向在很大程度上打破了传统科研与教学的隔离等，将教学实践与学术活动相结合，为教师专业发展找到了一个新的契合点。

从当今高校职能不断拓展以及高校学术性的本质来看，"教学学术人"角色取向不仅是一种教师角色的理念，更是一种实践行动。"教学学术人"角色创造性地把教学纳入了学术范畴，将以教书育人为业的"教师"角色纳入了"学术人"角色之中，使教师角色既具有教学性又具有学术性，实现了教学性和专业性的交互融合。但是，实践中不可避免地会带来一些现实问题。一方面，"教学学术"毕竟还是一个较为全新的概念，其学术性体系尚未明晰，也备受争议。从欧美国家的理论和实践来看，一些教学学术的倡导者未能较好地处理专业学术与教学学术的关系，教学学术的学术体系也不明晰。这使教学学术很难向纵深发展，也不容易获得成熟学科的青睐，教学学术价值也并未在大学内部的制度建设中得到体现。[②]另一方面，由于"教学学术"的概念和体系含糊不清，人们对"教学学术人"作为一种全新角色的理解和认同度不够。"教学学术"与"学术性教学""教学研究"之间有何差异？"学术人"与"专业学术人""教学学术人""教育者"共性与差异性何在？这都是构建高校教师"教学学术人"角色亟待解决的问题。

---

① Bender E T. The SOTL "movement" in mid-flight" [J]. Change the Magazine of Higher Learning，2005（5）：40-49

② 李宝斌. 教学学术发展的阻滞与突破[J]. 高等教育研究，2015（6）：80-86

第三节　高校教师"教学学术人"角色的现实考量

一、高校教师教学学术现状分析

（一）理论基础与分析维度

依据博耶等关于"教学学术"概念、理论及实践的阐述，笔者将"教学学术"界定为：教师在教学过程中通过理性思考、同行批判、反思评价及合作交流等途径，对自己的"教"和学生的"学"进行继承、发展及应用的活动与创新性行为。教学学术的对象不仅是教师的"教"，还包括学生的"学"。"教学学术"的内容不仅涉及教学实践本身，还涉及教学观念的革新、教学内容和方法的创新、专业发展制度保障、实施策略，以及成果的公开、交流、反思与同行评价等层面。结合"教学学术"的概念和内涵，本研究围绕 5 个维度对高校教师教学学术进行调查分析，即教学观念与态度、教学数量与质量、专业发展 HE 教师管理制度。其中，教学观念与态度涉及教师对教学的热爱程度、对教学与科研差异的认识等；教学数量与质量涉及教学投入时间、开课数量、教育工作时间分配比例；专业发展涉及在职培训方式和培训时间等；教师管理制度涉及教学管理、职称评审、科研管理、教师激励和专业发展。

（二）研究设计

1. 数据来源与研究对象

基于"教学学术"的内涵与分析维度，笔者采取随机分层抽样的原则，选取了国内"双一流"建设高校、省属重点本科院校、省属一般本科院校 3 种类型的高校进行调查，调查对象涉及高校专任教师、高校领导者、高校人事部门和教务部门管理者等。

研究设计了“本科院校教师教学学术调查问卷”。调查问卷设计完成之后，首先选取笔者所在单位的 60 名教师进行了测试，回收问卷 57 份，有效率为 95.0%。通过分析，问卷达到了研究所要求的信度与效度。此后，再向笔者所在单位的人事处、科研处、教务处和教育学部等有关管理者、教育研究专家进行咨询与征求意见，对问卷进行完善和改进，形成了最终的调查问卷。

研究问卷调查采用问卷星线上调查的方式，一共选取了 10 所高校，其中综合类高校 6 所，专业类高校 4 所。共发放问卷 960 份，回收 896 份，回收率为 93.3%，其中有效问卷为 875 份，有效率为 97.7%。调查对象的基本情况详见表 6-1。

表 6-1　调查对象的基本情况

类别	基本特征	人数	所占比例（%）
性别	男	516	58.97
	女	359	41.03
年龄	25 岁及以下	16	1.83
	26—35 岁	214	24.46
	36—45 岁	362	41.37
	46—55 岁	257	29.37
	56 岁及以上	26	2.97
学历	本科及以下	76	8.69
	硕士研究生	386	44.11
	博士研究生	413	47.20
教龄	5 年及以下	213	24.34
	6—10 年	251	28.69
	11—20 年	289	33.03
	21 年及以上	122	13.94
职称	初职	63	7.20
	中级	275	31.43
	副高级	309	35.31
	正高级	228	26.06
高校类型	“双一流”建设高校	206	23.54
	省属重点本科院校	431	49.26
	省属一般本科院校	238	27.20

注：因四舍五入，个别数据之和不等于 100%。下同

2. 统计方法与指标选取

研究利用 SSPS16.0 数据统计软件，并根据需要采用描述性统计、平均差分析、方差分析、卡方检验等统计方法对有关数据进行统计分析，以得出具有显著统计学意义的结果。

调查问卷内容涉及教师基本信息，以及教师教学（开课情况、教学时间投入、教学质量影响因素等）、教师职业认同感（教师自我评价、职业压力等）、教师管理制度（教学培训、晋升考核等）、教学成果交流与公开发表等方面。

（三）调查结果分析

1. 教师教学学术的观念与态度

（1）教学观念

受传统观念的影响，“教学”与“学术”时常被认为是两个不同的系统，也是教师不同的职业活动。随着现代教育理念的不断更新，“教学”与“学术”融合的理念逐渐凸显。调查发现，在回答 “教学活动是否是一种学术活动？”这一问题时，总体上，持肯定态度的教师比例高于持否定态度的教师。此外，也有相当比例的教师对该问题持“不确定”的态度。从性别上来看，男教师和女教师对该问题认知的态度上无显著性差异；从年龄上看，随着年龄的增长，持肯定态度的教师比例也随之增长，而持否定态度的教师比例下降；从高校类型来看，对该问题的认知存在显著的差异，省属重点本科院校持肯定态度的教师比例（66.59%）明显高于“双一流”建设高校教师比例（54.85%）和省属一般本科院校教师比例（36.13%），且省属一般本科院校持否定态度的教师比例（39.50%）远远高于“双一流”建设高校的教师比例（12.14%）和省属重点本科院校教师比例（11.60%）（表 6-2）。

表 6-2 教师对教学学术的态度

类别	性别	人数	是（%）	否（%）	不确定（%）
性别	男	516	59.11	18.61	22.28
	女	359	50.42	20.33	29.25
年龄	25 岁及以下	16	37.50	31.25	31.25
	26—35 岁	214	57.01	26.17	16.82
	36—45 岁	362	64.37	15.75	19.88

续表

类别	性别	人数	是（%）	否（%）	不确定（%）
年龄	46—55岁	257	41.25	19.07	39.68
	56岁及以上	26	73.08	7.69	19.23
高校类型	"双一流"建设高校	206	54.85	12.14	33.01
	省属重点本科院校	431	66.59	11.60	21.81
	省属一般本科院校	238	36.13	39.50	24.37

（2）教学成就感

教学成就感是教师从事教学学术活动的重要前提，也反映了教师对教学学术的态度。调查发现，在回答"课堂教学是否能产生较大的成就感？"这一问题时，从性别来看，女教师的教学成就感高于男教师，但两者的差异不明显；从教龄来看，教龄较短教师的教学成就感高于教龄较长的教师，尤其是教龄为11—20年教师的教学成就感最低；从学历来看，教师的教学成就感随学历的升高而降低，且各学历层次间具有明显差异；从高校类型来看，教师的教学成就感随着高校类型层次的提升而降低，且各类型高校教师间具有明显差异（表6-3）。

表6-3　教师对教学成就感的认知

类别	性别	人数	同意（%）	不同意（%）	χ^2
性别	男	516	48.34	51.66	8.51*
	女	359	57.22	42.78	
教龄	5年及以下	213	63.57	36.43	28.83***
	6—10年	251	58.45	41.55	
	11—20年	289	39.21	60.79	
	21年及以上	122	56.76	43.24	
学历	本科及以下	76	61.33	38.67	18.35***
	硕士研究生	386	57.38	42.62	
	博士研究生	413	44.27	55.73	
高校类型	"双一流"建设高校	206	38.21	61.79	31.26***
	省属重点本科院校	431	48.53	51.47	
	省属一般本科院校	238	68.43	31.57	

注：$*p<0.05$；$**p<0.01$；$***p<0.001$。下同

（3）教学与科研的差异性

传统观念中，教学与科研虽存在一定的联系，但两者是不同的教师职业活动。首先，笔者在关于教学与科研的差别的调查中发现，在内涵上，有59.56%的教师"同意""教学更多是传授知识，科研则更多是发现和创新知识"，有40.44%的教师

"不同意"；在效果呈现上，有 78.94%的教师"同意""教学效果难量化，科研成效易量化"，仅有 21.06%的教师"不同意"；在动机上，有 72.01%的教师"同意""教学需要的是责任感，科研则凭的是兴趣"，仅有 27.99%的教师"不同意"；在提升路径上，有 82.15%的教师"同意""教学需要在实践中提升，科研则需要坐冷板凳"，17.85%的教师"不同意"；在评价方式上，有 58.06%的教师"同意""科研质量主要靠同行评价，教学质量则主要靠学生评价"，41.94%的教师"不同意"；在成果发表上，有 72.32%的教师同意"教学成果发表较难，科研成果发表更为容易"，27.68%的教师"不同意"（表 6-4）。

表 6-4 教师对"教学"与"科研"区别的认识 单位：%

内容	非常同意	比较同意	比较不同意	非常不同意
教学更多是传授知识，科研则更多是发现和创新知识	18.35	41.21	20.56	19.88
教学效果难量化，科研成效易量化	54.23	24.71	12.11	8.95
教学需要的是责任感，科研则凭的是兴趣	33.78	38.23	15.21	12.78
教学需要在实践中提升，科研则需要坐冷板凳	50.34	31.81	7.62	10.23
科研质量主要靠同行评价，教学质量则主要靠学生评价	25.65	32.41	23.53	18.41
教学成果发表较难，科研成果发表更为容易	48.79	23.53	11.67	16.01

其次，在问及"教学效果与教学研究、专业研究有何关系"这一问题时，调查发现，教师的回答存在较大差异。在教学效果与教学研究的关系方面，有 61.26%的教师认为存在正相关，有 10.51%的教师认为存在负相关，有 8.23%的教师认为无内在关系，有 20.00%的教师认为说不清楚；在教学效果与专业研究的关系方面，有 38.17%的教师认为存在正相关，有 25.83%的教师认为存在负相关，有 16.23%的教师认为无内在关系，有 19.77%的教师认为说不清楚（表 6-5）。

表 6-5 教师对"教学效果"与"教学研究""专业研究"之间关系的认识

类别	教学研究		专业研究	
	频数（人）	占比（%）	频数（人）	占比（%）
正相关	536	61.26	334	38.17
负相关	92	10.51	226	25.83
无内在关系	72	8.23	142	16.23

续表

类别	教学研究		专业研究	
	频数（人）	占比（%）	频数（人）	占比（%）
说不清楚	175	20.00	173	19.77
总计	875	100.00	875	100.00

（4）教学学术与专业学术的关系

教学学术与专业学术作为学术活动的两种基本形态，两者之间的关系如何？在问及"专业学术能够促进教学学术吗？"这一问题时，研究发现，从教龄来看，教龄在 11—20 年的教师更加认同专业学术能够促进教学学术，"非常同意"的比例为 28.72%，"比较同意"的比例为 42.90%。教龄在 5 年及以下的教师对"专业学术能够促进教学学术"的认同度较低，"比较不同意"的比例达到了 12.50%，"非常不同意"的比例为 6.25%；从高校类型来看，"双一流"建设高校教师对"专业学术能够促进教学学术"的认同度明显高于省属重点本科院校和省属一般本科院校的教师，"非常同意"的比例为 34.95%，"比较同意"的比例为 32.04%。省属一般本科院校教师对"专业学术能够促进教学学术"的认同度较低，"比较不同意"的比例为 22.27%，"非常不同意"的比例为 12.91%（表 6-6）。

表 6-6　教师对专业学术与教学学术关系的认知　　单位：%

类别		专业学术能够促进教学学术				
		非常同意	比较同意	一般同意	比较不同意	非常不同意
教龄	5 年及以下	20.00	38.75	22.50	12.50	6.25
	6—10 年	24.30	41.04	18.73	11.55	4.38
	11—20 年	28.72	42.90	18.34	7.27	2.77
	21 年及以上	19.67	39.44	24.49	12.30	4.10
高校类型	"双一流"建设高校	34.95	32.04	16.50	10.68	5.83
	省属重点本科院校	26.91	33.64	18.10	14.85	6.50
	省属一般本科院校	11.76	23.53	29.53	22.27	12.91

2. 教师教学学术的量与质

（1）教师课程开设情况

高校教师的课堂教学是其从事教学学术活动的重要环节，也是验证教师教学学术质量的实践保障。对教师开展本科课堂教学课程数量的调查发现，从总体上看，教师人均开课 2.55 门；从职称来看，副高级职称教师开课数量最多，人均开课 3.51 门，中级职称教师人均开课 3.17 门，正高级职称教师人均开课 2.16 门，初级职称教师人均开课 1.35 门（表 6-7）。

表 6-7　教师人均开课情况　　单位：门

内容	正高级	副高级	中级	初级	平均
课程数	2.16	3.51	3.17	1.35	2.55

（2）教师教学投入时间

从教师投入不同类型课程的教学时间来看，总体上，教师投入时间由多到少依次是公共基础课、实习实践课、专业必修课、专业基础课、专业选修课和公共选修课。其中，投入公共选修课的时间明显少于其他类型的课程。从职称来看，正高级职称教师主要把时间投在了公共基础课、专业必修课和专业基础课；副高级职称教师主要把时间投在了公共基础课、专业必修课和专业基础课；中级职称教师主要把时间投在了专业选修课、实习实践课和公共选修课；初级职称教师主要把时间投在了专业选修课、公共选修课和实习实践课（表 6-8）。

表 6-8　教师投入不同类型课程教学的时间　　单位：小时

类别	公共基础课	公共选修课	专业基础课	专业必修课	专业选修课	实习实践课
正高级	187.31	59.63	148.37	159.32	62.72	92.61
副高级	182.42	56.38	165.62	181.27	88.54	169.52
中级	116.65	136.23	91.45	76.38	165.20	145.16
初级	46.91	125.76	56.43	65.78	145.32	108.75
平均	133.32	94.5	115.48	120.69	115.45	129.01

注：调查对象为专任教师，不包括校外教师和具有行政职务的教师

从教师工作时间的分配来看，教师主要把时间花在了教学工作上，其次是社会服务和专业研究，而投入教学研究和指导学生的时间较少；从不同职称来看，中级职称教师在教学和社会服务上花费的时间较多，初级职称教师次之，正高级职称教师在这两项上花费的时间最少，而正高级职称教师投入在专业研究的时间明显多于其他职称教师，其次是副高级职称教师。从整体上看，教师花在专业研究和教学研究上的时间随职称的升高而增长，花在教学和指导学生上的时间随职称的升高而减少，花在社会服务上的时间变化不明显（表 6-9）。

表 6-9　教师工作时间分配比例情况　　单位：%

类别	教学	专业研究	教学研究	社会服务	指导学生	其他工作
正高级	25.23	22.54	10.51	19.64	8.71	13.37
副高级	28.31	18.96	9.76	23.52	10.34	9.11

续表

类别	教学	专业研究	教学研究	社会服务	指导学生	其他工作
中级	37.62	10.24	6.85	26.65	12.53	6.11
初级	34.11	8.59	6.28	22.53	13.61	14.88
平均	31.32	15.08	8.35	23.09	11.30	10.86

（3）教学质量影响因素

从教师教学质量的影响因素来看，调查结果发现，大多数教师认为教师的专业知识，教师的教学方法、能力与态度，学校的激励机制，学校教学保障条件以及学生的来源与能力等是影响教学质量的主要因素；而教学成果的总结与反哺、教师的在职培训与学习等对教学质量有影响，但不是主要因素（表 6-10）。

表 6-10　教师教学质量的影响因素　　单位：%

内容	影响非常大	影响较大	影响一般	影响较小	没有影响
教师的专业知识	32.13	38.65	23.13	4.62	1.47
教师的教学方法、能力与态度	41.23	34.21	12.37	10.27	1.92
学生的来源与能力	31.45	38.79	18.32	8.57	2.87
学校的激励机制	36.32	45.63	11.25	5.86	0.94
教学成果的总结与反哺	18.54	28.53	32.21	15.13	5.59
教师的在职培训与学习	21.33	26.46	24.35	20.04	7.81
学校教学保障条件	28.31	38.76	15.07	9.35	8.51

（4）教师的教学成果

科研论文、科研奖励、教改论文和教学成果奖的数量反映了高校教师在教学学术和专业学术之间选择的倾向性。调查结果显示，在回答"近 3 年发表专业论文、教改论文，获得专业科研奖励和教学成果奖励"这一问题时，结果的差异性较为明显。从整体上看，各种类型的成果数量呈现出随着职称或学历的升高而增多的趋势，但无论在职称还是学历上，教师的各项成果数量都不高，且教师的专业科研论文和科研奖励的数量明显高于教改论文和教学成果奖的数量。这与调查所得的教师对教学有较高的热情不相符，究其原因，很可能与高校教师职称评审制度和激励机制更偏向科研有较大关系（表 6-11）。

表 6-11　教师教学学术与专业学术的差异

类别		专业科研论文（篇）	科研奖励（项）	教改论文（篇）	教学成果奖（项）
职称	正高级	2.56	1.45	0.65	0.47
	副高级	1.76	1.43	0.78	0.35

续表

类别		专业科研论文（篇）	科研奖励（项）	教改论文（篇）	教学成果奖（项）
职称	中级	1.32	0.83	0.56	0.38
	初级	1.07	0.61	0.54	0.31
	平均	1.68	1.08	0.64	0.38
学历	博士	3.35	1.76	0.72	0.49
	硕士	2.54	1.43	0.63	0.42
	本科	1.62	0.76	0.61	0.35
	专科及以下	1.14	0.61	0.62	0.33
	平均	2.16	1.14	0.65	0.40

3. 教师的教学学术发展

不同类型教师在职培训时间和机会的多少反映了教师教学学术发展的差异及学校的重视程度。笔者对教师在职培训时间的调查发现，初级职称教师在职培训时间多于副高级和正高级职称教师，中级职称教师在职培训的时间多于副高级和正高级职称师，而初级职称教师和中级职称教师之间没有显著的差异（表 6-12）。

表 6-12　教师在职培训时间的差异情况

正高级		副高级		中级		初级		F	结果
X	S	X	S	X	S	X	S		
2.78	1.46	3.24	1.23	3.51	1.06	3.62	1.07	22.64***	初级＞副高级＞正高级； 中级＞副高级＞正高级

注：“X”表示平均数；“S”表示标准差；“F”表示方差齐性检验

在回答“您主要参加了哪些类型的在职培训或学习？”这一问题时，从整体上看，校内在职培训和国内在职培训是教师最主要的培训方式，国内攻读学位次之，国外进修和国外攻读学位所占比例较小；从教龄上看，国内攻读学位、校内在职培训、国外攻读学位的机会随着教龄的增加而减少，而国外进修随机会随着教龄的增加而增长。从职称上看，国外进修机会随着职称的升高而增加，校内在职培训和国内在职培训机会随着职称的升高而减少。由此可见，教龄较长或高职称教师获得高水平进修的机会较多，而教龄较短和低职称教师主要是参加国内或校内的在职培训（表 6-13）。

表 6-13　教师培训类型或学习差异情况　　单位：%

类别		国内 攻读学位	校内 在职培训	国内 在职培训	国外 攻读学位	国外 进修	其他
教龄	5 年及以下	28.24	52.73	38.14	3.58	4.36	2.17
	6—10 年	32.14	48.31	38.75	3.02	8.58	2.81
	11—20 年	21.63	35.59	45.28	1.65	18.41	2.16

续表

类别		国内攻读学位	校内在职培训	国内在职培训	国外攻读学位	国外进修	其他
教龄	21 年及以上	20.41	33.48	45.76	1.23	19.34	4.25
	平均	25.61	42.53	41.98	2.37	12.67	2.86
职称	正高级	28.54	32.47	34.15	1.65	20.62	2.34
	副高级	26.84	30.78	37.68	2.14	18.51	2.26
	中级	31.42	38.64	34.21	2.54	12.13	3.67
	初级	30.62	41.13	38.81	2.04	8.75	2.67
	平均	29.36	35.76	36.21	2.09	15.00	2.74

4. 教师教学学术的制度保障

教师对管理制度的评价反映了本科院校在教师教学学术保障制度建设方面的现状。在回答"您对所在高校教师管理制度的满意度是多少？"（满分为 5 分）这一问题时，从总体上看，教师对科研管理制度的满意度相对较高，对其他教师管理制度的满意度较低，尤其是教学管理制度和教师激励制度（表 6-14）。

表 6-14 教师对各种教师管理制度的评价 单位：分

类别	教学管理制度	科研管理制度	职称评审制度	教师激励制度	专业发展制度
正高级	2.45	3.58	3.37	2.53	3.24
副高级	2.34	3.16	3.21	2.43	3.18
中级	2.36	3.24	2.88	2.85	2.91
初级	2.52	2.94	2.82	2.72	2.83
平均	2.42	3.23	3.07	2.63	3.04

教师对职称评审制度的评价反映了本科院校职称评审标准的倾向性。在回答"对您的职称晋升影响大的因素有哪些？"（满分为 5 分）这一问题时，教师的回答存在差异。从整体上看，教师认为科研成果对职称评审的影响最大，其次是行政职务，教学数量和社会服务成果在现实中对职称晋升的影响较小。从职称来看，正高级职称教师认为教学质量的影响最大，副高级、中级和初级职称教师大都认为科研成果的影响最大，其次是行政职务。此外，中级和初级职称教师还认为教学数量的影响力高于教学质量，但差异不明显（表 6-15）。

表 6-15　教师对职称晋升影响因素重要性的认识　　单位：分

类别	教学数量	教学质量	科研成果	行政职务	社会服务	其他因素
正高级	3.65	4.53	4.06	3.78	3.52	1.35
副高级	3.61	4.21	4.81	4.53	3.54	1.76
中级	3.88	3.77	4.86	4.68	3.28	0.87
初级	3.84	3.65	4.73	4.53	3.35	0.53
平均	3.76	4.04	4.62	4.38	3.42	1.28

教师工作压力的来源反映了教师开展教学学术的激励机制状况。在回答“您工作中主要的压力来自什么？”这一问题时，从整体上看，更多的教师认为工作压力是多种因素作用的结果。就单个因素而言，经济收入不高是压力的最主要来源，其次是教学工作和科学研究，而社会服务、社会期望和师生关系给教师带来的压力较小。从职称来看，职称越高的教师经济压力越小，职称越低的教师教学压力越大。此外，中级和副高级职称教师的科研压力高于正高级和初级职称教师（表 6-16）。

表 6-16　不同职称教师压力来源比例　　单位：%

类别	教学工作	科学研究	社会服务	经济收入	社会期望	师生关系	其他因素
正高级	11.31	11.54	9.63	23.18	6.52	2.32	35.50
副高级	13.45	12.46	8.65	24.64	6.83	2.56	31.41
中级	14.52	12.63	8.61	27.73	7.03	2.87	26.61
初级	14.96	10.84	7.86	29.45	7.45	2.25	27.19
平均	13.56	11.87	8.69	26.25	6.96	2.50	30.18

（四）结论及分析

1. 观念层面

1）教师对教学与科研差别的认识有待深化。大多数教师认为教学与科研之间存在差别，但对两者内涵的认识尚待深化。例如，大多数教师把科研理解为是对专业或学科知识的探索，而把教学简单地理解为知识的传授，对“为什么传授知识”“如何传授知识”等教学学术问题缺乏深入的探讨；大部分教师认为科研是团队活动，教学更多是靠个人努力。这种认识忽略了对教学经验的不断总结和交流对教学效果提升的作用，即忽略了教学共同体中教学成果的分享的作用。

2）教师对教学与教学学术各要素关系的认识具有多样性。从总体上看，大部分教师认为教学效果与专业研究、在职培训和学历教育等教学学术各要素之间存在正相关，但也有不少教师认为它们之间不存在内在的联系，甚至认为是呈负相关，这与国内外很多学者的研究结论基本一致，这也反映了专业研究、在职培训和学历教育等教学学术要素并非都对教学起积极作用。究其原因，主要是制度设计和评价标准等存在缺陷，致使教师的专业研究、在职培训和学历教育等偏离了教学质量提升这一本质要求。

2. 实践层面

1）教师的教学态度较为积极，且不同类型教师存在一定的差异。总体上看，绝大多数教师都认为课堂是其最有职业成就感的场所。女教师的教学成就感高于男教师，学历较低的教师教学成就感高于学历较高的教师，教龄较长教师的教学成就感高于教龄较短的教师，这反映了教师普遍认同"教学是学校的中心工作"。

2）教师投入不同类型课程的教学时间具有差异性。教师主要把大量的时间和精力投入课程教学，且初级和中级职称教师开设的课程数量多于高级职称教师。由此可见，初级和中级职称教师的教学压力高于高级职称教师；教师投入专业必修课、公共基础课、专业基础课和实习实践课的时间多于专业选修课和公共选修课。这主要与学校课程设置的理念有较大关联，也说明本科院校在拓展学生综合能力的课程设置和结构方面尚需优化。

3）教师发展呈现出"重专业学术，轻教学学术"的倾向。调查发现，教师虽把大量时间投入课堂教学，但投入教学研究和指导学生的时间较少。此外，教师发表学术论文和获得科研奖励的愿望高于撰写教改论文和获得教学成果奖励。这反映了本科院校存在一定的"重科研、轻教学""重专业学术、轻教学学术"的倾向。究其原因，与本科院校现有的教师评价考核、职称晋升等制度不够完善密切相关。

3. 制度层面

1）高校的各项教师管理制度尚需完善。总体来看，教师对学校各种教师管理制度的评价不高，尤其是对教学管理制度、教师培训制度的评价较低，这必然会影响本科院校教师从事教学学术的积极性。

2）不同类型教师在职培训的形式和资源分配呈现出差异性。年轻教师或初级、中级职称教师的培训方式主要是校内培训和国内培训，到国外进修和国外攻读学位的机会不多；教龄较长或高级职称教师获得高水平培训的机会较多。这反映了在资源有限的情况下，高校在教师教学学术发展的资源分配制度设计上不够均衡，影响了教师教学能力提升和专业发展的积极性。

3）教师职称评审制度的价值取向呈现出“实用性”的特点。教师认为职称晋升是多因素共同作用的结果，其中行政职务是重要的影响因素，其次是科研成果，而教学数量和质量在职称晋升中所起的作用较小。这反映了一些高校现有的职称晋升导向和评价指标出现了偏差，导致教师过多地追逐行政权力和科研成果。

4）教师激励制度尚需健全。教师认为工作压力来自多方面，其中经济收入和教学工作是较大的压力来源，这反映了需要改善教师待遇和增加教学经费投入，以激发教师从事教学学术的动力。

二、高校教师教学学术发展的现实困境

从应然状态来讲，高校教师的教学不应是简单的知识传授和重复性的课堂教学，而应该是学术性教学，这是提高教师教学质量和培养高质量人才的本质要求，也是其学术职业发展和专业化的要求。现实中，随着教师学术职业的分化，教师的教学学术理念缺乏、学术性教学不足、教学质量不高等问题变得突出，主要体现在以下几个方面。

（一）教师的教育专业知识和技能不足

对教育专业知识和技能的熟练掌握是教师开展学术性教学的前提和基础。笔者通过调查和资料分析发现，教师教育专业知识和技能不足，主要表现在以下两个方面。

一是教师对教育基本理论知识的掌握程度不够。调查发现，高校教师"重学科专业知识，轻教育专业知识"的思想和意识还普遍存在。加之高校把学科专业知识作为衡量教师职业学术化、专业化的重要标识，在很大程度上导致了高校教师在意识上对教育专业知识和技能的重视度不够，致使教师重学科前沿理论知识，忽视了教育前沿理论知识。调查还发现，被调查的教师大多毕业于名校且具有博士学位，但由于他们大多为非师范院校毕业，入职前对教育基本理论知识的掌握不足。另外，教师教学学术发展的途径还较为单一，高校人事管理部门和新教师本身对教育专业知识和技能的重视不够，甚至还形成了"高学历等于高教学水平"的偏颇认识和实践行为。

二是教师的教育理论与教学实践脱节明显。高校教师把教育教学前沿理论知识应用于教育教学实践，是提升教学质量的重要保障。但是在教学实践中，许多高校教师的教学内容、教学方式等仅仅是通过简单模仿和经验摸索而获得的，缺乏教育教学理论的探究与创新。笔者的调查结果显示，在被调查对象中，仅有约 25.6%的教师承认自己能够很好地将所掌握的教育理论知识运用到教学实践之中，而约 74.4%的教师认为缺乏理论的指导，教学主要是自己摸索和进行成果总结。

（二）教师的教学知识生成水平普遍不高

教师对自身教学行为的反思和经验总结应成为教师的常态性工作，这也是教师开展学术性教学的一个重要前提。但是，调查发现，本科院校教师的教学反思和经验总结大都停留在教学日记方面，反思更多的是自我"陶醉"，往往没有及时对反思后的经验进行总结，也没有形成一定的"生产力"，知识的生成水平还不高，从而导致教师教学的学术性程度还处于较低水平。此外，调查还发现，从水平来看，教师对教学经验总结的水平高于对教学经验的撰写及形成成果水平；从频率来看，大多数教师能对教学经验进行总结，但很少会将总结的经验撰写为成果，实现对新知识的生产（表 6-17 和表 6-18）。

表 6-17 教师教学学术水平情况

内容	人数（人）	最小值	最大值	平均值
教学反思	875	1	4	2.03
教学经验的总结	875	1	4	2.33
教学经验报告的撰写、形成成果	875	1	4	2.86

表 6-18 教师教学学术活动频率 单位：%

内容	经常	不经常	从不
教学反思	68.2	28.6	3.2
教学经验的总结	61.4	31.9	6.7
教学经验报告的撰写、形成成果	28.3	58.7	13.0

（三）教学缺乏广泛交流及成果公开化程度不高

依据舒尔曼的观点，教学的交流性及公开化是教学成为学术性活动的重要特征，教学成果是一种“公共财富”。调查显示，我国高校教师教学的交流性和公开性水平还不高，主要表现在以下两方面。

一是教师的教学活动还较为封闭，教师间的交流不够。无论是从制度层面还是个人意识层面，更多是学校管理层面对教师教学质量提升的基本要求。在调查对象中，仅有 20.3%的教师会经常主动旁听同事的课堂教学，有 34.5%的教师几乎不会主动旁听同事的课堂教学；仅有 15.2%的教师会经常邀请同事旁听自己的课堂教学，有 31.3%的教师几乎不会主动邀请同事旁听自己的课堂教学；仅有 23.1%的教师会主动对同事的教学提出改进建议，有 18.5%的教师几乎不会主动对同事的教学提出改进建议；有 31.4%的教师会主动邀请同事对自己的教学提出改进建议，有 6.5%的教师几乎不会主动邀请同事对自己的教学提出改进建议。

二是教师的教学成果公开化程度不高。调查发现，虽然本科院校教师会经常反思自己的教学经验，并撰写教学经验总结，但仅有 11.7%的教师会公开教学总结，有 31.5%的教师偶尔公开教学总结，56.8%的教师几乎不公开教学总结；仅有 12.3%的教师会经常把教学总结成果公开发表，48.1%的教师偶尔会把教学总结成果公开发表，约 39.6%的教师几乎不会将教学总结成果公开发表（表 6-19）。

表 6-19 教师教学交流及教学成果公开化情况 单位：%

内容	经常	不经常	几乎没有
主动旁听同事的教学	20.3	45.2	34.5
主动邀请同事旁听教学	15.2	53.5	31.3
主动对同事的教学提出改进建议	23.1	58.4	18.5
主动邀请同事对自己的教学提出改进建议	31.4	62.1	6.5
积极参加各种教学研讨会	35.4	52.5	12.1
公开自己的教学总结	11.7	31.5	56.8
公开发表教学研究成果	12.3	48.1	39.6

第四节 "教学"与"学术"的整合：高校教师职业角色重构的路径

一、高校教师"专业学术人"与"教学学术人"职业角色整合的内在逻辑

从高等教育的本质来看，尽管高校教师扮演着多重职业角色，但从事人才培养和学术研究是其扮演的最基本角色。促进教师人才培养与学术研究的整合，是彰显及回归高校教师本质属性的要求，也是教师完成职业使命的时代要求。"专业学术人""教学学术人"是高校教师众多角色中的两种基本表现形态，两种角色的整合是高校教师的使命使然，也是高等教育发展的本质要求。现实中，虽然两种角色形态在知识基础、价值取向、职责任务及评价标准等方面存在差异，教育实践中两种角色也存在逻辑上的鸿沟，并蕴含着学者与教师、科学研究与教学、学科知识与教

学知识、知识创新与知识传播等之间的张力，且无论这些张力大小如何，都可能影响大学教师的职业发展取向和学术实践行为，但从本质上讲，“专业学术人”“教学学术人”都是随着高校职能的演变及社会经济发展对高校教师职业期待发生变化而确立的角色形态，都是从特定的视角来理解大学教师多元角色及复杂的职业生活，体现了高校教师职业角色及实践的不同品性与向度，触及了高校教师学术职业生活的物质和精神层面，是完善对高校教师职业角色认识和理解的重要支撑。

高校教师职业角色具有“学科专业性”“教育性”二重性特征。对于高校教师而言，两种特征聚集教师身上，密不可分，如果大家认为某位讲师是一名糟糕的教师，那么在学术上通常也是判了死刑，即使他的学术能力是最出众的。[①]因此，一方面，作为专业学术人的教师对知识和技能等各职业要素要有高度的专业性。专业性也是教师在繁杂、多元的高等教育生活中实现职业目标的重要保证。以专业性为导向的学术管理制度设计向度也为教师职业发展提供了人力资源、物力资源、制度资源和社会声誉。另一方面，高校教师的专业性是教育性的重要保障。人类历史发展进程留下的具有引导性、促进性和拓展性的专业性知识需要通过教师的教育活动来传播与创新。同时，专业性知识也成了教师丰富学生的知识和技能、塑造学生良好道德品性和价值观等的教育性资源与重要条件。

因此，可以说基于高校教师职业使命的多样性，教师职业角色既要关注“学科专业性”，也要关注“教育性”。对于高校教师职业发展，既要从专业学术角度来考虑，也要从教学角度来考虑，两者的共融并存与发展才是彰显高校教师职业本质的显著特征。2018 年 1 月，中共中央、国务院发布的《关于全面深化新时代教师队伍建设改革的意见》中也体现了“专业性”与“教育性”的融合：“全面开展高等学校教师教学能力提升培训……高等学校高层次人才遴选和培育中要突出教书育人，让科学家同时成为教育家。”如何把两者整合、统一于教师职业活动中并实现逻辑平衡？虽然“专业学术”通常属于不同的学科，“教学学术”通常属于跨学科研究，但学术性是它们的共同属性。“如果说专业学术的目的在于生产本专业高深知识，那么教学学术就是大学教师自觉地对于‘如何才能更好地传播本专业高深知

① ［美］威廉·克拉克．象牙塔的变迁——学术卡里斯玛与研究性大学的起源［M］．徐震宇，译．北京：商务印书馆，2013：549

识'所进行的科学研究的成果。"[①]因此，可以说无论是"专业学术"还是"教学学术"，都是学术活动的组成部分，它们虽分别处于学术活动的不同阶段且分工各有差异，但两者的终极目标具有一致性。教师的"专业学术"是"教学学术"的基础和条件，教师教学的有效性需建立在自身专业知识的存量及其精通熟悉程度的基础之上。正如美国学者唐纳德·吴尔夫（Donald Woolf）等所言："学科和专业领域是促使教学的学术工作得到改进的具体关键环境。每个专业领域都需要形成它自己有关教学学术工作的问题、方法和证明规则，如果教学学术工作能对该领域的文化及学科特征进行反思，那么该学科的教师将会更乐意接受这种学术工作（至少也是理解它）。"[②]"教学学术"是促进专业知识在高校内教师与学生间有效流动的手段，这种流动通过课堂和课外的教学反思以及成果交流得以实现。因此，"专业学术"与"教学学术"共融共生，它们从教师职业的内在性与外在性、阶段性与延续性方面阐释了教师角色的性质和使命，为我们客观审视高校教师职业角色提供了更为丰富和多元的视角。同时，有利于高校教师的职业发展回归学术本位，也有利于高校教师创新人才的培养与创新成果的培育。

二、基于"专业学术人"与"教学学术人"整合的高校教师职业角色重构的实践路径

1. 创新高校教师学术评价制度

对于高校教师而言，一方面，由于教师职业需求、能力和精力投入等多种因素的影响，大多数教师的专业发展会有一定的倾向和侧重，这也是教师角色具有多样性特征的重要原因；另一方面，"专业学术人""教学学术人"作为高校教师职业角色的基本组成部分，虽然两者的存在及其功能的发挥具有相对的独立性，但各自都

---

① 王建华. 大学教师发展——"教学"学术的维度[J]. 现代大学教育，2007（2）：1-5，110

② [美]唐纳德·吴尔夫，[美]安·奥斯丁. 教授是怎样炼成的——未来大学教师培养的改进策略[M]. 赵文，译. 北京：北京大学出版社，2015：149

不能单独存在并成为教师的绝对性或唯一性角色特征。从哲学的认识论来看，由于认识主体与客体的多样性和差异性，主体对客体的认识既具有直接性，也具有间接性，主体对客体的认知须凭借某种工具或媒介来实现。其中，科学合理的制度及其构建在主体认识客体的过程中扮演着至关重要的角色。当代社会，推进高校教师“教学”与“学术”耦合，重新塑造新时代高校教师职业角色，须在多样化角色中把握统一性，以构建公平的学术管理制度为抓手，从而保障高校教师“专业学术人”“教学学术人”角色的逻辑平衡。

教师学术职业制度构建的重要基础是“公平”。“公平”不等于“等同”“相同”“完全一致”，有时应强调“差别对待”。因此，公平的学术职业评价制度应涉及对不同事物价值的认同、差异性的评价标准，构建较为系统和全面的教师学术职业管理体系。当今社会，由于高等教育的复杂性和多样化，基于教师不同职业需求和能力的教师岗位分类管理成为各所高校管理实践的重要发展趋势。许多高校从横向层面把专任教师岗位划分为研究为主、教学科研并重、教学为主和应用型为主等类型。但是，教师岗位分类管理在实践中存在许多突出问题。例如，一方面，由于传统学术观和“重科研、轻教学”的传统学术评价体制等多种因素的影响，不同岗位类型教师的成果认可及成果价值不能得到公平的认同；另一方面，教师岗位分类管理是教师学术职业分化结果的重要体现。从出发点来讲，教师岗位分类管理的目的在于基于教师不同的职业能力及需求，以激发教师从事职业活动的积极性。不同岗位类型的教师仅仅是分工的不同，而不存在地位高低之分。但现实中的教师岗位分类管理更多停留在理论层面且没有得到制度保障，致使不同类型岗位之间的差距进一步加大，尤其是科研为主型和教学为主型的教师岗位之间由于在价值认同、职务晋升、待遇报酬等方面的差异而导致矛盾重重，最终制约了高校培养人才、发展科学和服务社会等职能的履行。因此，从“教师”的实质出发，无论是知识的发现、整合、应用还是传播，都应该成为不同类型教师学术职业评价的内容要素。但同一类型高校的不同类型教师、不同类型高校的不同类型教师等考评内容应具有一定的差异性，可根据不同层次和类型岗位设置的职责与任务要求，确定不同的内容比例，构建公平的教师学术成果及价值认同制度。

一是创新高校教师教学评价制度。教学成果成为学术成果的重要原因不仅在于对教学知识的创新，还在于认同教师的教学学术成果及其价值。与专业成果一样，政府和高校应平等对待教师的教学学术成果，教师还应对教学成果进行不断反思、公开化、成果化，并接受学术共同体的批判。因此，除了课堂听课、学生反馈及课程考核等传统教学评价方式之外，还应增加教学反思、教师自评、教学同行评价、教师间交流等评价指标，丰富教师评价的方式与主体。

二是将教学成果纳入教师学术评价体系。高校应扩大学术成果的范畴，并在学校管理制度中给予充分保障。2020 年，中共中央、国务院印发的《深化新时代教育评价改革总体方案》指出："把参与教研活动，编写教材、案例，指导学生毕业设计、就业、创新创业、社会实践、社团活动、竞赛展演等计入工作量。"突出了教学成果与教师考核的关联性。因此，一方面，应从制度设计层面将诸如教学成果奖、教学技能大赛奖励、优质或核心课程建设项目、一流专业建设项目、教学团队以及教改项目等教学学术成果纳入学术成果范畴，教学学术成果纳入教师科研考核及学术职业评价体系之中，尤其是教师重点关注的年终或聘期考核以及绩效分配等方面。

三是构建高校教师教学学术的激励机制。一方面，改变"重科研、轻教学"和"专业学术成果、轻教学学术成果"等教师学术职业招聘、职务（职称）晋升、评优评先、年度考核等过程中的学术评价弊端。对教师的考核，在侧重科研成果的同时，还应增加教学学术成果内容及构成比例、制定相对差异性的学术评价标准以及选择恰当的学术评价方法。另一方面，高校还应加强对教师教学学术成果的奖励，拿出专项经费支持教师的教学成果奖申报、参加教学技能比赛、发表教改论文等，吸引教师尤其是教学为主型教师积极参与到教学学术活动之中。

2. 构建高校教师分类培养体系

高校教师多样化职业角色是在其自身职业发展进程中逐步形成和确立的。高校教师职业发展阶段具有差异性和复杂性。一方面，由于高校的类型和层次存在多样性，不同大学对教师的层次和专业需求存在不同，这对高校教师培养体系构建提出了不同要求；另一方面，从硕士生或博士生到高校教师职业身份的转变，不同青年人的职业素质及能力也有群体和个体差异性。教师"高学历不等于高教学水平"

的现实表明：高校教师"专业学术人"和"教学学术人"角色的整合及平衡，并非仅仅通过学习学科专业知识和提升学科专业能力就能实现，还需要在此基础上提升教师的教学学术能力，达到两者的有效结合。这种结合则需要不断创新高校教师培养的体系，实现教师各阶段培养的有效衔接。教师职业发展具有典型的阶段性特征，不同阶段其职业发展的目标、内容和手段也可能存在差异性。

首先，职前培养是高校教师"专业学术人""教学学术人"角色整合的起始环节。高等教育是培养高级专门人才的专业教育，其专业性决定了从事高等教育活动的教师必须具有较强的专业性。高校对教师的学历要求越来越高，获得博士学位成为许多高校甚至是地方院校招聘专任教师的基本条件。有研究表明，近些年，随着我国博士毕业生规模不断扩大，虽然其就业渠道也日益多样化，但在高校从事学术职业活动仍是博士生就业的主要渠道，博士毕业生流向高等教育机构的比例大约为 43.9%。[①]如今，有许多博士毕业的高层次学术人才进入高校工作，成为高校教师的主要来源，他们构成了高校专任教师的重要主体。然而，在职前培养过程中，虽然这些主体基本都经历过较为系统和严格的学术规训，较好地掌握了专业研究的基本理论知识和方法，其学科专业知识和研究能力已经达到了较高程度，但许多高校（即使是师范院校）在博士研究生的人才培养方案和课程设置等方面，并未有针对性地对博士的教育教学理论和教学能力的培养进行细致的规划。因此，高校应重塑学术理念，使"教学学术"成为博士生教育的重要内容。高校和研究生导师不应仅仅把"教学学术"看作是博士生训练的额外或附加内容，而应把它理解为博士生教育内涵的重要组成部分。国外有学者对博士研究生对教学的态度进行了研究，发现 82%的受访博士生表明了其对教学的热爱，并有兴趣成为教师。在关于从事助教工作的调查中，53.6%的博士生肯定须从事助教工作，其中，英语专业博士生持肯定态度的比例为 59.6%，化学专业博士生持肯定态度的比例高达 83.8%；在培训目的调查中，57.9%的博士生认为培训有助于讨论课教学，44.7%的博士生认为培训有助于实验室实验的教学，36.1%的博士生认为培训有助于讲座课程的教学，

① 卿石松，梁雅方. 博士毕业生就业多元化及质量特征分析[J]. 学位与研究生教育，2019（11）：56-62

28.0%的博士生认为培训有助于创造包容性的课堂氛围，26.8%的博士生认为培训有助于指导本科生，26.6%的博士生认为培训有助于形成教育哲学，23.3%的博士生认为培训有助于讲授研究生课程，16.5%的博士生认为培训有助于指导研究生，14.1%的博士生认为培训有助于在课堂中有机地运用信息技术。[①]另外，高校应根据博士生的学科类型、专业特点、职业发展需求等多方面因素，有针对性地开设教育类课程和改革培养方式，以提升其教学学术素养和能力。在博士培养方案中，应明确博士生的教学职责。博士生课程设置应体现系统性和教育性，课程既要有必修课，也要有一定比例的选修课，课程内容既要涉及教育基本理论，也要涉及教学内容知识。例如，美国普林斯顿大学非常注重对博士生教学学术能力的培养，每年面向博士生开设专门的研修课，组织研讨。研讨的主题包括当代高等教育发展，利用认知心理学、物理学、历史学等学科进行教学研究，开展有效的课程设计和评估，组织学生参与讲座、讨论和实验，使用教育教学技术编写教学大纲等。[②]博士生导师除对博士生的思想品质培育和专业研究及毕业论文进行指导外，还应增加对博士生未来就业规划的指导，强化博士生的"教学学术"理念，注重对博士生教学学术能力的培养，打破传统单一的"讲授式"培养方式，增加博士生教学实践和实习的机会，使其在承担本科生教学工作中更好地理解自己的专业领域。

其次，职后培训是高校教师"专业学术人""教学学术人"角色整合的落脚点。当今世界，随着信息化时代的到来和知识更新速度的加快，任何高校教师无论在学科专业知识及能力还是教育教学能力等方面，都不能墨守成规和停滞不前。因此，强化在职培训是时代赋予高校教师角色及其使命的新要求。一是定期开展教师在职培训。在课程结构和内容上，在职培训与职前培养既有区别又相互衔接，高校应该注重在职培训的实践性，促进教师专业知识与教学能力的有效融合；注重在职培训的前沿性，把国际上的前沿教育教学理念、学科专业知识、教学方法纳入培训内

① [美]唐纳德·吴尔夫，[美]安·奥斯丁. 教授是怎样炼成的——未来大学教师培养的改进策略[M]. 赵文，译. 北京：北京大学出版社，2015：24-26

② Call for Applications for the 2014-15 Teagle Teaching Seminar[EB/OL]. http://gradschool.princeton.edu/news/call-applications-2014-15-teagle- teaching-seminar[2017-05-20]

容。二是实行教师培养的“传帮带”。高校应完善并落实高校青年教师培养的“师徒制”模式，聘请既具有较高学术声望又拥有丰富教学经验的老教师，对新任教师的教育教学能力进行指导和监督。这种指导是全方位的，既进行日常教学技能和方法的规训，也开展教育教学成果提炼与总结、申报教学类成果奖励方面的指导，还对其教学成果理论化、体系化并公开发表进行学术训练。三是开展跨学科专业教学团队的组建及合作，提升教师的专业发展能力。与中小学的教学活动相比，高校的教学有着自身的特点，它既是对人类积累的知识的传承传播，也是对知识的更新与创造。在这一过程中，既涉及多学科专业的交互与融合，更需要不同教师在理念和行动上的碰撞与交流。因此，高校需要以教师发展项目为导向，将来自不同学科专业领域，甚至不同国家的教师组成教学团队，团队同伴之间互相观摩、互相交流，既有助于开阔教师的视野，也能提升其跨学科专业交流与知识整合能力及教学学术能力。